삼성家의 사도세자 이맹희

삼성家의 사도세자 이맹희

이용우 지음

평민사

차례
삼성家의 사도세자 이맹희

- 글을 시작하며 … 7

1. 저주(咀呪)의 화살 … 13
2. 함정 … 25
3. 늪에 빠진 인생 … 36
4. 창업(創業)보다 수성(守成) … 50
5. 기업경영의 명암 … 62
6. 오티사(OTSA) 밀수 … 73
7. 속죄양 … 84
8. 경영대권 … 96
9. 냉혹한 카리스마 … 109
10. 권력의 횡포 … 120
11. 결별의 수순 … 131

12. 경제대통령의 수난 … 142

13. 영원한 낭인(浪人) … 153

14. 곡해(曲解) … 164

15. 카더라 방송 … 175

16. 나그네의 설움 … 189

17. 화해 … 201

18. 원죄(原罪) … 213

19. 꺼지지 않는 불씨 … 225

20. 잇단 수난 … 237

21. 어두운 유산 … 252

22. 추악한 전쟁 … 265

23. 안티(anti) 삼성 … 274

24. 천하치국(天下治國)의 탐욕 … 290

25. 끝나지 않은 상속분쟁 … 299

글을 시작하며

조선조 영조대왕의 세자로 책봉된 장헌세자(1735~62)는 왕위계승을 둘러싼 노론과 소론의 파쟁에 휩쓸려 부왕의 질시를 받고 폐세자가 된 후 끊임없는 무고와 음해에 시달리다 뒤주 안에 갇혀 죽음을 당하고 맙니다.

왕세자를 비명에 보낸 영조 임금은 뒤늦게 자신의 잘못을 뉘우치며 사도세자(思悼世子)라는 시호를 내리고 자식의 죽음을 애통해 했다는 이야기가 역사에 전해지고 있습니다.

한국 제일의 재벌인 삼성家 적장자 이맹희 씨의 파란만장한 일생은 어쩌면 조선조 뒤주대왕 사도세자의 짧은 생애와 너무도 흡사합니다. 세상은 각종 음해와 핍박에서 나온 왜곡된 허위사실만 믿고 그를 비웃기도 하지만 그의 진솔한 삶의 궤적이 제대로 밝혀진 일이 거의 없었습니다.

그는 명색이 미국 미시간주립대학 공업경영학 박사이며 삼성의 중흥기이던 1960년대 중반 30대의 젊은 나이에 선대 이병철 회장으로부터 혹독한 경영수업을 거쳐 후계자로 낙점을 받고 삼성그룹 총수에 올랐습니다. 이후 내수기업의 한계에서 벗어나 선진국형 경영감각을 살리기 위해 제2의 창업시대를 열고 7년여간 오너 경영으로 밤낮을 가리지 않고 사업현장을 지켰습니다.

그 결과 삼성에버랜드(전 용인자연농원)와 삼성전자를 설립하는 등 신사업을 일으키는 데에도 절대적으로 공헌했으나 가신그룹과 거부세력의 끊임없는 무고와 음해공작에 시달려야 했습니다. 게다가 아버지 이병철 회장의 곡해까지 겹쳐 천륜을 어기는 사태로 비화하고 맙니다.

그러다가 아버지의 냉대와 질시를 견디다 못해 오너 경영에서 물러나 초야에 묻혀 살았으나 그것마저 용납되지 않았고 마침내 정신적으로 문제가 있다는 식으로 몰린 끝에 납치소동과 죽음의 위협까지 받아가며 내내 쫓겨야 했습니다. 적장자 상속의 법통에서 이맹희 씨를 배제시키려는 엄청난 음모와 복잡하게 얽힌 오너 경영의 후계구도가 그 원인이었습니다.

이 때문에 이맹희가(家)는 아들 재현을 비롯한 온 가족이 살얼음판을 걷듯 아버지의 온갖 신산(辛酸)을 함께 지고 숨을 죽이며 인고(忍苦)의 세월을 보내야 했습니다. 하지만 그는 극적으로 살아남아 뒤늦게나마 삼성그룹의 지배구조에 절대적 영향을 미칠 수 있는 거액의 재산상속 소송을 냈고 여동생 숙희 씨까지 가세했습니다.

그러나 속사정은 다릅니다. 단순한 재산상속 문제가 아닌 수십 년간 얽히고설킨 갈등과 원한관계가 삼성家의 큰 문제로 남아 있습니다. 이 때문에 법 이전에 결자해지의 원칙에 따라 실종된 혈친(血親)간의 우애를 복원시키고 해원(解寃)의 실마리를 찾지 않는 한 이 문제를 풀 길이 없을 것입니다. 자칫 그대로 방치할 경우 삼성家의 법통문제로 확산되어 현재의 이건희 오너 경영체제가 걷잡을 수 없이 무너질 위험이 따를지도 모릅니다.

삼성그룹 창업주 故 이병철 회장은 생전에 삼성의 미래를 걱정하며 '사업보국'을 강조해 왔고 경영대권을 이어 받은 2세 오너 이건희 회장은 여기에 한 발 앞서 '국민과 함께 하는 국민기업론'으로 유달리 노블레스 오블리주(사회지도층의 도덕적 의무)를 주장해 왔습니다.

그런데 평소 사회성·윤리성·도덕성을 강조하며 글로벌 경영에 전력투구해 온 이건희 회장이 삼성그룹의 지주회사인 삼성에 버랜드 전환사채를 불법·편법으로 발행, 자신의 아들딸들에게 증여하고 계열사별로 경영권까지 통째로 물려주며 삼성을 자진해서 공중분해 시켜 버렸습니다. 왜 그랬을까요?

누가 뭐래도 삼성家의 적통인 이맹희 씨와 이 씨의 아들인 장손 이재현 CJ그룹 회장의 입장에서는 단순한 재산상속이 문제가 아니라 궁극적으로는 삼성家의 가통(家統)과 삼성그룹의 법통(法統) 문제가 얽혀 있는 것이 숨길 수 없는 사실입니다.

그런 연유로 이맹희 씨는 삼성이 위기에 처했을 때 아버지 이병철 회장과 영욕을 함께 해온 적통이면서도 단 한 푼의 재산도 상속받지 못한 채 가슴 속에 맺힌 한(恨)을 삼키며 버텨 왔던 것입니다. 그것은 거액의 상속소송으로도 해결할 수 없는 이맹희·재현 부자의 씻을 수 없는 응어리로 남아 있습니다.

이맹희 씨는 무엇보다 동생 이건희 회장이 75년의 창업역사를 지켜온 국민기업 삼성을 일방적으로 분할시켜 마치 개인재산처럼 경험도 일천한 3세들에게 경영권을 통째로 물려준 전횡을 개탄하며 "삼성이 공중분해 되는 것을 막고 건전한 국민기업으로 발전시키기 위해서도 법통을 바로 세워야 한다"고 주장하고 있습니다.

이건희 회장이 글로벌 경영으로 천문학적인 이익을 챙기고도 삼성의 미래 비전을 외면한 채 자신의 가족 중심으로 지배구조를 강화하기 위해 온갖 탈·편법을 동원한 것도 적장자 이맹희 씨의 분노를 산 원인이 되고 있습니다. 결과적으로 이 모든 문제가 이건희 회장 자신이 자초한 자승자박이 되고 만 것입니다.

'이건희'로 대표되는 삼성家 사람들은 세간에서 보는 것처럼 과연 탐욕의 화신일까요? 필자는 누구보다 삼성家 사람들을 잘 알고 있습니다. 특히 이맹희 씨는 이런저런 사연으로 자주 접촉했던 사람입니다. 하여 이 시대 역사의 진실 앞에 명암이 엇갈리는 삼성그룹의 발자취와 삼성家 사람들의 진솔한 뒷이야기를 가감 없이 한 권의 책으로 엮어 세상에 공개합니다.

필자는 3~4년 전부터 이맹희 씨에 관한 이야기를 기획했었고, 마침내 2012년 2월 원고를 탈고했습니다. 그런데 얼마 지나지 않아, 삼성家의 소송문제가 표면 위로 떠오르게 되었습니다.

삼성家 사람들을 비롯한 정·관계인사 등 실명을 거론한 내용은 혹여 작중인물의 정서에 어긋날지도 모르겠지만 이는 객관적 입장에서 어디까지나 실체적 진실에 접근하려는 노력이었다는 점을 이해해 주시기 바랍니다.

2012년 3월
이 용 우

1
저주(咀呪)의 화살

1984년 9월 중순.

태풍경보가 발령 중인 부산 해운대 앞바다에는 산더미 같은 파도가 간단없이 밀려와 하얀 포말을 일으키며 해안을 덮치곤 했다.

폭풍우 속에 맹위를 떨치는 태풍은 마치 악마의 울음처럼 비명을 내지르며 거친 파도를 끊임없이 방파제 위로 밀어 올리고 잿빛 물보라는 부옇게 시야를 가리며 온 세상을 송두리째 할퀴고 있었다.

한여름 발 디딜 틈도 없이 피서객들로 붐비던 해안 백사장에는 거친 파도만 넘실대고 남서쪽으로 동떨어진 언덕배기에도 을씨년스런 날씨 탓인지 인적이 끊겼다. 그 언덕배기 아래 천혜의 절경이 한눈에 들어오는 수림 속에 하얀 슬래브 이층집이 어둠 속에 묻혀 있다.

이 집도 1층 거실에만 샹들리에 불빛이 희미하게 흔들릴 뿐 무거운 정적 속에 잠겨 있다. 건립된 지 30여 년이 지난 삼성그룹 이병철 회장의 해운대 별장. 이 별장 앞으로 난 2차선 아스팔트 진입도로는 해운대 도심의 간선도로와 연결되어 해안 쪽으로 시원하게 뚫려 있으나 가끔씩 고급승용차가 미끄러지듯 오갈 뿐 평소에도 인적이 드물었다.

부산에서 제일제당을 일으킨 이병철 회장이 1950년대 말부터 자주 이용해 왔으나 70년대 이후에는 삼성가의 가족들이 여름 한철 피서를 위해 가끔씩 찾아와 며칠씩 묵고 가는 것 외에 별장은 항상 비어 있었다.

그런데 지금 이 별장 거실에서 50대 중반의 한 사내가 소파에 몸을 깊숙이 파묻고 미동도 하지 않은 채 충혈된 눈망울을 굴리며 앞에 보이는 현관만 주시하고 있다. 이병철 회장의 적장자 이맹희 씨.

간단없이 내리퍼붓는 빗소리와 윙윙거리는 바람소리가 귀청을 거슬리게 했으나 그는 아랑곳없이 그림처럼 소파에 앉아 현관 쪽으로 향한 시선을 잠시도 멈추지 않았다. 탁자 아래로 내려뜨린 그의 양손에는 엽총 한 자루가 쥐어져 있었다. 그가 사냥할 때 즐겨 사용하던 브라우닝 6연발 장총이다.

엽총을 감추고 있는 탁자 아래에는 휘발유를 가득 채운 4리터들이 플라스틱 통도 놓여 있었다. 뭔가 불길한 조짐이 나타나고 있었다. 하지만 그의 속내를 아는 사람은 아무도 없었다.

그는 2개월째 이 별장에 묵고 있었다. 그에게는 운전기사가 보디가드처럼 항상 따라붙고 있었으나 이날만은 운전기사에게 자신의 BMW 승용차를 별장 뒤편 수림 속에 주차시키고 대기토록 지시한 뒤 아예 관리인의 접근조차 금지시킨 채 혼자 거실을 지키고 있었다.

"재깍재깍…."

커다란 벽시계에서 돌아가는 초침 소리가 거실의 무거운 정적을 깨뜨릴 뿐 시간은 그렇게 간단없이 흘러가고 있었다.

밤 9시를 알리는 둔탁한 알람이 울렸다. 시간이 흐를수록 초조해진 그는 잔뜩 긴장한 표정을 감추지 못한 채 입술을 지그시 깨물고 현관을 주시하며 간간이 긴 한숨을 삼키기도 했다.

'이대로 당할 수만 없다 카이. 굼벵이도 밟으면 꿈틀거린다 안 카더나. 하물며 의식 있는 인간이 이런 수모를 당하다니… 세상에 이런 일은 있을 수 없는 기라.'

그는 치를 떨다 못해 연거푸 이빨을 지그시 깨물며 긴 한숨만 삼켰다.

그럴 때마다 브라우닝 6연발 엽총을 들고 있는 손에 힘을 불끈 주며 파르르 떨리는 손가락을 방아쇠에 걸곤 했다. 누구든 나타나기만 하면 당장 쏴 죽이고 싶은 분노의 심정뿐이었다.

아니나 다를까, 바로 그때 현관문 쪽에서 "딸그락!" 하는 소리가 들려 왔다. 누군가 닫혀 있는 현관문을 슬며시 열고 안으로 불쑥 들어서는 거였다. 비에 흠뻑 젖은 후줄근한 모습이 얼핏 보아 키가 크고 체격이 우람한 괴한이었다. 곧 이어 또 한 명이 비바람에 묻혀 뒤따라 들어오며 고개를 안으로 디밀었다. 괴한은 모두 둘이었다.

괴한들은 소파에 앉아 있는 이맹희 씨와 얼굴이 마주치자 당황한 빛을 감추지 못하며 잠시 주춤거리다가 묻지도 않았는데 대뜸 이렇게 얼버무렸다.

"저어, 삼성 비서실에서 왔습니다."

그러나 건들거리는 행동거지나 우람한 체구로 보아 삼성 비서실 직원은 분명 아닌 것 같고 뭔가 수상쩍었다.

아니, 삼성 비서실 직원이 미쳤다고 이 한밤중에 해운대 별장까지 찾아올 리는 만무한 일이고 어쩌면 조폭이나 강력계 형사 같은 인상을 풍겼다. 겉보기에 빈손이었으나 몸 안에 흉기를 감추고 있는지도 몰랐다.

그가 예측했던 대로 괴한들은 무례하게 신발도 벗지 않고 성큼 거실로 발부터 들여놓으면서 좌우로 갈라서는 거였다. 행동거지로 보아 당장 납치극이라도 벌일 요량 같았다. 그렇게 판단한 순간 이맹희 씨는 지체 없이 탁자 밑으로 감췄던 브라우닝 엽총을 위로 들어 올렸다.

"느그 누고? 보아 하니 삼성 비서실 직원은 아이고 누가 시켜서 왔노?"

"저어, 드릴 말씀이 있어서…."

"이런 나쁜 놈들! 누가 시켜서 이따위 짓을 하노 말이다."

이맹희 씨는 순간적으로 불같은 분노가 끓어올라 파르르 떨리는 손가락을 방아쇠에 걸었다. 그러고는 지체 없이 괴한들을 향해 방아쇠를 당겨 버렸다.

"탕탕!"

일순 기겁을 하며 소스라친 괴한들은 미친 듯이 몸을 돌려 현관문을 부수듯 달아나기 바빴다. 화가 치밀 대로 치민 그는 어둠 속으로 사라지는 괴한들의 등짝을 향해 연거푸 방아쇠를 당겼으나 모두 빗나가고 말았다.

그는 애초 괴한들의 팔이나 다리를 쏴 찰과상을 입히고 자신이 의문의 납치극에 휘말렸다는 근거를 남겨 진상을 밝힐 심산이었다. 그러나 불같은 성격을 미처 억제하지 못하고 흥분하는 바람에 총탄은 현관문에 박히고 말았다. 바깥에는 폭풍우가 몹시 휘몰아치고 있었다.

어둠 속에서 대기하고 있던 운전기사와 별장 관리인이 총성을 듣고 단숨에 달려 왔다. 아무 영문도 모른 채 새파랗게 질려 가슴을 쓸어내리는 그들을 보기가 민망하고 창피스럽기도 했다.

이맹희 씨는 예측은 했으나 느닷없이 그런 꼴을 당하고 나니 잠시도 별장에 머물고 싶지 않았다. 그대로 눌러 있다가는 또 무슨 봉변을 당할지도 몰랐다. 그래서 그는 간단한 트렁크 하나만 챙겨들고 그 길로 비바람이 휘몰아치는 경부고속도로를 달려 대구로 올라갔다.

대구에는 그가 1970년대 후반 삼성의 오너 경영에서 완전히 손을 뗀 후부터 기거하던 조그만 아파트가 한 채 있었다. 그것도 평소 가깝게 지내던 중학교(현 경북고교) 후배가 무상으로 빌려 줘 부담 없이 사용하면서 소일거리로 200평 남짓한 분재원도 가꾸고 있었다.

그러나 어디를 가든 마음 둘 곳이 없어 진득하게 눌러 있지 못하고 항상 떠돌아다니는 것을 낙으로 삼았다. 그런데도 온갖 터무니없는 구설이 꼬리를 물었고 그럴 때마다 악성 루머에 시달려야 했다. 흔히들 거짓말도 하다 보면 자연 헛소문을 양산하고 당사자에 대한 확인도 없이 사실인 양 괴담으로 받아들여지는 것이 '남의 말은 하기 좋아' 하는 시중 여론이다.

이 악성 루머의 진원지는 넓게 보아 삼성그룹 각 계열사 임직원들이었고 좁게 보아 비서실 임직원과 삼성가(家)의 로열패밀리라는 사실을 이맹희 씨는 진작 알고 있었다. 그러나 그는 항의 한 번 못해보고 묵묵히 세월만 죽였다. 그 악성 루머의 정점에는 비서실의 일방적인 보고만 받아들이는 엄부(嚴父) 이병철 회장이 있었기 때문이다.

이른바 '카더라' 방송을 타고 터무니없이 번지는 악성 루머는 냉혹하게 받아들여졌고 그것이 음모론으로 누적되어 과녁으로 향하는 저주의 화살처럼 이맹희 씨에게 치명상을 입혔던 것이다.

그런데도 그에게는 떳떳하게 해명할 기회조차 주어지지 않았고 자진해서 일일이 해명할 수도 없었다. 그런 가운데 한쪽에서는 멀쩡한 사람을 정신병자로 내몰기 위한 음모가 한창 진행되고 있었다.

미수에 그친 해운대 별장 납치극은 '막다른 골목으로 쫓기던 쥐가 돌아서서 고양이를 문다'는 격으로 그가 최악의 상황에서 살아남기 위해 발버둥친 꼴이 되고 말았다. 그것도 자신을 도우려는 주변의 사람들로부터 사전에 정보를 입수하고 대비했기 때문에 비극적인 상황을 용케 벗어날 수 있었던 것이다.

후일 확인한 사실이지만 폭풍우 속에 그를 납치하려고 해운대 별장에 뛰어들었던 괴한들은 삼성 비서실 직원도 아니었고 더욱이 조폭도 아닌 일시 검찰에 파견되었던 경찰 수사요원들이었다. 애초 삼성 비서실에서 치안본부(현 경찰청)에 부탁했다가 거절당하자 검찰에까지 손을 넣어 납치극을 연출하려 했던 사실이 그대로 드러난 것이다.

한때 삼성그룹의 오너로 전반적인 경영을 책임졌던 옛 상전을 최소한의 예의도 갖출 줄 모르고 들짐승 사냥하듯 납치하려 했다니 기가 막혔다. 왜 그랬을까?

이맹희 씨는 납치극이 벌어지기 며칠 전 죽마고우인 치안본부의 김상조 치안감으로부터 급한 전화를 받았다.

5·18광주항쟁 직후 신군부의 국가보위상임위원회 내무분과 위원으로 파견 나가 있던 김 치안감은 제5공화국 출범과 동시에 국보위가 해체되자 다시 치안본부 제3부장으로 복귀해 있었다.

"맹희! 자네한테 긴히 전하고 싶은 말이 있는데 공직에 있는 내가 부산까지 내려가기는 어렵고 자네가 대전쯤으로 올라오면 어떻겠나? 대전에서 만나면 나도 내려가기 수월하고 자네도 부담 없이 짬을 낼 수 있지 않겠나. 매우 중요한 얘기라서 그렇다. 대전에는 우리 얼굴을 알아보는 사람도 없을 것 아이가."

평소 전화할 때마다 농담부터 먼저 던지던 친구가 그날 따라 긴

장된 목소리로 진지하게 말하는 것을 보니 뭔가 미심쩍은 데가 있었다.

이맹희 씨는 뭔가 자신과 관련된 일이 심상치 않게 돌아가고 있구나 싶어 대뜸 김 치안감에게 바로 서울로 올라가겠다고 했다. 그러나 김 치안감은 서울에서는 남의 눈에 띌까 염려되어 굳이 대전에서 만나자고 고집하는 거였다. 그는 급히 대전으로 올라가 유성 온천장의 리베라호텔에서 친구 김 치안감을 만났다.

"삼성 비서실에서 누가 나한테 찾아와 자네가 성광증이 심해 서울대학병원에 입원시키려고 하는데 아무래도 고분고분 말을 안 듣고 외려 위해를 가할지도 모른다 카는 기라. 그래서 경찰의 도움이 필요하다고 힘깨나 쓰는 우리 특수수사대 요원 두 명만 지원해 달라고 카더마."

이 말에 그는 울컥, 분노가 치받쳤으나 긴 한숨을 삼키며 입술을 깨물었다. 김 치안감이 삼성 비서실의 누구라고 둘러댔지만 실은 그렇게 부탁한 사람은 모 신문사 간부급 기자였고 그 기자가 "삼성 비서실의 요청"이라며 특수수사대의 지원을 부탁한 것이라고 했다.

실은 서울대학병원에 입원시키려는 것이 아니라 전국을 떠돌아다니며 말썽만 일으키는 이맹희 씨를 삼성가에서 강제로라도 납치해 삼성전자산업단지가 있는 경기도 기흥 모처의 정신요양원에 수용하겠다는 이야기였다.

"그래서 내가 안 캤나. 특정 개인의 부탁을 받고 그런 식으로 수사관을 보내줄 수도 없지만 그런 짓을 하는 것 자체가 불법으로 형사처벌 대상이라고 말이다. 그라고 안 있나. 그 사람한테 알아듣도록 말해 준 기라. 내가 어디 자네를 모르나, 자네 부모님과 집안을 모르나. 자네하고 어릴 때부터 평생을 허물없는 친구로 지내 왔는데… 내한테 그런 부탁을 하다니 참, 기가 막히더라."

"……?"

"해서 내가 좀 불쾌한 투로 말해 줬다 카이. 이맹희는 내가 어릴 때부터 잘 아는 친군데 절대 그런 사람이 아니다. 대체 집안에 무슨 일이 있는지 모르겠지만 만약 어르신(이병철 회장)께서 명색이 적장자인 맹희를 또라이로 알고 그런 영을 내렸다 카믄 뭔가 잘못되어도 한참 잘못되었을 끼다. 이거는 삼성가의 수치다. 그러니 이 이야기는 없던 걸로 하자꼬 캤던 기라."

듣고 보니 참으로 황당하고 어이가 없었다.

이맹희 씨는 자신이 아버지의 가신들에 의해 정신병자로 내몰리고 있다는 사실을 그때 처음으로 알게 되었던 것이다.

김 치안감은 그 이야기 끝에 "혹시 앞으로 무슨 일이 벌어질지도 모르니 힘깨나 쓰는 사람을 주위에 두고 경계를 게을리하지 말아야 할 것"이라는 충고도 잊지 않았다. 그러면서 그는 준비해 온 돈 200만 원을 선뜻 쥐여 주는 거였다. 그 무렵 이맹희 씨는 가족과도 소식을 끊어 경제적으로 매우 어려웠고 이런저런 사실을 김 치안감이 잘 알고 있었다.

터무니없이 나도는 괴담 형태의 악성 루머가 결국 아내 손복남 여사의 귀에도 들어갔고 삼성가의 장손인 아들 재현(현 CJ그룹 회장)에게도 알려진 데다 손 여사는 가끔씩 시아버지 이병철 회장과 마주치는 날에는 "내조를 잘못한다"고 핀잔을 듣기 일쑤였다.

이 때문에 그는 가족들과도 자연 소원해지고 아내에게 의지하던 돈줄도 끊겨 용돈마저 궁한 처지에 놓이게 되었다. 그는 지난 7년여간 삼성의 오너 경영인으로 일하고도 물러날 때엔 퇴직금 한 푼 받지 못했다. 마치 늪에 빠지듯 소리소문없이 서서히 아버지의 배척을 당했기 때문이다.

김상조 치안감을 만난 지 얼마 지나지 않아 이번에는 삼성가의 가족 중 누군가가 고려병원(현 강북삼성병원) 정신과 과장으로 있는 이시형 박사를 만나고 간 사실도 전해 들었다.

고려병원장 조운해 박사는 이맹희 씨의 친매형이었고 이시형 박사는 경북중·고교 후배인 관계로 평소 각별히 지내는 사이였다. 게다가 매형 조운해 박사도 학연으로 따지면 경북중학교(6년제) 선배가 아닌가. 그런데 삼성가에서 느닷없이 이 박사를 찾아와 "어르신(이병철 회장)의 지시"라며 "이맹희 씨의 정신병 진단서를 한 장 떼 달라"고 요청했다는 거였다.

그 가족 중의 누군가는 아직도 분명히 밝혀지지 않고 있다. 그 당시 삼성그룹 경영권의 후계구도와 재산상속 문제로 형제간에도 서로 등을 지고 있던 터라 피차 곤란한 입장이겠지만 이맹희 씨는 그 당사자가 누구인지를 충분히 짐작할 수 있었다.

어쨌든 이시형 박사가 생각하기에도 기가 막혔다. 그도 역시 김상조 치안감처럼 개인적으로 이맹희 씨를 너무 잘 알고 있었다. 그래서 그는 그 사람에게 분명히 말해 주었다고 했다.

"내가 알기로는 맹희 선배가 그동안 해마다 거르지 않고 고려병원에서 정기검진을 받아 왔으며 건강에 별 이상이 없다는 검진 결과도 나와 있습니다. 그런데 막상 이런 제의를 받고 보니 참으로 어이가 없군요."

그런 후 이 박사는 기가 막히다는 투로 잠시 그 사람을 뚫어지게 바라보다가 다시 말을 이었다고 했다.

"내가 누구보다 이맹희 선배를 잘 아는데 내 판단으로는 이 선배가 정신병에 걸릴 그런 사람이 아닙니다. 정신과 전문의인 나한테 멀쩡한 사람을 정신병으로 몰아 진단서를 끊어달라니 그게 말이 되는 소립니까?"

"……"

"아무리 회장님의 지시라 해도 그건 멀쩡한 생사람을 죽이는 짓이고 정신과 전문의의 양심에 비춰서도 차라리 내가 이 병원을 그만두는 게 낫지, 도저히 그런 짓은 할 수가 없습니다."

이 박사의 태도는 단호했다.

"내가 비록 삼성의 녹을 먹고 있다고는 하나 의사의 양심을 걸고 그런 요청은 절대 받아들일 수 없으니 그냥 돌아가세요."

이 박사가 조금도 흔들림 없이 단호히 거절하자 잠시 떼를 쓰던 그 사람은 마지못해 되돌아갔다고 했다.

그러나 그 후 알고 보니 그 사람은 부산에서 돈 300만 원을 주고 어느 비양심적인 정신과 의사로부터 엉터리 정신병 소견서를 발급 받았다고 했다. 삼성가와 그 측근들은 이를 근거로 '이맹희 납치극'을 연출하려 했던 것이다. 하지만 세상에 비밀은 없는 법.

삼성가 가족 중의 한 사람… 그가 누구인가? 그가 누구인지는 당사자인 이시형 박사가 입을 열지 않는 한 확인할 길이 없다. 다만 그 누군가는 한때 '이맹희 납치극'을 벌이기 위해 집요한 움직임을 보였다는 사실은 이미 알 만한 사람은 다 알고 있다.

2
함정

    이맹희 씨는 친구 김상조 치안감을 만나고 난 후 학교 후배인 이시형 박사의 전갈까지 받고 보니 생각할수록 억장이 무너지는 것 같았다.

    세상에 이럴 수가… 참담한 심정이었지만 만약 그런 납치극이 아버지 이병철 회장의 영으로 이루어졌다면 자식을 증오하는 당신이 원하는 대로 정신병원이 아니라 차라리 죽음이라도 선택하고 싶은 극단적인 방법도 생각해 보았다.

    그러나 너무도 분하고 억울했다. 분노가 불같이 타올라 견딜 수 없었다. 그래서 그는 부산에 내려와서도 죽으면 죽고 살면 살고, 이판사판으로 결코 자신의 신변보호를 위한 경호원을 옆에 두지 않았다. 그럴 형편도 안 되지만 그에게는 사냥용으로 쓰던 6연발 브라우닝 엽총이 있기 때문이었다.

그렇게 홀로 해운대 별장에 머무르면서 잠시도 엽총에서 손을 떼지 않고 긴장된 나날을 보내고 있던 중 마침내 그날 아침 생면부지의 한 여자가 해운대 별장으로 전화를 걸어 왔다. 그녀는 자신의 신분도 밝히지 않은 채 다급한 목소리로 "그 집은 위험하니 빨리 피신하라"는 말을 남기고 일방적으로 전화를 끊어버렸다.

별장의 전화번호를 아는 사람도 삼성가의 직계 가족밖에 없었다. 어쨌든 마침내 올 것이 오고야 말았다고 그는 직감했다. 여자의 괴전화는 그날 오후 늦게까지 세 차례나 반복되었다.

그는 어쩌면 서울에서 납치극의 진행상황을 일일이 지켜보고 있던 동생 창희(전 새한미디어 회장)가 도청을 우려해 자신은 직접 전화를 걸지 못하고 어떤 여자를 시켜 간접적으로 경고를 보낸 것으로 짐작했다.

도청은 특정한 일을 사찰하기 위한 안기부나 보안사 등 국가정보기관의 전유물이긴 하지만 그 당시에는 삼성 비서실에서도 때에 따라 암암리에 도청을 해오고 있다는 것은 이미 알려진 사실. 삼성은 원래 대한민국의 헌법을 법 같지 않게 여기고 돈으로만 모든 것을 해결하려는 거대한 경제권력집단이기 때문에 그런 도청도 가능했던 것이다.

동병상련이랄까, 어쨌든 삼성가 형제 중 아버지 이병철 회장의 눈 밖에 난 맹희 씨와 창희 씨, 두 형제는 그만큼 우애가 깊었다.

'그렇다면 아버지의 후계자로 명실공히 삼성의 제2인자 자리에 앉아 있는 건희가 이 모든 사실을 훤히 꿰고 있을 텐데 왜 말한마디 없이 뒷전에서 가만히 방관만 하고 있는 것일까? 친형제

간에 설마 이럴 수가….'

삼성 비서실의 소병해 실장이 이병철 회장에게 보고한 사실은 으레 건희 부회장에게도 보고하고 있다. 그래서 건희는 그동안 큰형 맹희에 대한 각종 악성 루머와 납치극의 전말도 훤히 꿰고 있을 터이다.

그런데도 큰형이 정신병자 취급을 당하면서 오도 가도 못하고 사면초가에 몰려 있는 사실을 뻔히 알면서 수수방관만 하고 있다니 생각할수록 막내 동생 건희가 괘씸했다.

아무리 아버지의 영이 무섭다고 해도 그런 부당한 일을 보고 외면하다니 참담한 생각만 들었다. 알다가도 모를 일이었다. 솔직히 말해 그는 내내 쫓기면서도 동생 건희를 이해하려고 노력했으나 이제 와서 보니 일말의 배신감마저 느끼지 않을 수 없었다.

아니, 어쩌면 소병해 실장이 미국의 나일론 재벌 2세 존 듀폰을 들먹이며 "큰형이 위해를 가할지도 모르니 아예 상대하지 말라"고 건희 부회장에게 경고를 주었는지도 몰랐다.

'생판 듣도 보도 못한 성광증이란 말도 비서실에서 나왔다고 했다. 김상조 치안감한테도 성광증에 걸린 나를 정신병원에 강제 입원시키겠다고 말하지 않았던가.'

이맹희 씨는 새삼 성광증이란 말을 곱씹어 봤다.

성광증(性狂症)이란 이른바 섹스 사이코, 즉 색정도착증(色情倒錯症)을 말한다. 여자가 없으면 밤에 잠을 못 이루고 그것도 비정상적인 자극으로만 색정이 동해 주로 앳된 소녀들을 상대한다는 것이었다.

그러나 그는 불행하게도 전립선 비대증으로 3년째 소변도 제대로 못 보고 고통을 겪고 있었다. 수술비용을 마련하지 못해 풍찬노숙하듯 떠돌아다니며 고생하는 사람을 두고 터무니없이 사이코 패스로 몰아가다니 해도 너무 한 것 같았다.

게다가 자신을 나일론 개발로 유명한 미국의 재벌이자 듀폰그룹 창업주인 에르테르 듀폰가(家)의 직계 상속자 존 듀폰과 닮은 꼴로 매도하는 데에는 견딜 수 없는 모멸감을 느꼈다.

그는 소병해 실장이 '이맹희가 존 듀폰과 너무도 닮은 기행으로 살아가고 있다'는 내용의 보고서를 작성, 이병철 회장에게 제출했다는 소식도 이미 전해 듣고 있었다. 그뿐 아니라 여기에 한 술 더 떠 총기수집가로 집안에 많은 총포류를 보유하고 있고 마약과 알콜 중독, 동성연애에 빠져 의문의 살인까지 저지른 존 듀폰과 비교해 그를 정신이상자로 몰아간 것이리라.

그러나 그는 마약은커녕 술 한 방울도 입에 대지 못한다. 삼성가는 이병철 회장을 비롯한 아들 삼형제가 모두 체질상 활명수만 마셔도 몸에 알러지가 생기는 바람에 아예 술을 멀리하고 있다.

그런데도 "한국사격연맹회장까지 지낸 이맹희 역시 존 듀폰처럼 총기수집가인 데다 평소 사냥을 즐기고 성광증 증세까지 보이는 것은 존 듀폰의 행적과 너무도 흡사하다"는 괴담으로 터무니없이 매도했다.

하여 "정신감정을 의뢰하고 장기치료를 받게 하는 등 빨리 손을 쓰지 않으면 명사수인 이맹희가 경영권 승계문제를 두고 아버지 이병철 회장과 동생 건희 부회장에게 무슨 위해를 가해 올지 모른다"는 것이 비서실의 종합적인 판단이라고 했다.

심지어 "평소 성격이 불칼 같고 공격성이 강한 맹희의 정서적 불안이나 괴팍한 성품으로 보나 그동안 기행적인 일을 자주 저지른 여러 정황에 미루어 볼 때 일종의 피해망상증에 사로잡혀 있는 게 분명하다"고 했다. 그러고는 "자칫 시기를 놓칠 경우 과거 둘째 창희가 저지른 모반사건과는 달리 삼성그룹의 후계구도에 치명상을 입힐 공산도 크다"고 주장한 것이다.

그런 식으로 몰아 이맹희 씨를 이 세상에서 영원히 격리시킬 심산이었다. 무서운 음모론이 아닐 수 없다.

이맹희 씨는 친구 김상조 치안감을 만났을 때 소상하게 들려주던 정신병원의 실상을 곰곰 되새겨 보면서 자신도 모르게 치를 떨었다.

'아무리 자식이 미워도 그렇지. 아버지가 이렇게까지 나올 줄이야. 정신이 멀쩡한 자식을 왜 이런 식으로 격리시키겠다는 것인가. 이해가 안 돼. 정말 아버지를 이해할 수 없다고.'

아버지를 원망하며 별의별 생각이 다 떠올랐다.

저간의 터무니없는 소문을 사실로 받아들인다고 해도 한 번 들어가면 자신의 의지로는 도저히 빠져나올 수 없는 곳이 폐쇄된 정신병원이 아닌가. 그런 곳에 격리시킨다는 것은 너무도 가혹했다. 더욱이 피를 나눈 형제자매들 중 그 누구도 그런 엄청난 일이 벌어질 것이라는 사실을 귀띔조차 해주지 않았다. 왜?

그는 자포자기가 되어 차라리 그들이 원하는 대로 정신병원에라도 가고 싶은 생각이 문득 떠오르기도 했다. 그러나 엄밀히 따지고 보면 정신병원에는 문자 그대로 정신병자를 수용하는 곳이지 멀쩡한 생사람을 수용하는 곳이 아니지 않은가.

오랜 수사경험이 있는 친구 김상조 치안감에 따르면 정신병원에는 일반병동과 폐쇄병동이 있으며 환자의 병세에 따라 분리, 수용시키되 폐쇄병동은 일반병동과는 달리 출입이 철저히 통제된다는 것이었다.

환자는 물론 방문객의 출입도 제한한다고 했다. 사방이 쇠창살과 철문으로 가로막혀 있다는 것이다. 중범자를 독방에 가두는 감옥과 다름없다고 했다. 만약 멀쩡한 사람이 그런 정신병원에 끌려간다면 폐쇄된 독방에 갇혀 진짜 돌아버리기 일쑤라고 했다.

정신병원에 수용되어 있는 환자의 80% 이상이 스스로 들어온 게 아니라 그런 식으로 가족 등 다른 사람에 의해 주로 경찰의 도움을 받아 강제로 끌려온다는 것이다.

정신보건법상 '본인이 원하지 않아도 직계가족인 보호의무자 두 사람이 동의하고 정신과 입원이 필요하다는 전문의의 소견서가 있을 경우 환자를 강제로 입원시킬 수 있다'는 조항이 명시되어 있다고 했다. 바로 그런 점에서 그들이 유유히 납치극을 벌였는지도 몰랐다.

'그렇다면 직계가족 중 나를 강제로 정신병원에 입원시키려는 사람이 누구란 말인가? 아버지와 건희… 아니면 인희 누나와 고려병원장인 자형 조운해 박사… 그도 아니라면 집사람이… 설마 그럴 리가…?

인간이 아무리 모질고 사악하다고 해도 피를 나눈 부모형제간에 어떻게 이런 일이 일어날 수 있단 말인가. 그는 머리를 절레절레 흔들었다.

도무지 집히는 데가 없었다. 그의 나이 이미 50대 중반이다. 나이 50이면 하늘의 뜻을 안다는 '지천명(知天命)'이라 했다. 하물며 지금껏 평생을 살아오면서 속으로는 불만이 쌓이고 반항도 했지만 겉으로는 아버지의 영을 한 번도 거역한 일이 없었다.

세칭 사카린(OTSA) 밀수사건 이후 아버지가 피치 못할 사정으로 재계를 은퇴하면서 삼성의 경영권을 물려준다기에 그 영에 따라 본격적인 오너 경영에 나섰고 아버지의 말씀처럼 삼성을 세계적인 기업으로 키우기 위해 밤잠을 설치며 열심히 일한 죄밖에 없었다. 그 과정에서 다소 무리수를 두어 실인심(失人心)을 했다고 해도 그것은 어디까지나 아버지를 위한 일이었고 삼성을 위한 일이었다.

그리고 아버지가 다시 경영에 복귀하면서 모든 직책을 내놓고 물러나라고 했을 때에도 묵묵히 물러났다. 그것뿐이었다. 게다가 아버지가 명색이 가문의 적장자인 자신은 아예 부르지도 않고 가족회의까지 소집하면서 삼성의 경영권을 막내 건희한테 물려준다고 선언한 소식을 전해 듣고도 단 한마디 항의도 하지 못한 채 그대로 받아들였다.

그러나 솔직히 말해 그의 속내는 그것으로 그친 게 아니었다. 다만 아버지 이병철 회장이 위암 수술을 위해 일본으로 떠나면서 친정체제의 오너 경영에 대한 일시적 공백을 염려하여 우선 곁에 있는 막내 건희에게 경영권을 잠시 넘겼을 뿐 집안의 법도(法道)상 가장 중요한 적장자 및 적장손 상속권까지 넘긴 것은 아니라고 애써 자위했다.

그래서 그는 내심 '삼성의 오너'라는 불변의 법통은 적장자인 자신이 아니면 적장손인 아들 재현(현 CJ그룹 회장)에게 있다고 생각한 것이다. 왜냐하면 1960~70년대 삼성이 위기에 처했을 때 아버지 이병철 회장이 경영일선에서 물러나면서 삼성의 원로들이나 가족들 앞에서 '적장자 상속의 원칙'을 강조하며 삼성의 경영대권을 스스럼없이 자신에게 물려주었기 때문이다.

여기에다 예부터 집안에 내려온 가풍(家風) 역시 그 당시뿐만 아니라 눈 밖에 난 지금까지도 '적장자 또는 적장손 상속'이라는 아버지의 속 깊은 신념에는 추호도 변함이 없으리라고 철석같이 믿고 있었던 것이다.

하여 그는 삼성의 경영권이 건희에게 넘어간 이후에도 혹여 짐이 될까 염려되어 아버지나 건희 근처에 얼씬도 하지 않았다. 그런데 적장자 상속은커녕 이제 와서 왜 멀쩡한 자신을 정신병자로 몰아 죽이려 하는가? 정신병원에 강제로 입원시킨다는 것이 한 사람의 정신을 죽이고 육신을 무력하게 만드는 것과 무엇이 다른가.

'아버지가 아직도 창희의 모반에 무고한 나를 연관시키고 있단 말인가? 그렇지 않다면 건희의 옹립을 위해 방해가 되는 나의 흔적을 없애겠다는 측근들의 음모가 아직도 진행되고 있는 것일까.

대체 그 배후가 누구란 말인가? 아버지를 대신한 『중앙일보』 홍진기 회장…? 삼성 비서실의 소병해 실장…? 그도 아니면 매제인 『중앙일보』 이종기 사장? 아니, 종기는 원래 간이 콩알만 하고 어질고 착해 빠져 그럴 만한 용기도 없고 그런 원한을 살 위인도 못 된다. 특히 서(庶)사위인 종기는 맏처남인 나한테 언제나 고분고분하던 매제가 아닌가.

그렇다면 사사건건 아버지를 대신해 나를 못살게 굴던 소병해 실장? 아니, 그 녀석도 때론 아버지의 마음속을 넘겨짚고 일을 그르치는 경우도 있긴 하지만 위에서 시키면 시키는 대로 실행에 옮기는 하수인에 불과할 것이다.'

어쨌든 그는 언제 어디서 어떻게 끌려갈지도 모른다는 절박한 심정에 사로잡혀 있었다.

정신병원에 강제입원하는 환자는 대부분 경찰차에 의해 앰불런스에 태워진다고 했다. 그래서 경찰의 지원을 요청한다는 것이 친구 김상조 치안감의 이야기다.

"정신병 환자가 있으니 데려가 달라"고 신고만 해도 경찰이나 119구급차가 달려와 가족 중 두 명의 동의를 얻은 뒤 현장에서 정신병원으로 바로 이송한다는 것이었다. 그때엔 "나는 정신병자가 아니다"라고 아무리 소리치고 발버둥쳐 본들 소용이 없다고 했다. 가족들에게조차 귀찮은 존재가 되어 버렸기 때문이다.

어쩌면 이병철 회장의 가신그룹에서 오랫동안 음모를 꾸며 왔고 이를 잘못 판단한 이 회장이 결과적으로 주도적인 역할을 한 모양새가 되었는지도 몰랐다. 미국 미시간주립대학의 공업경영학 박사학위까지 받은 장남을 정신병자로 몰아 강제입원을 시키려 하다니… 너무도 분하고 억울했다. 대체 삼성의 경영권 승계가 무엇이간데 그런 식으로 생사람을 잡아도 되는 것인지 생각할수록 참담했다.

부자간의 천륜을 떠나 과연 그런 식으로 한 개인의 인권을 짓밟아도 되는 것인지… 김상조 치안감은 환자에게 불리하게만 적용되는 '정신보건법이 문제'라고 지적했다. 정신보건법에는 '의료행위를 위해 필요한 경우 통신의 자유를 제한할 수 있다'고 명시하여 억울하게 입원했어도 외부에 전화 한 통 하지 못한 채 영영 격리되고 만다고 했다. 정신이 황폐해지고 사람이 사는 게 아니라 영영 죽는 것과 무엇이 다른가.

"와(왜), 멀쩡한 내가 그렇게 비참하게 당해야 된다 말이고? 어느 놈이 내를 죽일라 카노?"

이맹희 씨는 자다가도 벌떡 일어나 미친 듯이 외치곤 했다.

생각할수록 치가 떨려 견딜 수 없었다. 아둔한 그는 소병해 실장을 비롯한 가신그룹과 일부 거부세력들이 그런 어마어마한 함정을 파고 있는 줄을 그동안 전혀 눈치 채지 못했다. 그러다가 뒤늦게 함정의 진실을 알고 소스라쳤던 것이다.

자칫 잘못 대응하다가 어이없이 죽음을 당할지도 몰랐다. 상대가 충분히 그런 간악한 짓을 저지르고도 남을 존재들이 아닌가. 자신이 아무것도 모르는 사이에 사태가 절박하게 돌아가고 있었다.

그러나 어떤 생명의 위협이나 불안감에 시달리다 보면 결국 반발심리에서 정신적으로나 육체적으로 담대해지는 것이 인간의 본능이었다. 그는 8·15광복 이후 해방공간에서 좌우익의 극한 대립이 벌어졌을 때 목숨을 걸고 학생운동에 뛰어들어 험난한 경험도 많이 겪어 봤다. 물불을 가리지 않았던 젊은 시절의 이야기다.

지금은 비록 50대 중반으로 늙어가고 있지만 결코 무모하게 당하고 싶지 않았다. 어차피 닥칠 운명이라면 굳이 두려워할 필요가 없었다. 될 대로 되어라는 식의 자포자기가 아니라 상대적으로 살아남기 위해 운명에 저항하는 분노와 용기가 본능적으로 치솟고 있었기 때문이다.

'세상 이치가 그렇지 않은가.'

그는 입술을 지그시 깨물었다.

3
늪에 빠진 인생

『중앙일보』 사회부 차장 이용우―.

그 무렵 나는 기동취재반장을 맡아 전국을 떠돌고 있었다. 벌써 3년째.

1970년 이후 대구에 붙박여 취재일선을 지키고 있다가 80년 12월 언론통폐합으로 중앙일간지의 기자는 지방에 주재할 수 없다는 언론규제조치에 묶이는 바람에 본사로 철수했다. 하지만 어느 부서에서도 반겨주는 사람이 없었고 갈 곳도 없었다.

원래 소속인 사회부에서 데스크 보조로 외근 기자들이 송고해 온 원고나 정리하며 대기하다가 그 이듬해부터 기동취재반을 맡아 전국 방방곡곡을 돌아다니게 되었다. 신군부의 엄혹한 언론정책 때문에 지방에 발이 묶여버린 일선기자의 현장 확보를 위한 궁여지책이었다.

기동취재라야 말이 기동취재지 사인보드가 있는 코란도 지프 한 대와 운전기사, 취재기자, 사진기자 각각 한 명씩 한 팀을 이루어 전국을 누비다가 2주일에 한 차례씩 교대하는 판에 박힌 뜨내기 생활이었다. 게다가 명색이 유일한 취재반장인 나는 교대는커녕 기약 없는 로컬 취재 팀의 정책적인 부활을 꿈꾸며 1년 365일 흔들리는 지프에 몸을 실어야 했다.

스마트폰이나 핸드폰은커녕 삐삐도 없던 시절, 오직 불편하기 그지없는 시외전화에만 매달려 어디를 가든, 어디에 머무르든 본사 데스크와의 예약전화는 정확하게 오전 8시, 오후 2시, 5시에 이루어진다. 이 시간에 통상적인 취재지시나 일반 업무사항까지 시시콜콜 대화를 나누게 되고 마감시간을 다투게 되는 스트레이트성 기사는 으레 이 시간을 이용해 전화로 송고하게 마련이었다.

그러다가 지방 어디선가 돌발적인 대형사건·사고가 발생할 경우 본사 임시취재반이나 특별취재반이 투입될 때까지 선발대로 현장에 달려가 마감시간 전에 일보(一報)를 띄워야 했다. 때론 본사 데스크의 취재지시에 따라 기획기사나 장문의 박스기사는 육필원고로 작성해 가까운 역으로 달려가 역송(驛送)하거나 고속버스 편에 송고하는 참으로 고달픈 생활이었다.

마침 이맹희 씨 납치소동이 벌어지던 그 시점에도 경남 남해안 일대의 태풍피해 현장을 취재하고 해거름이 되어서야 부산으로 달려와 본사 데스크에 도착신고를 하던 중 느닷없이 장충동 왕할머니(이맹희 씨 노모 박두을 여사)가 급히 찾는다는 전갈을 받았다.

그동안 나는 삼성의 창업지인 대구에 줄곧 주재하며 삼성가의 크고 작은 일에 관여하고 일종의 민원 격인 잔심부름이나 해결사 노릇도 하면서 이른바 로열패밀리들과 인연을 쌓아 왔던 터였다.

삼성가의 적장자 이맹희 씨와 관계된 일이나 독실한 불교신자인 왕할머니를 대신해 절에 불사(佛事)하는 일이 주를 이루었다. 그래서 왕할머니와 가끔씩 전화로 소소한 일까지 연락을 취하는 관계로 발전했던 것이다.

그러나 주위에서는 그런 나를 두고 대단한 빽이나 생긴 것처럼 부러운 눈으로 바라보며 착각하고 있었지만 왕할머니의 빽은 『중앙일보』 사회부장 빽만큼도 못하다는 것이 나의 솔직한 심정이다. 나를 차장으로 승진시켜 준 사람은 결국 사회부장과 편집국장이기 때문이다.

이미 해는 저물고 취재 스케줄도 끝나 우선 숙소부터 정해 놓고 장충동 삼성 본가로 전화부터 넣었다.

"그래, 누고?"

"저, 『중앙일보』 이용우 기잡니더."

"오이야, 이 군(李君)이가?"

"예, 그렇십니더. 절 찾으셨다고요?"

"그래 야야, 이 군아! 니 요새 우리 맹희 소식 몬 들었나?"

"예, 저도 전국으로 떠돌아 댕긴다고 맹희 부회장을 뵌 지가 한참 됐십니더."

"어디 가 있더라도 종종 이 할미한테만은 수시로 안부전화를 하는데 요새 통 소식이 없다 아이가."

"예, 마침 제가 부산에 와 있는데 한 번 찾아보겠십니더."

"부산에도 없다 카이."

"예에…?"

"지가 맘이 상해가지고 해운대 집을 비우고 연락도 없이 어디 멀리 떠나부렀다 안 카나. 어딜 가더라도 몸이나 성해야 할 낀데 쯔쯧…."

"와예(왜요), 무슨 일이 있었십니꺼?"

"아이고 마, 남세시러워 어데 말도 몬하겠고 마, 이 할미가 속만 부글부글 끓이고 있는 기라. 부자간에 담을 쌓고 지내는 것도 모자라서 인자 마, 갈 데까지 갔다 안 카나."

"너무 걱정하지 마이소. 제가 알음알음으로 한 번 찾아보겠십니더."

"그래, 이 군아! 이 할미가 또 바쁜 니를 괴롭힌다."

"아, 아입니더. 저는 저 나름대로 찾아보겠십니더 만도 맹희 부회장이 아마 다른 사람한테는 연락을 안 해도 왕할매한테는 곧 연락이 갈 낍니더. 너무 걱정하지 마이소."

"그래 고맙다 야야."

나는 그 길로 해운대 별장으로 달려가 별장 관리인을 통해 이맹희 씨의 납치소동을 비로소 알게 되었고 그가 대구로 떠나 삼성 비서실의 소병해 실장을 만난 뒤 소식도 없이 자취를 감추었다는 사실도 확인했다.

그런데 아니나 다를까, 바로 그 이튿날 아침 오래전부터 삼성의 해결사로 검찰 측과 깊은 인연을 맺어온 K씨로부터 연락이 왔다. 아마도 나의 보고 라인인 『중앙일보』 사회부 데스크를 통해 내가 머무르고 있는 숙소의 전화번호를 알아낸 모양이었다. 그는 평소 삼성과의 업무협조관계로 계열사인 『중앙일보』 편집간부들과 자주 접촉해 왔으며 나와도 막역하게 지내는 편이었다.

그러나 그는 내가 수화기를 들자마자 대뜸 이렇게 외치는 거였다.

"이 차장! 이번 일에 너무 깊이 관여하지 마시오. 왕회장의 특명이니까."

나는 이 말 한마디를 즉각 알아챘으나 외려 능청을 떨었다.

"아니, 이번 일이라니, 그게 무슨 얘깁니까?"

"아, 양녕대군 건 말이오."

"아니, 양녕대군이라니, 그건 또 무슨 뚱딴지 같은 소립니까?"

"아, 양녕대군 몰라요? 이맹희 말이오, 이맹희!"

"글세 이맹희 부회장이 어떻게 되었다는 겁니까?"

나는 계속 능청을 떨었다. 이참에 저쪽의 움직임을 좀 더 자세히 알고 싶었기 때문이다.

"아, 부회장은 무슨 얼어 죽을 부회장…."

"……. 그래, 그 양녕대군이 어떻게 되었다는 겁니까?"

"아, 이 차장! 당신 정말 몰라서 묻는 거요?"

"아, 모르니까 묻는 거 아닙니까?"

나도 울컥 화가 나 더 이상 견딜 수 없었다.

"당신, 어젯밤에 해운대 별장에 갔었다며?"

"그래서요?"

"그럼, 이맹희 납치사건을 잘 알고 있겠구먼?"

"그래서 어쩌자는 겁니까? 어디 죄인 심문하듯 윽박지르지 말고 자초지종 얘기를 하고 이 일을 어떻게 처리할 건가 의견이라도 제시하면서 협조를 구하는 게 순서가 아닙니까? 이거 뭡니까. 지금 나한테 협박하는 겁니까?"

"아니, 내가 협박하는 게 아니라 당신을 생각해서 하는 말인데 괜히 오해하는구먼."

내가 원체 대차게 나가니까 저쪽에서 한풀 꺾이는 것 같았다. 그러면서도 숫제 협박하는 투의 말은 끊이지 않았다.

"이 차장! 당신이 이 일에 깊이 관여하다가 자칫 잘못하면 구속될 수도 있단 말이오."

"흥, 구속… 아무리 엄혹한 세상이고 돈이면 안 되는 일이 없다지만 그래, 이 대명천지에 불법으로 생사람을 납치해다 정신병원에 가두겠다는 게 구속감이지 어떻게 그 사실을 알고 있는 내가 구속된단 말이오? 이번 일만은 내가 철저하게 밝혀낼 작정이오."

"이 사람, 이거 세상이 어떻게 돌아가고 있는지 아직 모르고 있구먼."

"아, 요새 총칼하고 돈만 있으면 잘 돌아가는 세상 아니오."

"자꾸 그렇게 비아냥거리지 말고 어쨌든 내가 윗선의 지시로 전하는 말만 전하리다. 이 사실을 일체 비밀에 부치고 혹시 부산이나 대구에서 엉뚱한 소문이 나돌 경우 여론 무마에 각별히 신경 쓰도록 하시오. 이건 진짜 왕회장의 특명이오. 우리 삼성과 왕회장의 명예에 관한 문제이기 때문이오."

"흠, 참 기가 막히는군. 도대체 어느 장단에 춤을 춰야 하나. 왕할머니는 큰 아들이 행방불명되었다고 난린데, 한쪽에서는 덮어두라고 윽박지르고…."

"아, 왕할머니는 우리가 알아서 설득할 테니까 그런 건 신경 안 써도 될 거요."

구속? 그자와 전화를 끊고 나서도 한동안 귀에 맴맴 돌았다.

아무리 세상이 엄혹하기로서니 일선 기자로 닳고 닳은 나한테 이런 식으로 협박까지 하다니 어이가 없었다. 그는 이미 이맹희 씨의 납치극과 관련, 내가 해운대 별장을 다녀오고 왕할머니와 통화한 사실까지 훤히 꿰고 있었다. 정말 대단한 정보력이 아닐 수 없었다.

그 무렵 대구로 올라간 이맹희 씨는 삼성 비서실에 전화를 넣어 소병해 실장에게 다짜고짜 자신의 납치극부터 추궁했다.

"병해야! 이거 다 니가 한 짓이제?"

소 실장은 납치극이 이미 실패로 돌아갔다는 사실을 알고 있는 듯 묻는 말에 대답은커녕 엉뚱한 얘기부터 끄집어냈다.

"제가 지금 어르신 지시를 받고 긴급한 사항이 있어서 대구로 내려갑니다. 대구에서 어르신의 뜻을 전하고 자초지종 모든 말씀을 드리겠습니다."

숫제 일방적이었다.

소병해는 그로부터 채, 세 시간도 지나지 않아 정말 대구로 내려와 모습을 드러냈다. 그는 자신이 내뱉은 말마따나 긴급사항이 발생한 것처럼 헬기를 타고 제일모직 대구공장 축구장에 내려 곧 바로 이맹희 씨가 기다리고 있는 대구 시내 동인호텔 커피숍으로 달려 온 것이다.

어쩌면 아버지의 영을 거역하지 못하는 이맹희 씨의 성격상 취약점을 잘 알고 있는 그가 어떻게 해서든 이 씨를 설득해 헬기 편으로 데려갈 모양이었다. 그런 심산에서인지 그는 경호비서를 두 명이나 데리고 나타났다.

아니, 어쩌면 성질 급한 이맹희 씨한테 대뜸 폭행부터 당하지 않을까 하는 우려 때문에 경호비서들을 대동했는지도 몰랐다. 한 테이블 건너 자리 잡고 있는 경호비서들은 대화를 나누는 두 사람에게 좀체 시선을 떼지 않고 조심스럽게 근접경호를 하고 있었다.

소병해는 마치 3공 시절 권력실세들의 흉내라도 내는 것처럼 감히 옛 상전 앞에서 거들먹거리며 고개까지 쳐들었다. 그런 꼬락서니를 보자니 이맹희 씨는 배알이 뒤틀려 견딜 수 없었다.

그래서 그는 호텔 커피숍에서 소병해와 대면하는 순간 피가 거꾸로 치솟는 것 같았으나 주변의 다른 사람들과 경호비서들을 의식해 분노를 속으로 삭일 수밖에 없었다. 어쩌면 소병해도 아마 그런 걸 노리고 대중들로 북적대는 호텔 커피숍을 만남의 장소로 선택했는지도 몰랐다.

"저어… 서울에 올라가서 종합검진을 한 번 받아보시는 게 어떻겠습니까? 어르신의 뜻이 그렇습니다."

소병해는 자리에 앉자마자 이병철 회장을 들먹이며 그가 가장 듣기 싫은 소리부터 내뱉는 거였다.

이 말에 버럭 화가 치민 그는 어설픈 납치극부터 따지고 들었다.

"니가 부산에 깡패(형사)들을 보냈나. 니가 납치극을 벌인 게 맞제?"

순간 소병해는 뒤통수를 한 대 얻어맞은 듯 멈칫하며 어색한 표정을 짓다가 이내 고개를 가로 저으며 능청스럽게 시치미부터 떼는 거였다.

"아, 아닙니다."

"병해야! 니, 바른 대로 말해라이. 안 그러믄 오늘 니 죽고, 내 죽는 날이 될 끼다. 오늘이 바로 니 제삿날이란 말이다."

"아, 아닙니다. 제가 어떻게 이맹희 선생님께 그런 짓을 한답니까."

이맹희 선생…? 평소 '총수님' 또는 '부회장님'이라고 깎듯이 대하던 소병해가 느닷없이 그에게 남을 대하듯 '선생'이라고 호칭한 것이다.

듣고 보니 뼈에 사무치는 불손한 언사가 아닐 수 없다. 오만방자하기가 이를 데 없는 태도였다.

"병해! 니 방금 뭐라 캤노?"

"네에?"

"니, 방금 내한테 선생이라 캤나?"

"아, 네 지금 삼성에 아무 직함도 없으니까 뭐, 달리 호칭할 수도 없고 해서…."

"나쁜 놈! 내가 일선 사업장의 경리로 있던 니를 비서실로 데려다 키웠는데 배은망덕도 유분수지 감히 니가 내한테 오만불손한 태도로 대하다니….”

"죄송합니다. 오해하셨다면 용서하십시오.”

"나쁜 놈!"

이맹희 씨는 옛 상전을 보고 기본 예의도 갖출 줄 모르고 거들먹거리는 소병해의 태도를 보고 더 이상 할 말을 잃고 말았다.

그러나 단 하나, 그동안에 벌어졌던 일련의 사태가 모두 소병해의 말장난에 의해 이루어졌다는 확신에는 변함이 없었다.

왜냐하면 소병해가 이렇게 말문을 돌렸기 때문이다.

"이 선생님의 사생활이 수사기관에 일일이 체크되고 이에 대한 소문이 꼬리를 물고 퍼지는 바람에 이제 저희들도 이 선생님을 보호해 드릴 수 없습니다.”

"뭐라꼬? 내 사생활이 수사기관에 체크되고 있다꼬?"

"네, 수사관들이 직접 어르신을 만나 이 선생의 사생활이 너무 난잡하다고 아주 소상히 말씀드렸다고 합니다.”

"그래, 내 사생활이 어떻단 말이고? 니가 내 사생활을 알기나 아나?"

"그야 저는 모르지요. 수사기관에서 하는 일이라.”

"병해야! 내가 지금 남의 눈도 있고 해서 조용히 얘기하는데 니 바른대로 말해라이. 그런 터무니없는 소문을 니가 퍼뜨린 거 아이가?"

"아, 아닙니다. 제가 그런 얘기를 감히 어르신한테 직접 말씀드릴 수 있습니까?"

소병해는 끝까지 오리발만 내밀었다.

일순 분노가 머리끝까지 치솟았으나 힐끗힐끗 둘러보는 주위 사람들을 의식하지 않을 수 없었다. 그래서 그는 입술을 깨물고 속으로 분노를 삼키며 다시 말머리를 돌렸다.

"니가 말하는 그 수사관들이 그렇게 할 일이 없어서 국민세금을 축내가면서 아무 죄도 없는 남의 뒤를 캐고 댕긴다 카드나. 그 사람들이 도대체 누고? 소속이 어디며 이름이 뭐꼬?"

"그건 저도 모릅니다."

"그렇다 카모, 니가 명색이 비서실장으로 있으면서 아부지를 찾아오는 사람들 신분도 확인 안 하고 니 멋대로 면담을 시켜 주나?"

"……."

"니가 그걸 지금 내한테 말이라고 하나? 니가 어떤 때는 아부지를 만나러 들어가는 내까지도 가로 막던 놈 아이가?"

"어쨌든 수사기관에서 하는 일이라 저는 모릅니다. 그리고 이제 이 선생님을 더 이상 보호해 드리지 못합니다."

"뭐라꼬, 니가 언제부터 내를 보호했나?"

"아, 실은 지금도 이 선생님을 보호해 드리려고 찾아온 거 아닙니까."

"하참, 이 자슥이 내를 갖고 놀고 있구만."

"어쨌든 시간이 촉박합니다. 그런 소문의 흔적을 지우기 위해서도 이 선생님이 서울로 올라가 종합검진을 받아야 합니다. 어르신의 불호령이 대단하십니다."

"내가 성광증에 걸려 미쳤다고 아부지한테 고해 바친 것도 다 니가 한 짓이제?"

"아, 아닙니다. 그건 수사관들이…."

"니가 자꾸 수사관, 수사관 카믄서 내한테 겁주고 있는데 야 이 자슥아, 내가 이래 뵈도 명색이 대통령 친구다. 니도 잘 알제?"

"네, 그렇지만 수사기관에서 앞으로 어떻게 나올지 모릅니다. 그럴 경우 저희들도 손을 쓸 수가 없습니다."

소병해는 조금도 굽히지 않고 당당한 태도로 마치 그를 조롱하듯 꼬박꼬박 말대꾸로 일관했다.

그 말도 역시 명백한 거짓이었으나 이맹희 씨에겐 마치 선전포고처럼 들렸다. '이맹희 납치극'을 끝내 포기하지 않겠다는 심산이었기 때문이다. 어딘가 분명히 믿는 구석이 없으면 그가 이렇게 대찬 행동을 할 수 없었다.

아버지 이병철 회장이 아닌 안기부나 보안사, 검찰 등 또 다른 권력실세의 라인을 동원해 그들을 단단히 조종하고 있는 것 같은 느낌마저 들었다. 이맹희 씨 자신이 과거 오너 경영에 나섰을 때 권력실세를 이용하던 방법과 똑같았기 때문이다.

이맹희 씨는 소병해 실장이 일방적인 통고처럼 사뭇 위협적인 말을 내뱉고 돌아간 뒤 지체 없이 간단한 짐을 꾸렸다. 대구도 결코 안전지대가 되지 못했기 때문이다.

소 실장의 으름장마따나 그들이 수사기관원을 동원해 앞으로 또 무슨 일을 저지를지도 몰랐다. 우선 소나기부터 피하고 봐야 했다.

'그나저나 내가 명색이 대통령의 친구가 아닌가. 대통령 친구한테 이다지도 가혹하게 대할 수 있단 말인가?'

잠깐 뇌리를 스치는 부질없는 생각이었다.

대통령의 친구…? 앞이마가 벗겨진 육군 중령의 유들유들한 모습이 아련히 떠올랐다. 옛날 그 시절, 전두환 중령은 사흘이 멀다 하고 이맹희 씨를 찾아와 기탄없이 농을 주고받을 만큼 절친한 친구였다. 그러나 그것도 따지고 보면 흘러간 추억에 불과했다. 그 옛날, 그 친구가 지금은 예비역 육군대장에 국가원수의 자리를 꿰차고 하늘만큼 높은 자리에 앉아 있다.

한창 쫓기고 있는 판국에 그런 대통령의 친구가 무슨 소용이 있는가. 엄혹한 군사독재 치하에서 국민을 사찰하는 자들은 뭉칫돈만 주면 무슨 일이든지 저지르고도 남았다. 소병해가 "수사관 운운"하며 이미 그런 자들을 포섭해 두었다는 뉘앙스까지 풍기지 않았는가.

어릴 때부터 자라온 고향과 다름없는 대구에서 또 다시 그런 창피한 꼴을 당하고 싶지 않았다. 무작정 멀리 떠나고 싶었다.

그러나 막상 떠나려고 짐을 싸들고 보니 갈 데가 없었다. 그가 즐겨 타고 다니던 승용차를 몰고 가고 싶었으나 만약 자신이 수배 중이라면 차량 번호판만 봐도 경찰에 걸려들 게 불을 보듯 뻔했다. 이참에 어디 외국에라도 나갈까 생각해 봤으나 그것 역시 출국심사장에서 걸려들지도 몰랐다. 한마디로 사면초가에 몰려 있었다.

마치 늪에 빠져 허우적거리는 신세와 다름이 없었다. 처음에는 늪에 빠진다고 생각했을 때 그저 언제든지 가볍게 헤쳐 나올 수 있을 것 같았다. 그러나 시간이 흐르면서 그 늪이 끝내 그를 삼키려 하고 있는 것이다. 언제든지 그 늪에서 빠져나갈 수 있을 것이라고 생각한 것이 큰 실수였다.

　곧 두 발이 빠지고 무릎이 잠기고 괸 물이 허리까지 차올라 이젠 나가야 한다고 판단했을 때는 이미 늦어버렸다. 그는 불행하게도 스스로 늪에서 빠져나가기는커녕 목숨이라도 건져야 할 절박한 상황에 처해 있다는 사실을 뒤늦게 깨달았다.

4
창업(創業)보다 수성(守成)

 이맹희 씨는 일단 행선지를 아무 연고도 없는 전라도 방면으로 잡아 허름한 청바지에 티셔츠와 점퍼 차림으로 광주행 고속버스에 몸을 실었다.
 12·12쿠데타로 군권을 장악한 신군부가 5·18 광주항쟁의 엄청난 소용돌이를 총칼로 잠재웠다. 그런 다음 제5화공화국 정권을 출범시키면서 '우리 모두 하나가 되자'고 영호남을 연결하는 동서고속도로(88고속도로)를 뚫고 선무공작으로 민심을 다독거리느라고 다른 지방에 비해 검문·검색도 느슨해지고 있었다.
 그는 다급하게 쫓기면서도 자신이 왜 도망자 신세가 되어야 하는지도 모르고 무작정 달아날 궁리만 했다. 아무리 생각해 봐도 정신병자로 몰릴 만큼 엉뚱한 잘못을 저지른 일도 없고 그저 아버지의 영이 무서워 눈에 안 띄는 곳으로 벗어난 죄밖에 없었다. 그런데 왜 멀쩡한 자식을 납치해 정신병원에 가두려 하는가?

이맹희 씨는 달리는 고속버스의 좌석 등받이에 리클라이너를 뒤로 젖히고 두 눈을 감았다. 광주? 생판 처음 가보는 곳이다. 무슨 큰 범죄를 저지르고 달아나는 형사범처럼 무작정 정처없는 길을 떠나자니 기가 막혔다. 어쩌면 꿈속을 헤매듯 지난날들이 주마등처럼 뇌리를 스쳤다.

아버지 이병철 회장은 평소 입버릇처럼 말해 왔다. "창업(創業)보다 수성(守成)"이라고.

사업을 일으키는 것은 결코 쉽지 않은 일이지만 이미 이룩해 놓은 사업을 지켜 나가는 일은 그 이상으로 어렵다는 것이 아버지의 지론이자 기업관이었다. 하여 한평생을 바쳐 이룩한 삼성을 장차 누구에게 계승시켜 나가야 할지 오래도록 고심해 왔다고 했다. 기업경영이란 남들이 생각하는 것처럼 결코 순탄하지 않기 때문이다.

영욕의 반세기. 삼성을 창업한 이래 기업인으로 평생을 살아오는 동안 '돈병철'이라는 별로 달갑지 않은 세간의 여론과는 달리 아버지는 성취욕에만 집착해 왔다고 했다. 악착같이 돈을 벌겠다는 욕심보다 사전에 계획했던 일, 추진해 온 일이 성공해 성취욕을 달성했을 때 돈은 저절로 굴러들어 왔다는 것이었다.

그런 창업과 수성의 토대를 단단히 다져야 한다는 생각에 잠길 때마다 이 회장은 한때 아버지를 대신해 삼성의 오너 경영에 열정을 쏟았던 맏아들 맹희를 문득문득 눈에 밟혀 했다는 것이 어머니 박두을 여사가 전하는 이야기다.

"괘씸한 놈… 어데서 풍찬노숙이나 안 하는지 모르겠구만."

이병철 회장은 잠깐 뇌리를 스치는 장남 맹희를 떠올릴 때면 으레 연민에 찬 눈빛을 숨기지 않았다고 한다.

평소의 절제된 모습과는 달리 본능적인 내적 감정이 복받칠 때도 있었다. 그것이 부자유친(父子有親)이라는 인지상정이 아닌가.

하지만 그 맏아들이 터무니없는 곡해로 인해 삼성에서 완전히 물러나 있다. 게다가 아버지의 불신을 사고 부자간의 천륜마저 끊은 채 초야에 묻혀 살아가는 것도 용납되지 않아 이제 막다른 골목으로 쫓기고 있는 것이다. 과연 누구 탓일까?

이병철 회장은 애초 적장자인 맹희를 철석같이 믿고 의지했다. 한때 그런 아들이 태산처럼 크게 보이기도 했다. 물론 예부터 전해 내려온 가문의 관습도 그랬지만 그는 차남 창희나 막내 건희보다 유별나게 장남 맹희를 챙겼고 기대도 컸던 게 사실이었다.

그는 슬하의 아들 삼 형제 중 적장자 상속의 원칙을 지키는 가풍과 법도를 따르기로 했다. 그래서 진작에 큰 아들 맹희를 후계자로 지명해 한때 삼성의 오너 경영까지 맡겼다.

이 회장은 공자의 학통과 학풍을 숭상하는 유가적(儒家的) 가문의 내력 때문인지 장차 가업을 이어가야 할 적장자 맹희의 안위를 걱정하며 어릴 때부터 혹독한 가정교육을 시켜 왔다. 그러다가 6·25전쟁이 터지고 이어 중공군까지 한국전선에 투입돼 인해전술로 쳐 내려 오자 역시 장남 맹희의 안위가 큰 걱정거리였다. 그 당시 맹희는 경북중학교(6년제) 졸업을 앞두고 있었다.

여느 젊은이들처럼 백척간두에 선 조국을 지키기 위해 아들을 군에 입대시키는 것이 당연한 국민의 도리였으나 이 회장은 우선 안전한 곳으로 아들을 보내 놓고 봐야 했다. 하여 맏딸 인희(현 한솔그룹 고문)가 피란 가 살고 있는 마산으로 맹희를 보내 다시 일본으로 밀항토록 무리한 모험을 감행한다.

국운이 백척간두(百尺竿頭)에 서 있던 당시 또래의 친구들은 대다수가 군문을 두드리고 학도병으로 출전했으나 군대를 기피한 맹희는 그렇게 아버지의 영에 못 이겨 일본으로 밀항해 도쿄농과대학에 진학한다. 1951년 그의 나이 20세 되던 무렵이었다.

그 이듬해에는 둘째 창희도 일본 유학길에 오른다. 그러나 창희는 해외 유학생 제1호로 이승만 정권의 정식 허가를 받아 도일(渡日)한 것이다. 창희는 아버지의 권유에 따라 일본 학습원을 거쳐 와세다(早稻田)대학 경영학부에 입학했다. 와세다대학은 일제 강점기 때 이병철 회장이 유학한 일본의 명문대학이었다.

맹희가 굳이 농대를 선택한 것은 '농자천하지대본(農者天下之大本)'이라는 집안의 가풍 때문이었다. 그는 스스로도 부농의 후예답게 어릴 때부터 농업근대화사업에 관심을 기울이고 있던 터라 일본에서 선진과학영농을 배우고 싶었다. 후일 용인자연농원(현 삼성에버랜드)을 개발하는 데 주도적 역할을 하게 된 것도 도쿄농대에서 전공한 농업경영학을 현실에 접목시키는 중요한 계기가 되었다.

이병철 회장은 용인자연농원을 개발하기 위해 중앙개발을 설립했고 본격적인 사업단계에 들어간 1968년에는 그 당시 『중앙일보』 부사장으로 있던 장남 맹희에게 전적으로 농원개발을 맡겼다.

우여곡절을 겪으며 경기도 용인군 포곡면 일대의 야산 450만 평을 자연농원으로 개발, 오늘날 거대한 세계적 테마 파크로 발전한 삼성에버랜드의 토대를 마련했다. 그 당시 자연농원의 나무 한 그루, 풀 한 포기, 돌 하나도 그의 손을 거치지 않은 것이 없었다.

그러나 군대를 기피하고 도쿄농대 유학을 떠난 그 밀항사건은 일생을 통해 두고두고 국가에 대한 부채로 남아 있는 데다 가장 수치스러운 기억으로 그의 머릿속을 떠나지 않고 있다.

이병철 회장은 전화(戰火)의 소용돌이 속에서 국가관보다 자식들의 안위를 먼저 생각해 수단과 방법을 가리지 않고 두 아들을 일본으로 유학 보낸 뒤 그제서야 안심하고 사업을 일으키는 데 전력투구하게 된다.

부산에서 삼성물산을 재건한 데 이어 1953년에는 제일제당을 설립했다. 그리고 그 이듬해인 54년에는 대구에서 제일모직을 설립, 탄탄한 기업의 토대를 마련하기에 이른다.

그리고 그는 사업이 날로 번창하고, 휴전 이후 국내 정세도 다소 안정기에 접어들자 일본에 유학 중이던 큰 아들 맹희부터 먼저 국내로 불러들였다. 1956년 11월 초순. 맹희가 대학원 석사과정을 마칠 무렵이었다. 일찌감치 점 찍어둔 규수와 혼례를 치르기 위해서라고 했다.

아무 영문도 모르고 귀국한 맹희는 뜻밖의 일에 다소 난감했으나 감히 아버지의 영을 거역할 수 없었다. 어릴 때부터 엄부(嚴父)의 영이라면 비록 자신의 생각과 다르더라도 이의 한 번 제기하지 않고 고분고분하면서 성장해 왔기 때문이다.

그러나 둘째 창희는 달랐다. 그 무렵 창희는 일본에서 한창 연애 중이었다. 상대는 일본 귀족의 후예인 에이코(英子)라는 규수. 그녀의 할아버지는 공작(公爵)이었고 아버지는 자작(子爵)이었으나 패전 후 일본의 경제파탄으로 국록(國祿)을 받지 못해 창희와 처음 만났을 때엔 가정형편이 매우 어려웠다고 했다.

그 때문인지 몰라도 이병철 회장은 처음부터 둘째 아들 창희의 결혼을 극구 반대했다. 그런저런 사연도 있었지만 어른들의 주선으로 중매결혼을 선호하는 가풍 탓이기도 했다. 하지만 이 회장의 속뜻은 다른 데 있었다.

그는 이미 국내의 조강지처를 제쳐놓고 일본 도쿄에 구라다 상(倉田氏)이라는 이름의 일본인 소실(小室)을 두고 있는 처지였다. 그 소실과의 사이에 남매까지 태어났다고 했다. 그 일로 인해 본가인 박두을 여사의 속앓이가 이만저만이 아니었다.

사실상 일본인 여자와의 관계는 자신만으로 족하다는 것이 이 회장의 속내였다. 그런데 둘째 아들마저 일본인 여자와 연애 중이라니 당황하지 않을 수 없었다. 게다가 자신처럼 숨겨놓은 여자도 아니고 명색이 고루한 삼성가의 며느리로 맞아들여야 할 국제결혼인데 그 당시의 시대상황으로서도 도저히 용납될 수 없는 일이기도 했다. 하지만 창희는 끝까지 자신의 고집을 꺾지 않았다.

결국 창희는 부모님을 비롯한 형제자매 등 가족들의 축복도 받지 못한 채 혼자서 에이코를 아내로 맞아 도쿄의 데이고쿠(帝國)호텔에서 결혼식을 올렸다. 이 때문에 삼성가의 분위기도 냉랭해져 한동안 부자간이 절연상태까지 갔고 가족들 간에도 창희의 국제결혼설에 대해서는 금기사항으로 아예 입에 올리지도 못했다.

그런 와중에 장남 맹희는 1957년 2월, 신혼의 단꿈에서 채 깨어나기도 전에 도쿄농대의 전공과는 달리 공업경영학을 공부하기 위해 다시 미국 유학길에 오른다. 장남에게 해외 견문도 넓혀주고 경영학을 전공해 돌아오면 삼성의 오너 경영에 큰 힘이 되리라는 이병철 회장의 속 깊은 판단 때문이었다. 그만큼 큰아들에 대한 기대가 컸던 것이다.

하여 맹희는 미국 미시간주립대학의 대학원 박사과정을 거쳐 어렵사리 공업경영학 박사학위를 취득하게 된다. 이 회장은 큰아들 맹희가 박사학위를 받자마자 또 다시 느닷없이 귀국령을 내린다. 엄부의 속 깊은 뜻을 헤아릴 수 없었으나 맹희는 무조건 그 영에 따라야 했다. 고국을 떠난 지 4년 만인 1961년 초봄.

4·19학생의거 1주년을 맞은 당시 국내 정세는 극도의 혼란에 빠져들고 있었다. 학생·시민 할 것 없이 이익집단을 이루어 데모와 농성으로 해가 뜨고 해가 지는 등 매우 불안한 상황이 계속되고 있었다.

게다가 이병철 회장은 과도정부에 의해 부정축재자로 몰린 데다 밀가루·설탕·시멘트 등 이른바 삼분(三粉) 폭리(탈세)사건에 연루되어 검찰조사까지 받고 있던 터였다. 이 때문에 삼성은 설상가상으로 경영위기에 처해 전전긍긍하고 있었다.

그러나 이 회장 곁에는 그동안 누구 하나 믿고 의지할 피붙이가 없었다. 아들 삼 형제가 모두 해외 유학 중이었기 때문이다. 봉황(鳳凰)의 뜻을 연작(燕雀)이 어찌 알까만 맹희는 아버지가 그런 연유로 자신의 귀국을 재촉했던 것으로 지레짐작했다.

하지만 아버지는 서둘러 귀국한 아들에게 한일은행의 말단 직원으로 들어가 창구 업무부터 보라고 했다. 당시 이 회장은 한일은행의 대주주로 사실상의 오너였다. 맹희는 그때 비로소 자신이 밑바닥부터 경영수업에 들어간다는 사실을 깨닫게 되었다.

1957년. 삼성물산과 제일제당, 제일모직 등 주력기업이 날로 번창하면서 주체할 수 없을 정도로 돈이 몰릴 무렵 정부에서 시중은행주의 공매불하를 단행했다. 이른바 민영화다. 이때 공개입찰에 참여한 이 회장은 한일은행의 전신인 흥업은행의 주식 83%를 사들였고 이어 조흥은행주 55%, 상업은행주 33% 등 정부 소유 4개 시중은행주의 절반 이상을 사들여 대주주로 우뚝 선다.

여기에다 당시 국영기업이던 호남비료 주식의 45%, 한국타이어 주식 50%, 삼척시멘트 주식 70%를 사들여 명실상부한 한국 제일의 재벌로 부상했다. 시중에 이병철이 아닌 '돈병철'이라는 별칭으로 회자되던 시점이 바로 이 시기였다.

그러나 맹희는 그 당시로서는 보기 드물게 미국에서 어렵사리 박사학위까지 취득하고 돌아왔는데도 은행 말단 창구직원이라니 도무지 이해가 되지 않았다. 그래도 그는 장차 삼성의 오너 경영인이 된다는 원대한 꿈을 키우며 묵묵히 창구를 지켰다. 그런데 아니나 다를까, 은행 내에서 문제가 발생했다. 행원들이 일제히 들고 일어나 스트라이크를 일으킨 것이다.

그가 첫 달 월급을 타보니 66,000원. 입행 3~4년차 일반직원의 월급 4만 원보다 훨씬 많았다. 그는 명색이 미국 명문대학의 박사학위 소지자여서 특별대우를 받는 것으로 생각했다. 하지만 직원들의 시각은 그게 아니었다. 단순히 오너의 아들이라는 이유로 특별대우를 해준다는 인식이 머리에 박혀 앞뒤 가리지 않고 공세적인 스트라이크에 들어가고 만 것이다.

자유당 시절 이승만 정권 하에서는 감히 상상도 할 수 없는 일이었다. 하지만 자유와 민주를 쟁취한 4·19학생의거가 일어난 지 얼마 안 된 과도정부 시절이었다. 그런 영향으로 직원들의 분배정의가 자연스럽게 폭발했던 것이다. 게다가 그 당시 삼성의 15개 계열사가 탈세혐의로 검찰의 조사를 받고 있던 중이었다. 아마도 한일은행 직원들이 이러한 오너의 약점을 노렸는지도 몰랐다.

그러나 그로부터 얼마 지나지 않아 군사쿠데타가 일어났다. 이른바 5·16 군사혁명. 서슬이 시퍼런 군사정권 하에서 그 당시 한일은행의 대리에 불과하던 김종락이라는 직원이 황당하게도 하루아침에 임원(이사)으로 승진했다. 그것은 오너의 아들 이맹희가 특별대우로 월급을 조금 더 받은 것과는 전혀 격이 다른 파격적인 승진인사였다. 하지만 누구 한 사람 입도 뻥긋하지 못했다.

서슬이 시퍼런 총칼 앞에서 감히 누가 나선단 말인가. 김종락은 당시 5·16 주체세력의 제2인자인 김종필(JP) 중앙정보부장의 형이었고 막후에서 쿠데타자금까지 지원했다는 설이 나돌던 인물이었다. 그는 승승장구하며 한일은행장까지 지내고 제3공화국의 실세로 등장하기 시작한다. 참으로 아이러니가 아닐 수 없었다.

그런 가운데 시중은행이 다시 정부 소유로 들어가고 이병철 회장이 대주주로 보유하고 있던 4개 시중은행의 주식도 모두 국가에 헌납하는 형식으로 몰수당하고 만다. 그 당시 시중은행의 실상을 거울 보듯 훤히 꿰고 있던 김종락이 막후에서 많은 영향력을 행사한 것으로 알려졌다.

이맹희는 대주주이던 아버지가 4개 시중은행의 주식을 모두 국가에 헌납한 이상 한일은행에 몸담고 있을 필요가 없어졌다. 게다가 하루아침에 권력의 실세를 업고 한일은행 경영권까지 장악한 김종락과도 마주치기 싫어 삼성 계열사인 안국화재(현 삼성화재) 총무부장으로 자리를 옮긴다.

안국화재는 원래 이맹희의 장인인 손영기 사장이 창업하고 줄곧 대주주로 영향력을 행사하고 있는 회사여서 한결 만만한 곳이었으나 역시 한일은행과 마찬가지로 '닭 잡는데 소 잡는 칼을 쓴다' 는 말처럼 보험회사에서도 공업경영학 박사의 지식은 아무 쓸모가 없었다.

그 당시 창희는 일본 와세다대학에서 경영학 박사과정을 밟고 있었고 막내 건희 역시 와세다 학부과정을 다니고 있었다. 이 때문에 국내에는 어려움에 처한 아버지의 사업을 도와 줄 아들이라곤 장남 맹희뿐이었다. 하지만 아버지는 역시 아무런 반응이 없었고 맹희는 기약 없이 변방으로만 돌고 있었다.

곁에서 아버지를 돕고 싶은 마음은 간절했으나 도무지 나설 방법이 없었다. 세상은 험난하게 돌아가는데 엄부의 영이 두려워 그저 눈치만 보고 있었다. 아버지의 영이 한 번 떨어지면 다음 영이 떨어질 때까지 묵묵히 주어진 일을 열심히 하는 길밖에 달리 선택의 여지가 없었기 때문이다.

안국화재 총무부장이라는 자리도 별로 할 일도 없이 시간만 죽이는 직책에 불과했다. 그런 연유로 정상적인 상황에서 도무지 경영에 참여할 수 없었던 것이다.

미국에서 철저하게 자본주의 체계를 공부하고 공업경영학 박사학위까지 취득한 그에게 일개 보험회사의 경영에도 참여할 공간이 전혀 주어지지 않았지만 솔직히 말해 그럴 마음도 없었다. 특히 짧은 기간이지만 그가 몸담아 온 금융과 보험은 모두 정부의 주도와 통제 하에 놓여 있었다. 총칼부터 앞세운 한국적인 경제 운용 방식이었다.

게다가 서비스업의 성격이 강한 금융업은 근본적으로 그의 체질에 맞지 않았다. 도무지 할 일이 없었다. 그런데도 아버지는 그런 아들을 수수방관만 하고 있었다. 엄부의 깊은 뜻을 헤아리기가 그만큼 어려웠다.

그러나 그는 언젠가 삼성의 오너 경영에 참여할 날이 올 것이라는 한 가지 분명한 희망을 가지고 때를 기다렸다. 그래서 그는 나름대로 새로운 미래산업에 도전할 구상을 가져 보기도 했다. 그 당시 공업경영학 박사답게 그가 가장 관심을 기울였던 부분은 역시 생산업, 특히 그 중에서도 전자와 자동차 산업을 일으키는 것이 그의 포부였다.

미국 미시간주의 거대한 자동차도시 디트로이트에서 박사과정을 밟는 동안 틈틈이 자동차공장을 견학하고 기능직들과 어울려 생산과정을 직접 눈으로 보고 경험해 봤기 때문이다.

그런 꿈을 키우고 있던 중 그는 안국화재 총무부장을 거쳐 이사로 승진하게 된다. 그리고 마침내 아버지 이병철 회장의 영에 따라 삼성의 오너 경영에 참여할 기회를 찾은 것이다.

5
기업경영의 명암

　1963년 제3공화국이 출범하고 이미 삼성도 대한민국을 대표하는 거대기업으로 성장했으나 이병철 회장은 그 시기까지만 해도 정부의 눈치를 살피며 그룹 회장제를 실시하지 못하고 있었다.
　이맹희는 그런 경영여건에서 처음 제일제당과 제일모직 등 일부 주력계열사의 경영을 맡고 있다가 마침내 삼성의 17개 계열사 부사장직(현재의 그룹 부회장직)을 맡아 본격적으로 경영일선에 뛰어든다.
　그 무렵 이병철 회장은 사장단회의 때마다 "삼성의 전반적인 경영을 맹희 부사장한테 맡긴다"며 "아직 젊지만 여러분의 경륜으로 많이 도와주기 바란다"고 자신의 후계구도를 강조하곤 했었다.
　전문경영인들도 명색이 일본·미국 유학파에다 농업경영학 석사에 공업경영학 박사학위까지 취득한 맹희를 인재로 자타가 공인하고 있었다. 그 당시 그의 나이 32세.

그렇게 아버지의 그늘에서 대과 없이 경영에 참여한 지 4년여 만인 1967년 10월에는 아버지를 대신해 삼성그룹의 총수로서 오너 경영을 책임지게 된다. 그때 나이 36세.

이병철 회장은 맹희 부사장을 집무실로 불러 심각하게 운을 뗐다.

"맹희야! 인자(이제) 니는 내가 없어도 우리 삼성을 100배 이상 키울 자신 있겠제?"

그동안 심사숙고해 오던 이 회장이 마침내 삼성의 경영권을 장남 맹희에게 넘기고 자신은 재계에서 은퇴해야겠다고 결심하는 순간이었다. 하지만 맹희는 느닷없는 아버지의 질문에 어리둥절할 수밖에 없었다. 그래서 얼른 대답을 못하고 머뭇거리고 있을 때 이 회장은 다시 목청을 가다듬으며 말을 이었다.

"아, 아부지가 없어도 니 혼자 기업을 잘 운영해서 삼성을 세계의 삼성으로 키울 자신이 있나, 이 말이다."

그제서야 맹희는 얼떨결에 정신을 가다듬었다.

"예, 아부지! 열심히 하겠십니더."

비록 짧은 기간이었지만 맹희는 그동안 격동의 소용돌이 속에서 아버지와 영욕을 함께 해 왔고 앞으로도 그럴 것이다. 그것은 엄연한 현실이기도 했다. 누가 뭐래도 맹희는 명색이 삼성가의 적장자가 아닌가.

앞으로 삼성의 대외업무도 모두 그의 몫으로 돌아갔다. 비록 아버지는 정권과 불편한 관계였지만 그는 그런 일을 충분히 해낼 능력이 있었고 주위에 지연·학연으로 얽힌 정·관계 인사들도 많았다. 그것이 그에게는 큰 힘이 될 것이라고 믿고 있었다.

그러나 이 회장은 맹희 부총수한테 한마디 충고하는 것도 잊지 않았다.

"맹희야! 정치하는 사람들 믿지 마라. 불가근불가원이다. 무신 말인지 잘 알겠제?"

"예, 아부지! 명심하겠십니더."

"아주 약고 의리가 없다 카이. 내는 그동안 기업하믄서 정치하는 사람들과 불가분의 관계로 큰 경험을 했다. 애써 키운 재산도 많이 빼앗겨 보고… 앞으로 니는 절대 그런 유혹에 빠져서는 안 되는 기라."

"예, 잘 알겠십니더."

기업을 일으키고 성장시켜 오는 과정에서 이 회장이 철저하게 지켜온 것이 있다면 정치권과 가까이도, 멀리도 하지 않은 불가근불가원의 원칙이었다. 그러면서도 '믿는 도끼에 발등 찍힌다' 는 격으로 불가피하게 정치권력과 손을 잡았다가 낭패를 보는 등 단단히 덴 일이 한두 번이 아니었다.

그런 과거사를 뼈저리게 느끼며 이 회장은 회한에 젖어 있는 것이다. 경제계 은퇴성명을 발표하기 직전이었다. 그는 정치적 격변에 시달려 오는 과정에서 권력과의 갈등, 재산헌납 등 맺힌 한이 너무도 많았다. 그래서 더 이상 오너 경영을 고집할 수 없었다.

삼성그룹의 사운을 걸고 세운 한국비료를 국가에 헌납하고도 '밀수왕국 삼성' 이라는 세간의 따가운 시선을 피해 갈 수 없었다.

재계은퇴라는 초강수를 두고 경영일선에서 물러나기로 결심한 것도 바로 그 때문이다.

"정치하는 사람들 믿지 마라. 아주 약고 의리가 없는 기라."

이맹희는 그때 아버지의 이 말 한마디가 정치권을 비난한 것이 아니라 박정희 대통령에 대해 서운한 감정을 드러낸 것으로 이해했다.

기업경영을 위해서는 결코 피해 갈 수 없는 일… 정치권과의 불가분의 관계도 그렇다. 이 회장은 5·16 직후 부정축재자로 몰려 재산을 몰수당하면서도 초대 경제인협회장(현 전국경제인연합회장)을 맡아 혁명정부의 제1차 '경제개발 5개년계획'에 적극 참여한다. 군사정부가 경제개발사업을 민간주도형으로 추진하면서 전적으로 경제인들에게 맡기고 정부차원의 지원을 아끼지 않았기 때문이다.

평소 정치권과 거리를 두어 온 그가 정부의 '경제개발 5개년계획'에 적극 참여하면서 정경유착이 아닌 '정경협조'라는 정의를 강조한 것도 국가백년대계를 위하는 명분 때문이라고 했다.

어쨌든 처음에는 군권세력과 손을 잡고 보니 모든 것이 군대식으로 명령 일하에 순조롭게 진행되었다. 국가경제를 일으키기 위해서는 우선 대규모의 산업기반시설이 필요했다. 따라서 전력과 공업용수, 육지와 해상의 물류 수송능력, 노동력 확보 등이 용이한 지역에 공업단지를 조성하는 일이 시급하다고 그는 판단했다.

한국 최초의 산업단지를 조성하는 국가적 사업. 일본통인 그의 아이디어는 전후 일본의 눈부신 발전에 기여한 인프라를 모델로 삼았다. 정부와 경제계의 조사 결과 후보지로 거론된 곳은 경남 울산과 양산의 물금, 삼천포 등 3개 지역으로, 현지를 답사한 결과 울산이 최종적으로 선정되었다.

울산만은 1만 톤급 선박 5~6척이 한꺼번에 입·출항할 수 있는 항만시설이며 태화강의 풍부한 용수, 부산의 배후도시로서 사통팔달한 육로교통망 등 그야말로 대단위 공업단지를 조성할 수 있는 입지적 조건을 충분히 갖추고 있었다. 물금이나 삼천포 등 여타 후보지는 아예 둘러볼 필요조차 없었다.

5·16 군사쿠데타가 발생한 지 8개월여 만인 1962년 2월 3일, '울산공업단지' 기공식을 거행했다.

"사천 년 빈곤의 역사를 딛고 민족숙원의 번영을 마련하기 위해 우리는 이곳 울산만을 찾아 여기에 신생 공업단지를 건설하기로 하였습니다…."

박정희 최고회의 의장의 치사는 한마디로 감개무량했다.

그 무렵 이병철 회장은 '경제개발 5개년사업'이라는 대명제를 두고 '국가재건최고회의' 박정희 의장과 각별한 관계를 지속하고 있었다. 그래서 그는 사실 울산공업단지를 조성할 시기, 숙원사업인 비료공장을 선도사업으로 먼저 건설해야 한다는 집념에 사로잡혀 있었다.

그 당시 울산공업단지 조성사업은 건설장비가 변변치 않던 시절, 군 공병대의 불도저와 굴삭기, 덤프 등 각종 중장비까지 동원하지 않으면 제대로 추진할 수 없을 만큼 열악한 여건에서 시작되었다.

  그런 사정을 뻔히 알고 있는 국가재건최고위원회 박정희 의장은 울산공단 조성사업과 경제개발사업을 동시에 추진하기 위해 군 공병장비를 전폭적으로 지원했다. 그는 특히 이병철 회장에게 전권을 위임하고 서울과 울산을 자주 오가는데 불편함이 없도록 자신의 전용 경비행기까지 제공하며 독려했다.

  1963년 마침내 울산공단 조성사업이 마무리되고 각 기업들은 정부의 투자명령에 따라 고유업종을 결정했다. 삼성은 오랜 숙원사업이던 비료공장 건설을 신청했으며 치열한 경합을 벌이긴 했지만 결국 군사정부의 주체세력과 의기투합해 삼성에 투자명령이 떨어졌다.

  이후 사카린(OTSA) 밀수사건이 터져 두고두고 뒷말이 많았던 '한국비료' 건설은 이렇게 이루어졌다. 사실 비료공장 건설은 이승만 정권 말기 삼성보다 정부차원에서 먼저 구상해온 국책사업이었다.

  그 당시만 해도 농촌 인구가 절대적인 상황에서 농민들을 위해 값싼 비료를 공급할 대규모의 비료공장 건설이 시급했다. 하지만 군사정부가 민정이양에 따른 정치일정에 쫓기면서 한국비료 건설이 우여곡절을 겪으며 연기되다가 해를 넘긴 1964년 제3공화국이 출범하면서 박정희 대통령의 재가가 떨어진 것이다.

  박 대통령으로서도 4년 후의 재선에 대비해 농민들의 표를 의식하지 않을 수 없었기 때문에, 비료공장 건설을 재가하면서 이병철 회장에게 "67년 대통령 선거 전에 꼭 완공할 것"을 전제조건으로 달았다. 이에 이 회장도 건설자금의 일부인 10억 원의 은행융자 알선과 인허가 업무의 신속한 처리를 건의했다.

그러나 중대한 국책사업임에도 불구하고 은행융자는커녕 인허가도 지지부진한 상태에서 또 한 해를 허송하고 65년 9월에 가서야 가까스로 착공에 들어갈 수 있었다. 부정부패를 일소한다는 슬로건을 내건 정부가 군정시절부터 앞장서 손을 벌리고 정치자금에다 떡고물까지 챙기려 했기 때문이다.

그 무렵 한국비료 사장으로 선임된 성상영 제일모직 사장이 이병철 회장을 대신해 정·관계 로비를 책임지고 뛰어다녔다. 삼성물산 시절부터 가신그룹 중의 한 사람인 그는 이 회장이 제일모직을 설립할 당시에는 주로 수출입 인·허가 문제를 전담하는 마당발로 활동해 왔다.

성 사장은 삼성의 간판 역할을 전담해 정치권이나 관계에 이른바 사바사바(로비)를 잘하는 사람으로 널리 알려진 인물. 그래서 이 회장은 그가 요구하는 대로 이미 군부의 권력실세들과 관계의 고위공무원들에게 알게 모르게 많은 로비자금을 마련해 줬으나 '깨진 독에 물 붓기' 식일 뿐 뚜렷한 성과도 없이 차일피일 세월만 죽였다. 결국 기다리다 못한 이병철 회장은 직접 일본으로 건너가 일본 굴지의 재벌인 미쓰이(三井)물산과 차관교섭을 벌인다.

그 결과 연리 5.5%에 2년 거치, 8년 균등상환 조건으로 그 당시의 화폐가치로는 어마어마한 4390만 달러의 외자를 유치해 울산공단 35만 평 부지에 연산 33만 톤 규모의 비료공장을 건설하게 된 것이다.

단일 비료공장으로는 세계 최대 규모였다. 이때 비로소 삼성이 세계적인 기업으로 우뚝 서는 발판을 마련한 것이다.

그 무렵 정부에서는 종합적인 경제개발사업으로 해외업무가 대폭 늘어나자 우수한 인재확보를 위해 해외 유학파들을 찾고 있던 중이었다. 하지만 삼성에서는 이보다 한 발 앞서 인재를 육성하고 있었다. 누가 뭐래도 미래를 내다보는 이병철 회장의 혜안이 돋보였다.

특히 그에게는 일본과 미국 유학을 마치고 공업경영학 박사학위까지 취득한 장남 맹희 부사장이 오너 경영에 나서고 있는 데다 둘째 창희도 일본 유학에서 돌아와 아버지를 돕고 있었다.

국제감각이 탁월한 두 형제가 아버지의 손발이 되어 일을 일사천리로 진행시켰다. 여기에다 일본 와세다대학을 거쳐 미국 조지워싱턴대학에 유학 중인 막내 건희도 조만간 귀국할 터이다. 장차 엘리트 삼 형제가 문자 그대로 삼성(三星)의 빛을 발한다면 그야말로 무한대를 지향하는 삼태극(三太極)이 이루어 지는 게 아닌가.

이병철 회장은 그런 아들 삼 형제가 볼수록 대견하고 스스로도 거칠 것 없이 마음 편하게 삼성을 세계적인 기업으로 성장시킬 수 있을 것으로 기대했다. 6·25전쟁 당시 주위의 비난을 무릅쓰고 장남 맹희를 일본으로 유학시킨 것이 백 번 잘한 일인지도 몰랐다. 어쨌든 자식농사를 잘 지었다고 그는 스스로 흐뭇한 감정에 젖어들 때가 많았다.

그러나 이후 그는 울산 쪽에 고개도 돌리기 싫었다. '울산' 이라는 말만 들어도 박정희 대통령의 얼굴이 떠오르고 이후락 비서실장과 김형욱 중앙정보부장의 음흉스런 목소리가 귀청을 찢는 것 같은 환청에 소름이 돋고 치가 떨렸다. 국책사업으로 한국비료를 건설해 놓고 제대로 가동도 해보지 못한 채 고스란히 정부에 헌납해 버렸기 때문이다.

권력의 힘만 믿고 저지른 이른바 '사카린 밀수사건'의 후폭풍이 거대한 토네이도처럼 휘몰아쳐 도저히 피할 길이 없었다. 한국비료 헌납의 이면에는 정치자금이라는 검은 돈이 처음부터 발목을 잡고 있었고 기업이 정권의 돈주머니 역할을 하려다가 오티사(OTSA) 밀수사건으로 비화되고 말았던 것이다.

운명의 장난치고는 너무도 가혹했다.

애초 차관을 제공한 일본 미쓰이 측에서 기계설비 등 플랜트를 수출하는 조건으로 삼성에 100만 달러의 리베이트를 제시한 것이 발단이었다. 따지고 보면 이 리베이트는 사업관행상 사례금으로 미쓰이 측에서 삼성 측에 건네는 단순한 커미션의 일종이었다. 때문에 국제적인 차관거래 관행상 미쓰이나 삼성에서 입만 다물고 있으면 아무도 알 수 없는 비자금인 셈이다. 요즘 같으면 푼돈에 불과하지만 외환보유고가 바닥난 그 당시의 상황에서 100만 달러라면 정부차원에서도 욕심낼 만한 거액이었다.

그러나 이 회장의 속셈은 달랐다. 한국비료 건설과정에서 대일(對日)차관 외에 예상 외로 많은 자금이 쓰였고 삼성 전체가 자금난에 봉착했으나 정부에서 지원해 주기로 약속했던 10억 원의 은행융자가 자꾸 지연되고 있었다. 그것도 정치자금 때문이었다.

이 회장은 이를 타개할 목적으로 직접 박 대통령을 만나 "미쓰이 측에서 음성적인 사례비조로 100만 달러의 리베이트를 제공키로 했다"고 보고한 것이다.

그는 이밖에도 한국비료 준공·이후 울산공단에 우후죽순처럼 들어서게 될 각종 공장의 플랜트를 삼성이 직접 맡아 추진하고 싶은 야망도 가지고 있었다. 그 당시 기계류나 건설장비 등 선진국의 플랜트를 들여오지 않고 국내 기술진만으로 공장을 건설하기는 어려웠다.

하지만 삼성은 이미 제일제당과 제일모직의 기계설비 중 일부를 국내 기술로 해결했고 한국비료 건설과정에서도 노하우를 축적해 두고 있었다. 한국비료 건설에 투입된 기계류만도 줄잡아 총 30여만 종(種)으로 중량은 18만 톤에 달했다.

그러나 문제는 100만 달러의 리베이트를 어떻게 들여오느냐에 달려 있었다. 그 당시로서는 한일 국교 정상화가 이루어지기 전이었으므로 정부차원에서도 거액의 외화를 국내에 반입하기가 쉽지 않았다. 게다가 리베이트는 합법적인 자금이 아닌 불법적인 비자금이 아닌가.

돈 냄새를 맡고 후끈 달아오른 청와대의 이후락 비서실장은 이 검은 돈을 국내에 들여오는 묘책 마련에 들어갔다. 이 리베이트를 일본 정부 모르게 일단 미쓰이 도쿄 본사에서 뉴욕 지사로 보내 다시 서울의 삼성 본사로 반입하는 이른바 돈세탁을 모색해 봤으나 별 뾰족한 방법이 없었다.

정권 핵심부에서 고심 끝에 "현금 반입이 어려우면 차라리 법적으로 문제가 없는 수입물량을 국내로 들여와 시중에 내다 팔면 될 거 아니냐' 며 새로운 아이디어를 내 놨다. 한마디로 이병철 회장의 평소 지론인 '정경협조' 가 아닌 '정경유착' 의 서곡이 울린 것이다.

이런 방식으로 국내에서 고가의 수입물량을 처분하면 현금 100만 달러를 원화로 교환하는 것보다 4배나 많은 400만 달러 이상의 엄청난 이익을 챙길 수 있다는 계산도 나왔다. 당시 환율이 250대 1이었으니 한화로는 10억 원. 이병철 회장이 정부에 융자 신청한 액수와 맞먹는 규모다.

여기에다 각종 수입품의 가격이 천정부지로 치솟을 때였으니까 시중시세로는 무려 200억 원에 달했다. 그 시기, 국내 경제규모를 감안한다면 피부에 와 닿는 감각으로는 엄청난 규모에 해당하는 거액이 아닐 수 없다.

하여 이 검은 돈 가운데 3분의 1은 정치자금으로, 또 다른 3분의 1은 삼성의 부족한 한국비료 건설자금으로, 나머지 3분의 1은 준공 이후 한국비료 운영자금으로 사용하는 방안까지 마련했다. 누이 좋고, 매부 좋고, 도랑 치고, 가재 잡고… 한마디로 리베이트라는 미쓰이의 검은 돈을 판돈으로 걸고 정부와 삼성이 짜고 치는 고스톱과 별반 다름이 없었다.

이른바 '한국비료 밀수사건' 은 이렇게 싹이 튼 것이다.

6
오티사(OTSA) 밀수

    정부의 묵인 하에 이루어진 삼성 밀수 팀은 일본시장에 밝은 한국비료의 이일섭 상무와 손영희 과장이 실무를 맡았고 이병철 회장의 둘째 아들 창희 이사가 사실상의 팀장을 맡았다. 그리고 이맹희 부사장은 정부 측과 유기적으로 연락을 취하며 밀수 전체를 진두지휘하는 이른바 콘트롤 타워 역할을 맡았다.

    정부에서 은밀히 눈감아 주기로 약조한 만큼 삼성에서 필요한 건설자재며 기계류를 마구잡이로 들여와도 누구 하나 간섭할 사람이 없었다. 사실 삼성에서는 건설기자재 외에 각종 기계류에 더 눈독을 들이고 있었다. 기업 측면에서 볼 때 그것이 앞으로 엄청난 이익을 창출할 수 있기 때문이었다.

    그 당시 울산항에는 중앙정보부(현 국정원)를 비롯한 세관·경찰·해운항만청 등 정부 권력기관의 분소가 각각 설치돼 있었다.

이들 기관은 한국비료 건설은 물론 울산공단에 입주하는 기업들의 공장 건설을 적극적으로 지원하는 임무를 띠고 있었다.

특히 중앙정보부나 세관·항만청에서는 상부의 엄격한 지시로 한국비료의 수입품목에 대해서는 아예 눈을 감다시피 했다. 이를 두고 무소불위라 했던가. '가재는 게 편'이라는 데 아무것도 걸릴 것이 없었다.

하여 건설장비와 기계류는 말할 것도 없고 심지어 양변기와 냉장고·에어컨·전화기·스테인리스판 등 암시장에서 불티나게 팔리는 품목들을 무더기로 들여왔다. 양변기의 경우 그 당시 국산품이 생산되지 않아 대부분 재래식 및 간이수세식 화장실을 사용했으나 부유층에서는 암시장에서 거래되는 양변기를 선호했다.

그 무렵 양변기의 암시장 시세는 개당 15만 원으로 밀수가격 3만 원의 5배나 호가했으니 엄청난 폭리가 아닐 수 없었다. 하지만 삼성에서 고가의 각종 생필품을 들여와 암시장에 대량으로 풀어놓자 천정부지로 치솟던 암시장 시세가 하루가 다르게 떨어지기 시작했다. 심지어 없어서 못 팔 정도로 부유층의 인기품목이던 양변기는 불과 100여 개 풀었는데도 개당 가격이 10만 원으로 5만 원이나 떨어졌다.

이러다가 검은 돈 100만 달러를 밀수로 세탁해 400만 달러를 벌어들이려던 당초 계획에 차질이 생길 수밖에 없었다. 자칫 잘못하다간 200만 달러도 확보하기 어려운 상황에 부딪칠지도 몰랐다. 이 때문에 밀수를 총괄하고 있던 이맹희 부총수는 점차 초조해지기 시작했다.

　게다가 정부가 특정기업과 짜고 이런 식으로 밀수를 하고 국내 경제를 혼란에 빠뜨리다니 한편으로 가슴에 손을 대고 생각해 보면 참담한 일이기도 했다. 정부차원에서 도저히 있을 수 없는 일이 공공연하게 벌어지고 있었으니 말이다. 지금에 와서 돌이켜 보면 그야말로 한 편의 코미디 같은 이야기가 아닐 수 없다.

　어쨌든 삼성에서는 정부가 보호막이 되어 주고 있는 이 기회를 십분 활용했다. 100만 달러의 리베이트 품목 외에 별도의 삼성 몫으로 건설자재, 기계류 등 장차 울산공단에서 절대적으로 필요한 무관세 품목(이것 역시 밀수품)을 순조롭게 들여와 한국비료 건설 현장 곳곳에 숨겨 놨다. 공장부지가 자그마치 35만 평이나 돼 숨길 곳은 많았다. 그 당시 한국비료 건설은 전체 공정의 80% 가까이 진척되고 있었다.

　그러나 외국의 차관까지 끌어들여 삼성의 사운을 걸고 건설한 한국비료는 준공 직전 치욕적인 덫에 걸리고 만다. 공교롭게도 이들 밀수품목 가운데 특정기업을 통하지 않고서는 시중에 내다 팔 수 없는 금수품목인 오티사(OTSA)가 들어 있었기 때문이다. 오티사란 인공 감미료인 사카린(saccharin)의 원료로 일종의 공업용 화학제품을 말한다.

　권력핵심부의 정치자금 마련이라는 명분으로 돈이 되는 것이라면 앞뒤 가리지 않고 무엇이든지 닥치는 대로 들여온 것이 크나큰 실수였다.

　그 당시 설탕 값이 워낙 비싸다 보니 국내 제과·제빵업체에서는 비싼 설탕 대신 시중에 나도는 값싼 사카린을 구입해 과자나 빵의 단맛을 내곤 했다. 그래서 사카린은 중요한 공산품이었고 일반시민들도 즐겨 쓰는 생활필수품이었다.

이 사카린의 원료인 오티사를 삼성에서 대량으로 들여왔다는 소식이 암암리에 알려지자 부산의 금북화학을 비롯한 일부 사카린 메이커에서 대량으로 사겠다는 제의를 해왔다. 이들 메이커와의 거래는 한국비료의 수입업무를 관장하는 이일섭 상무가 맡고 있었다.

1966년 5월, 일본 무역선 신슈우마루(新周丸)를 통해 울산항에 들여온 오티사의 밀수물량은 총 2400포대. 이 상무는 이 가운데 1430포대를 정상적인 수입품으로 가장해 금북화학에 매각하려다가 관할 울산세관이 아닌 부산세관에 적발되고 만다.

부산세관에 적발될 당시 밀수 주모자로 리스트에 올라 있던 이창희 이사는 쏙 빠지고 이일섭 상무가 자신의 단독범행이라며 자진 출두했다. 그리고 원가의 4배나 되는 2220만 원의 관세를 추징당했다. 정부에서 삼성을 적극적으로 감싸주며 신속하게 처리한 결과였다.

그 무렵 이병철 회장은 뜻밖에도 오티사 밀수 사실을 보고 받고 어안이 벙벙했다고 한다.

"우리가 설탕공장(제일제당)을 하고 있는데 설탕 판매량에 결정적 타격을 줄 사카린 원료를 와(왜) 밀수한다 말이고?"

이 회장은 오티사 밀수사건 자체를 숫제 믿으려 하지 않았다.

하지만 설탕과 사카린은 그 용도가 다르다는 사실을 그는 전혀 모르고 있었다. 게다가 비료공장과도 아무 관계가 없는 사카린 원료에 불과했다. 어쨌든 그렇게 별 탈 없이 무마되었던 오티사 밀수사건이 엉뚱한 데서 터지고 말았다.

그로부터 4개월 후인 같은 해 9월 16일, 관세 추징으로 일단락되었던 오티사 밀수사건의 진상이 느닷없이 재무부 관세국장(현 관세청장)의 공식발표로 태풍처럼 휘몰아치기 시작했다. 타깃은 바로 삼성이었다. 한마디로 날벼락을 맞은 것이다.

정부와 짜고 친 고스톱을 정부가 왜 스스로 까발렸을까? 문제의 핵심은 역시 정치자금이었고 권력투쟁에 있었다.

감쪽같이 비밀에 부쳤던 밀수사건이 이른바 '삼성의 사카린 밀수'로 포장돼 터지자 언론이 벌떼처럼 달려들었다. 정치권에서도 들고 일어나 국회에서 연일 이 밀수사건을 거론하는 등 일대 소동이 벌어지고 말았다.

이 바람에 삼성은 A급 태풍에 할퀸 듯 안팎곱사등이 되어버린 것이다. 그 배후에는 집권 공화당 의장이던 김종필(이하 JP)이 도사리고 있었다.

그 무렵 청와대와 중앙정보부에서는 은밀히 삼선개헌을 추진하고 있었고 개헌을 반대해온 JP는 박 대통령으로부터 완전히 소외되어 있었다. 게다가 JP는 이후락 비서실장과 김형욱 중앙정보부장 등 친위세력과도 사이가 나빠 암암리에 치열한 권력투쟁까지 벌이고 있는 상황이었다.

그들의 권력투쟁은 1964년 증권파동이 일면서 한 차례 마찰을 빚었다가 JP가 모든 공직에서 물러나 장기외유를 떠나면서 잠복했으나 66년 JP 복귀 이후 다시 불붙기 시작한 것이었다.

'고래 싸움에 새우 등 터진다'는 격으로 이 틈에 유야무야 덮어버렸던 삼성의 밀수사건이 JP의 귀에 들어간 것이다. 삼성이 오티사를 공급한 부산의 금북화학이 공교롭게도 JP의 형 김종락과 관련이 있었기 때문이다. 뒤늦게 알고 보니 애초 부산세관에 적발된 과정도 김종락이 깊이 개입돼 있었던 것으로 알려졌다.

한일은행의 일개 대리에서 5·16 직후 이사로 벼락승진을 하고 후일 은행장에까지 오른 김종락. 그는 어쩌면 한일은행 대주주의 아들이던 이맹희와 견원지간(犬猿之間)인지도 몰랐다.

그런 그가 이 사건이 터지기 전에 이맹희 부총수에게 접근해 "삼성의 밀수사건을 다 알고 있다"며 "동생 JP에게 정치자금 5억 원만 주면 묻어두겠다"는 제의해 왔으나 맹희는 아예 이를 무시해 버렸다고 한다.

청와대도 눈감고 있는 사건을 누가 감히 그 역린(逆鱗)을 건드리겠냐고 판단했기 때문이다. 게다가 JP 측에서 이미 끝난 잔칫상에 숟가락을 들고 덤비는 것 같아 심히 불쾌하기도 했다.

맹희 부총수를 통해 이 같은 사실을 보고 받은 이병철 회장은 마침 청와대를 방문하는 자리에서 박 대통령에게 자초지종 저간의 사정을 전하자 박 대통령은 기가 막히다는 투의 웃음을 띠면서 "형편 되는 대로 한 5000만 원 정도 도와주라"고 말했다. 이에 맹희 부총수가 직접 김종락을 만나 JP의 정치자금조로 5000만 원을 건넸으나 그들은 그것으로 성이 차지 않았다.

JP는 공화당 자금책인 김성곤 국회 재경위원장을 이병철 회장에게 보내 "차기 대권을 위해 정치자금을 마련한다"는 이유로 "한국비료의 주식 30%를 달라"며 노골적인 주식의 증여를 요구했다. 참으로 기가 막혔다.

박 대통령의 정치자금과 한국비료 밀수를 촉매로 이후락·김형욱 등과 손잡고 있던 이 회장은 그들의 터무니없는 요구에 단단히 화가 나 한마디로 거절해 버렸다고 했다. 그러다가 예기치 않은 함정에 빠지고 만 것이다. 그들의 칼날이 기습적으로 삼성의 폐부를 찔렀기 때문이다. 무서운 권력집단이 아닐 수 없었다.

삼성의 한국비료 밀수사건은 『중앙일보』가 창간(1965년 9월 22일)된 지 꼭 1년 만에 터진 사건이었다. 그 당시 각 언론사의 삼성에 대한 악감정은 『중앙일보』 창간 당시부터 돋아나고 있었던 것이다.

'최고의 대우로 최고의 제작진을 확보한다'는 슬로건을 내건 『중앙일보』가 경쟁 타지의 우수한 취재인력과 편집인력을 무자비하게 스카우트해 갔기 때문이다. 방송보다 신문의 영향력이 강했던 그 시기 각 언론사는 자본의 영세성으로 인해 일선기자들에 대한 보수가 형편없이 낮았고 이에 따른 각종 비리도 비일비재했다.

그러나 일부 양식 있는 기자들은 무보수로도 지사적(志士的) 자세를 잃지 않으려고 스스로 '궁지를 먹고 산다'며 자위하던 시절이었다. 하지만 그토록 기자정신에 투철했던 그들도 결국 돈 앞에 무릎을 꿇을 수밖에 없었다. 생활이 말이 아니었기 때문이다.

우선 먹고 살아야 했다. 누구나 고정된 수입이 보장되고 자신의 기사를 반영할 지면(紙面)만 제공된다면 전통적인 사세(社勢)나 명예에는 아랑곳하지 않고 어디든 가고 싶었던 게 솔직한 심정이었다.

『중앙일보』 창간준비 팀은 이런 타지 기자들의 취약점을 파고 들었다. 특히 메이저급인 『조선·동아·한국일보』 기자들이 주된 스카우트 대상이었다. 이맹희 부사장이 경북중학교 동창생인 『조선일보』 김윤환·『동아일보』 권오기 등 중견기자들을 직접 스카우트하기 위해 나선 것도 그런 연유 때문이었다.

그 당시 이들 언론사 기자들의 보수는 5급(현 9급) 공무원 월급과 비슷한 4천~5천 원에 불과했으나 『중앙일보』 신입사원은 1만 2천~1만 3천 원씩 적게는 두 배, 많게는 세 배 이상 받았다.

그런 상황에서 한국 제일의 재벌인 이병철 회장이 1964년 럭키·금성사(현 LG그룹)의 창업주 구인회 회장과 동업으로 〈라디오 서울〉과 〈동양 TV(TBC)〉 방송을 개국한 데 이어 1년 만에 독자적으로 『중앙일보』를 창간하면서 명실상부한 국내 최초, 최대의 종합매스컴을 출범시킨 것이다.

항간에 들리는 얘기로는 박정희 대통령의 절대적인 후원이 있었다고 했다. 일이 이렇게 되자 우수한 인재를 빼앗긴 경쟁 타지에서 위기감을 느꼈으나 삼성의 재력을 당할 능력이 없었다. 그렇다고 신문사 경영에 막대한 타격이 오는 현상을 그대로 보고만 있을 수도 없어 "부패한 재벌이 기업을 보호하기 위해 새로운 신문을 창간했다"는 비판을 전개해 나갔다.

이런 가운데 『중앙일보』가 신규독자들에게 판촉용으로 600g짜리 설탕을 한 포씩 돌리자 사세확장에 위기감을 느낀 경쟁 언론사들의 비난여론은 독자들에게 파급되었고 일부 양식 있는 보수층의 독자들은 『중앙일보』 불매운동까지 벌였다. 그러나 자본주의 국가에서 자유경쟁 원칙을 깬다는 것은 애초부터 가당치 않은 일이기도 했다.

여기에다 홍진기 『중앙일보』 사장이 '한국신문발행인협회'에 참석해 "신문도 어차피 상품인 만큼 자율경쟁에 맡겨야 한다"고 주장한 것이 화근의 불씨가 되었다. 그는 사실상 경쟁 타지의 발행인들을 향해 선전포고나 다름없는 발언으로 이렇게 주장했다.

"우리 『중앙일보』는 앞으로 신문구독료를 자유롭게 결정하도록 하겠습니다. 현행의 구독료를 그대로 유지할 수도 있지만 고정 독자들의 생활환경에 따라 할인해 주거나 공짜로 돌리면서 판매부수를 무한정 늘려갈 것입니다."

그의 이 같은 발언은 경쟁 타지의 발행인들을 자극시키기에 충분했다.

삼성이라는 큰 그늘에서 창간호를 20만 부나 발행한 『중앙일보』는 창간 직후부터 최정상급 발행부수를 확보하고 경쟁 타지를 위협했던 것이다.

그 뿐만 아니라 삼성은 막대한 자금을 들여 새한제지(전주제지의 전신, 현 한솔제지)를 인수했다. 여기에다 제지용 펄프를 확보하기 위해 산림청 산하 전국 각 지역 영림서가 시행하는 '국유림 벌채허가권(일명 와쿠)'을 독점하다시피 했다. 『중앙일보』에 신문용지를 무제한 공급하기 위한 사전 포석이었다.

지금도 그렇지만 그 당시 공룡처럼 커버린 삼성은 돈이면 안 되는 것이 없었다. 그것 역시 신문용지의 자체수급이 어려워 애를 먹던 경쟁 타지를 충분히 자극하고도 남았다. 이 때문에 경쟁 타지들은 은연중에 담합하여 날카로운 칼날을 숨긴 채 '반(反)『중앙일보』'의 여론을 조성하면서 실제적으로는 삼성을 겨냥하고 있었다.

삼성이 쓰러지면 전적으로 삼성의 지원을 받고 있는『중앙일보』도 함께 쓰러질 수 있다는 것은 정한 이치이기 때문이다. 그러던 차에 한국비료 밀수사건이 터지고 만 것이다.

제보자는 역시 JP의 측근인 김종락. 그는 당시『일요신문』을 경영하고 있었다. 그러니 메이저급 언론사 발행인들과 편집인들을 자연스럽게 접촉할 수 있었고 그들에게 한국비료 밀수사건의 전말에 대한 브리핑까지 했다는 이야기가 공공연히 나돌고 있었다.

어쩌면 예고된 상황이었는지도 몰랐다. 칼날을 갈며 벼르고 있던 경쟁 타지들에겐 절호의 기회가 아닐 수 없었다.

그 당시 1단짜리 기사 한 줄을 놓고도『중앙일보』와 치열한 경쟁을 벌였던 석간 라이벌『동아일보』가 제일 먼저 삼성의 역린에 화살을 꽂았다.

『동아일보』가 '한국 제일의 재벌 삼성은 밀수왕국'이라는 제호를 대문짝만 하게 달아 특종으로 밀어 붙였다.『동아일보』가 연일 전 지면을 도배질하자『조선일보』와『한국일보』를 비롯한 조·석간 할 것 없이 도하 각 신문에서도 덩달아 지면을 크게 키워 대서 특필하며 여론재판으로 몰아갔다.

각 언론사의 삼성에 대한 융탄폭격은 그렇게 포문을 열었다. 하루도 거르지 않고 지면에 떡칠하듯 45일 동안 일방적으로 공격하자 시중 여론도 흉흉해지기 시작했다. "한국 제일의 재벌이 비료공장 건설을 핑계로 사카린까지 밀수해 떼돈을 벌었다"는 비난여론이 하늘을 찔렀다.『중앙일보』에서는 대응논리를 펴며 독자들을 상대로 적극 방어에 나섰으나 전혀 먹혀들지 않았다. 중과부적으로 쫓길 수밖에 없었다.

『중앙일보』는 "오티사는 이탈리아 몬테카티니 사(社)가 개발한 특수약품으로 요소비료 제조공정의 하나인 탄산가스 흡수재생 과정에 쓰인다"고 반론을 폈다. 이어 "삼성이 한국비료의 설계회사인 동양엔지니어링을 통해 몬테카티니 사로부터 특허를 사들였을 뿐 밀수와는 전혀 관련이 없다"는 논조로 밀고 나갔으나 도리어 역효과만 났다. 등을 돌리는 독자들의 구독거절로 보급부수가 추풍낙엽처럼 떨어지기까지 했다.

심지어 국민적 거부감으로 일선기자들은『중앙일보』의 로고와 사인보드가 있는 취재차량을 타고 다닐 수 없을 정도로 궁지에 몰렸다. 취재현장에서도 아예『중앙일보』기자라는 신분을 숨기기 일쑤였다. 그만큼 삼성과『중앙일보』에 대한 국민적 거부반응은 극에 달해 있었다.

7
속죄양

그 무렵 '엎친 데 덮친다'는 격으로 공교롭게도 이병철 회장의 친형 이병각 씨가 골동품상을 통해 사들인 신라시대 금동불상이 경주 불국사 석가탑 속에 매장되어 있던 도굴품으로 드러났다.

이 때문에 이병각·병철 형제가 한꺼번에 비난여론의 도마 위에 올랐다. 수사에 나선 검찰은 이병각 씨가 경주 불국사의 금동불상 외에도 경북 고령의 지산고분군에서 도굴된 가야금관을 같은 방법으로 수집한 사실을 추가로 밝혀내고 문화재관리법 위반 및 장물취득 혐의로 구속하기에 이른다. 걷잡을 수 없이 휘몰아치는 삼성가(家)의 수난이었다.

공교롭게도 일이 이 지경으로 돌아가자 1967년의 대선을 앞두고 박정희 대통령의 재선에 전력투구하고 있던 청와대에서도 마냥 그대로 침묵을 지키고 있을 수만 없었다. 정부의 미적지근한 태도를 규탄하는 국민여론에 몰리자 마침내 선택의 여지가 없어진 청와대는 지체 없이 삼성에 등을 돌리고 줄곧 뒷짐만 지고 있던 검찰이 마침내 칼을 뽑아들었다.

검찰의 칼날이 번득이자 이병철 회장은 박 대통령에게 일말의 배신감을 느꼈다. 애초 미쓰이가 제공한 리베이트 100만 달러의 처리 문제를 두고 밀수를 제안하는 등 여건을 만들어 준 것은 정권실세들이었기 때문이다.

더욱이 그들은 대통령의 정치자금을 마련하기 위한 목적으로 삼성을 앞세워 막무가내로 밀수를 조장하지 않았던가. 박 대통령도 이런 상황을 잘 알고 사전 승인까지 했는데 막상 일이 터지자 "나 몰라라" 하고 등을 돌렸던 것이다.

"정치하는 사람들, 믿으믄 안 되는 기라. 너무 약고 의리가 없다 카이."

혼잣말처럼 넋두리면서도 단호하게 내뱉은 이병철 회장의 독백이었다.

이 회장은 정치권과 연결되어 무슨 일을 추진한다는 것이 얼마나 위험하고 허망한가를 뒤늦게 깨달았다. 어쨌든 박 대통령이 돌아선 이상 아무런 대책도 세울 수가 없었다. 그 시점에 삼성으로서는 경영권 전체가 흔들리고 사면초가에 내몰리고 있었다.

심지어 같은 해 9월 20일에는 한국비료 밀수사건의 전말을 처음부터 알고 묵인해 왔던 장기영 경제기획원장관(전 『한국일보』 사주)이 삼성을 국사범으로 몰아 비난하는 기자회견을 자청했다.

왜 그랬을까? 정부가 궁지에서 벗어나기 위해 '도마뱀 꼬리 자르기' 식으로 삼성을 속죄양으로 삼은 것이리라. 그러니 삼성으로서는 일방적으로 몰매를 맞을 수밖에 없었다. 게다가 정치권에서도 연일 정부와 삼성을 싸잡아 성토하고 있었다.

사건이 정치문제로 비화되고 매스컴이 덩달아 파상공격을 가해오는 등 온 나라가 쑥대밭이 되자 삼성에서도 더 이상 버틸 재간이 없었다. 사카린 밀수보다 정치권이나 언론사도 모르게 들여와 한국비료 건설현장 곳곳에 숨겨둔 각종 건설장비와 값비싼 기계류가 자칫 들통 날 경우 삼성은 그야말로 제삿날이 될 수밖에 없는 상황이었다.

이병철 회장과 맹희 부총수는 그것이 두려워 전전긍긍했다. 하여 재빨리 이창희 이사와 이일섭 상무를 속죄양으로 삼아 밀수사건의 주모자로 검찰에 자진 출두시키는 용단을 내렸다.

애초 부산세관에 적발되고 이일섭 상무가 모든 책임을 뒤집어썼을 때엔 팀장인 창희는 용케 피할 수 있었으나 일이 최악의 상황으로 치닫게 되자 빠져나갈 구멍이 없었다. '일사부재리원칙'에 따라 한 번 처벌받은 사건에 대해 다시 공소를 제기할 수 없으나 검찰은 '특정경제범죄가중처벌법'으로 강제수사에 나섰던 것이다.

그러나 검찰 수사에도 한계가 있었다. 만약 수사를 확대할 경우 정부의 관련 사실이 그대로 드러날 것이고 또 한 번 세상을 발칵 뒤집어 놓을 수밖에 없었기 때문이었다. 하여 검찰은 이창희·이일섭·손영희 등 관련자 세 명을 구속, 기소하는 선에서 수사를 마무리 지었다.

성상영 한국비료 대표이사 사장도 당연히 응분의 책임에서 벗어날 수 없었으나 그는 공교롭게도 처음부터 수사대상에서 빠져 있었다.

'천리 둑도 개미구멍 하나로 무너진다' 고 했던가. 수족 같은 직원들과 아들까지 감옥에 보낸 이병철 회장의 심정은 한마디로 참담했다. 이 판국에 마무리 단계에 든 한국비료 건설공사를 강행한다는 것도 무리였다.

이 와중에 느닷없이 시치미를 뚝 떼고 삼성에 대해 비난의 화살을 꽂았던 장기영 경제기획원장관이 마침내 본색을 드러내기 시작했다. 한국비료의 국가헌납을 강요해 온 것이다.

이런 최악의 상황에서 더 이상 버티기 힘들었던 이병철 회장은 지체 없이 자신이 소유하고 있던 한국비료 주식 51%를 국가에 헌납하기로 결심한다. 그는 같은 해 10월 22일, 이를 공식발표하면서 정부가 한국비료를 인수하여 마무리 공사를 완공해 주도록 요청했다. 그리고 극약처방으로 자신은 "경제계에서 은퇴하겠다"고 선언한 것이다.

그것이야말로 최악의 상황에서 벗어나는 최선의 방법이라고 판단했기 때문이다. 그 결과 주모자 격인 이창희와 이일섭은 각각 징역 5년의 실형을 선고 받았다. 그러나 창희는 병보석으로 풀려나는 바람에 실제 6개월 정도밖에 복역하지 않았다. 청와대에서 이병철 회장에게 베푼 마지막 은전(恩典)이었다.

이를 계기로 그동안 경제개발정책을 두고 기탄없는 의견을 나누며 '정경협조' 라기보다 '정경유착' 으로 좋은 관계를 유지해 왔던 박정희 대통령과 이병철 회장 사이에 냉기류가 흐르기 시작했다. 이런 판국에 무주공산(無主空山)의 산중 과실을 서로 따먹겠다고 삼성에 손을 벌리는 정치인과 관료들도 부쩍 늘어났다. 식기 전에 남의 떡을 한 점이라도 더 챙겨먹겠다는 심산이었다. 삼성은 그렇게 공중분해의 위기를 맞고 있었다.

게다가 적반하장도 유분수지 정부는 한국비료의 국가헌납을 원칙적으로 환영하면서도 엉뚱하게 "완공 후에 헌납하라"고 요구하는 거였다. 한국비료가 공정 80%선에서 터진 오티사 밀수사건의 후유증으로 공사 진척이 지지부진한 상태에 놓여 있었기 때문이다. 삼성이 헌납 발표시점에 맞춰 한국비료에서 손을 떼는 것은 법적 절차상 아무런 하자가 없었으나 정부 측에서는 막무가내로 완공 후 헌납을 강요한 것이다. 산 위에 산이 아닌가.

실로 참담했다. 하지만 그대로 눌러앉아 있을 수만 없었다. 또 무슨 보복을 당할지도 몰랐다. 이병철 회장은 어쩔 수 없이 자리를 털고 일어났다. 그는 "한국비료 건설이 삼성의 숙명"이라며 그야말로 사운을 걸고 전 임직원들을 독려하면서 마무리 공사에 나섰다. 그리고 마침내 1967년 3월 완공과 함께 시운전을 거쳐 풀가동에 들어갔다.

착공(65년 12월) 1년 3개월 만이었다. 일본 미쓰이 물산으로부터 초저리 차관을 들여와 초단기 공정으로 건설한 것이다. 그것은 세계적인 기업인 이병철만이 해낼 수 있는 대역사(大役事)가 아닐 수 없었다.

한국비료를 막상 준공해 놓고 보니 연간 비료 생산량은 당초 계획보다 3만 톤이 더 많은 총 36만 톤에 달했다. 국내 총생산량의 4배나 되는 엄청난 규모였다. 이 때문에 농협 인도가격이 톤당 86달러에서 56달러로 30달러나 떨어졌다. 국가경제에 엄청난 플러스 요인이 발생했다.

그 당시 이병철 회장의 나이 57세. 한창 기업을 일으키고 성장시키는 데 열정을 쏟을 만큼 연부역강(年富力强)한 연령이었다. 하지만 그는 세월의 한계를 느꼈다.

세상인심이 야박해질 대로 야박해진 데다 평소 "입안의 사탕까지도 나눠 먹겠다" 며 바글거리던 권력실세들도 아예 발길을 끊고 칼부터 들이댈 기세였다. 여기에다 통제경제시대의 전형이랄까, 기업경영에 절대적인 영향력을 행사하고 있던 정·관계에서도 각종 규제와 압력으로 사사건건 위협을 가해 왔다. 목이 옥죄어 들수록 권력의 힘이 얼마나 무서운가를 새삼 절감했다.

삼성의 사운을 걸고 건설한 한국비료 헌납과 경제계 은퇴. 이병철 회장은 양날의 칼과 같은 극약처방으로 위기를 돌파하려고 결심했다. 하지만 이것마저 뜻대로 되지 않았다. 엉뚱한 데서 묘하게 일이 꼬여들고 있었기 때문이었다.

이 회장이 한국비료의 완공과 함께 쓰라린 심정으로 국가헌납에 대한 법적인 절차를 밟으려 하자 그동안 시치미를 떼고 있던 청와대의 이후락 비서실장이 느닷없이 메시지를 보내 온 것이다.

그는 그 당시 박 대통령의 절대적인 신임을 받고 있었고 사실상 부통령으로 불릴 만큼 제2인자로 막강한 권력을 행사하고 있었다. 그러기에 그의 말 한마디가 바로 대통령의 말이었고 그의 뜻이 대통령의 뜻이라는 소문이 무성하던 시점이었다.

"삼성에서 한국비료를 국가에 헌납하는 것보다 오너만 경영에서 손을 떼고 성상영 사장을 비롯한 기존의 전문경영진에 맡겨 계속 운영하는 게 어떻겠는가?"

이후락 실장의 제의는 간단히 말해 한국비료를 헌납하지 말고 전문경영인(CEO)인 성상영에게 맡기라는 것이었다.

물론 이후에 발생하는 모든 문제는 정부가 전적으로 책임진다는 단서조항이 붙어 있었다.

"아하! 그라고 보이까네 그게 바로 그런 기였구마. 그런 걸 내가 까맣게 모르고 있었다 카이. 성상영이 그 자가 내를 배신했다는 카는 거…."

딥스로트(deep throat, 내부 고발자)! 이병철 회장은 오티사 밀수사건이 터졌을 때 진작부터 장남 맹희 부총수를 통해 성상영의 행동거지가 수상하다는 보고를 몇 차례 받았으나 아예 무시했던 것이 현실로 드러나자 장탄식이 절로 나왔다.

성상영이 그동안 이병철 회장을 대신해 삼성의 공금을 제멋대로 주무르면서 정치자금을 뿌리고 뇌물을 갖다 바치며 마당발로 뛰어 왔다. 그것이 결국은 삼성의 기업활동을 위한 것이 아니라 자신의 부귀와 영달을 누리기 위한 것이었다는 사실에 이 회장은 분노를 느끼지 않을 수 없었다. 그러나 이미 때를 놓치고 말았다.

설령 미리 손을 썼더라도 이미 배신하고 돌아선 그를 다시 가신으로 받아들이기도 어려웠을 것이다. 왜냐하면 그는 청와대의 이후락 비서실장과 김형욱 중앙정보부장 등 권력의 최고실세들과 밀접한 관계를 구축하고 삼성 타도에 앞장서고 있었기 때문이다.

이 회장은 그 자리에서 성상영의 배신행위에 치를 떨었다. 그리고 그는 "이미 국민을 상대로 국가헌납을 공식발표한 이상 돌이킬 수 없는 일"이라며 단호한 태도로 이후락의 제의를 거부했다. 거기에다 지체 없이 성상영을 한국비료 사장직에서 해임해 버렸다.

이 회장은 그때까지만 해도 그런 인사권을 행사할 수 있는 자리를 지키고 있었다. 성상영은 삼성을 떠나면서 이 회장과 마지막 독대한 자리에서 구차한 변명으로 일관했다.

"어차피 삼성에 대한 국민감정도 극에 달해 있는 데다 삼성이 공중분해 되는 것만은 막아야 되겠다는 안타까운 심정은 지금도 변함이 없습니다. 그래서 일단 제가 한국비료를 맡아 운영하다가 사후수습이 잘 되면 삼성계열로 되돌려 주려 했던 것인데…."

그러나 이병철 회장은 그 말을 코웃음으로 받아 넘겼다.

삼성의 사운이 오가는 그 중대한 일을 사전에 오너한테 의논 한 마디 없이 혼자서 처리한 일이 아닌가. 정말 가당찮은 말장난에 불과했다. 이런 자를 철석같이 믿고 회사의 중대한 경영을 맡겼다니… 이 회장은 참담한 심정을 가눌 수 없었다.

그는 자신을 배신하고 돌아선 성상영의 마지막 인사도 받아주지 않았다. 그런 일이 있은 후 성상영은 이병철 회장을 두고두고 괴롭혔다.

그 무렵 성상영은 일종의 과대망상에 빠져 있었다. 이병철과 삼성의 시대는 끝나고 '나는 새도 떨어뜨린다'는 권력의 실세를 업고 있는 자신의 시대가 열릴 것으로 믿고 있었던 것이다. 그래서 그는 삼성을 거대기업으로 키운 자신의 공로를 인정해서라도 한국비료뿐 아니라 삼성 재산의 절반은 양도해야 할 것이라고 공공연히 떠벌리고 다녔다.

그러나 이병철 회장은 코대답도 하지 않았다. 성상영이 자신의 퇴직금을 부풀리기 위한 수작으로 판단했기 때문이었다. 이 회장은 성상영이 평소의 매너로 봐서 충분히 그러고도 남을 사람이라고 생각했다.

아니나 다를까, 그러던 어느 날 청와대 박종규 경호실장으로부터 이병철 회장에게 "저녁이나 한 끼 하자"는 연락이 왔다. 박 실장은 그 자리에 성상영이도 함께 참석하기로 했다는 사실을 이 회장에게 미리 알려 주었다. 이 회장은 즉각 성상영이 자신의 퇴직금 문제를 해결하기 위해 평소 청와대에 드나들며 보험을 들어놓은 박종규 실장에게 청탁을 넣은 것으로 판단했다.

그 당시 권력실세의 판도를 보면 이후락·김형욱과 박종규·윤필용은 권력의 최정상에 앉아 있으면서도 서로 라이벌 관계였다. 그리고 공화당을 중심으로 대권을 노리는 JP는 정치권에서 독자적인 세력을 구축하면서 또 다른 권력 상층부를 형성하고 있었다. 그런 상황에서 저들끼리 권력의 정점을 향해 치열한 암투까지 벌이고 있었다.

그 가운데 대구 출신으로 대구중학교(6년제)를 나온 윤필용 방첩부대장은 이맹희보다 한 2~3년 선배였다. 비록 출신학교는 다르지만 과거 학생운동을 함께 한 인연이 있어 둘은 진작부터 친하게 지내던 사이였고 박종규도 이맹희와 한국사격연맹 회장을 번갈아 맡은 인연에다 사격연맹에 대한 삼성의 적극적인 후원도 받고 있던 터라 서로 좋은 관계를 유지하고 있었다.

하여 이병철 회장은 그 자리에 자신이 직접 나서는 것보다 맹희 부총수를 보내는 것이 차라리 낫겠다고 생각했다. 솔직히 말해 이미 결별을 선언한 성상영과는 두 번 다시 얼굴을 맞대고 싶지 않았다.

맹희 부총수가 아버지의 은밀한 지시를 받고 찾아간 곳은 약수동의 어느 고급스러운 비밀요정. 그 당시 군사문화의 일종으로 권력층이나 정치권에서 은밀히 드나들던 그런 비밀요정이 서울 도심에 몇 군데 성업 중이었다. 박 대통령이 2군 부사령관으로 있을 때 대구의 요정 '청수원'을 아지트로 삼아 군사쿠데타를 모의했듯이 그 무렵에는 요정정치가 성행하고 있었다.

성상영은 삼성을 떠난다는 결정이 나자 자신이 "경영일선에서 로비스트로 활동하지 않았더라면 삼성이 오늘날 이렇게까지 성장하지 못했을 것"이라며 "그 공로를 인정하더라도 퇴직금을 10억 원 이상은 받아야 할 것"이라고 주위 사람들에게 암시해 왔었다.

그 당시 10억 원이라면 이 회장이 한국비료 건설자금의 일부로 정부에 융자 신청한 액수와 맞먹는 규모였다. 외화로는 100만 달러. 지금의 화폐 가치로 볼 때 500억 원 이상 호가하고도 남을 엄청난 거액이었다.

그러나 이병철 회장은 그들을 만나러 가는 맹희에게 가이드라인을 미리 정해 주었다. "하늘이 두 쪽 나는 한이 있더라도 2억 원 이상 어떠한 요구도 받아들여서는 안 된다"고 단단히 주의를 환기시키는 것도 잊지 않았다. 이 회장으로서는 그만큼 한이 맺혀 있었다.

성상영은 이 회장의 요지부동한 결심을 모르고 적어도 자신이 희망하는 퇴직금의 절반인 5억 원은 받을 수 있을 것으로 믿고 있었다. 그러나 웬걸, 이맹희 부총수는 요지부동이었다. 감히 아버지의 영을 어떻게 거역한단 말인가. 그것보다 성상영의 유들유들한 얼굴과 마주치는 순간 이맹희는 치가 떨려 견딜 수 없었다. 차라리 옆에 박종규가 앉아 있지 않았더라면 당장 뺨이라도 한 대 갈겨주고 싶은 심정이었다.

그런 격한 감정에서 술이 한 순배 돌아갔다. 그러나 맹희 부총수는 천성적으로 술을 마시지 못했다. 아버지 이병철 회장도 그랬지만 이 씨네 집안은 활명수만 마셔도 알러지 현상이 일어나는 체질이 아닌가. 그런데도 항간에는 엉뚱하게 맹희 부사장이 술고래로 소문나 있었다. 세상인심이란 다 그런 것이리라. 맹희는 그런 소문이 억울했지만 대놓고 광고를 낼 수도 없었고 속으로만 삭이고 있었다.

술자리는 자연 박종규와 성상영 등 둘이서 권커니 받거니 하며 거나하게 돌아갈 뿐 이맹희는 술시중이나 드는 방관자가 될 수밖에 없었다. 취중진담이라고 했던가. 박종규가 거나하게 취기가 돌자 삼성의 입장을 고려하면서 중재에 나섰다. 삼성이 아무리 한국 제일의 거대기업이라고 하나 일개 사기업의 임원 퇴직금 문제를 두고 대통령 경호실장이 중재에 나선다는 사실이 한 편의 코미디 같은 일이 아닐 수 없었다.

그런데도 성상영은 막무가내였다. 서로 밀고 당기며 할 소리, 안 할 소리 다해가며 누워서 침 뱉기 식으로 언쟁을 벌이다가 마침내 이맹희와 성상영 사이에 서로 고성이 오가는 등 험악한 분위기로 돌아가고 있었다. 잠자코 술잔을 기울이며 둘의 실랑이를 지켜보던 박종규가 마침내 우격다짐으로 합의케 한 것이 3억 원. 그 당시 3억 원이면 중견기업을 하나 일으킬 수 있는 거액이었다. 이맹희는 결국 아버지의 영을 깨고 3억 원에 합의해 주고 말았다.

야단맞을 줄 알았더니 전후사정을 보고받은 아버지 이병철 회장은 지긋한 눈빛으로 아들 맹희를 바라보며 고개를 끄덕였다. 그리고 엷은 미소까지 띠었다. 미리 가이드라인까지 정해 주긴 했지만 그 정도로 아버지의 영을 어기면서까지 일을 매끄럽게 잘 처리했다는 뜻으로 받아들였는지도 몰랐.

평소 좀체 웃음을 머금을 줄도 모르고 근엄하기만 하던 아버지는 만족한 표정을 지었고 잔잔한 미소를 띤 얼굴에는 이른바 부자유친(父子有親)의 끈끈한 정이 넘쳐나고 있었다. 맹희는 자식에게 보내는 아버지의 그런 따뜻한 신뢰감을 처음으로 느꼈다. 실로 감동하지 않을 수 없었다.

8
경영대권

그로부터 8개월 만인 1967년 5월에 치러진 대통령 선거에서 박정희 대통령은 라이벌 윤보선 후보(전 대통령)를 116만여 표차로 손쉽게 누르고 재선에 성공한다.

이어 6월에 치러진 총선에서도 공화당의 압승으로 끝이 났다. 거칠 것이 없는 박 정권은 자신감이 넘쳐났다. 이 양대 선거에서 여당 후보들이 "이제 농촌에서 비료 걱정은 하지 않아도 된다"는 공약으로 하나같이 한국비료를 팔아먹은 결과였다. '밥하는 사람 따로 있고, 먹는 사람 따로 있다'는 말처럼 그들은 삼성이 사운을 걸고 건설한 한국비료를 그렇게 난도질한 것이다.

그 무렵, 정확히 말해서 6월 30일 아침. 이병철 회장은 집무실을 따로 쓰고 있는 맹희 부총수에게 전화를 걸어 왔다.

"누가 날 만나자 카는데 니가 따라가야 될 끼다. 비서실에 맡겨

둔 내 인감도장하고 인감증명도 갖고 오이라."

맹희 부총수는 이상한 예감이 들어 반문했다.

"아부지! 누굴 만나시는 데 인감까지 준비합니꺼?"

"이후락이 하고 김형욱이가 반도호텔 803호실에서 만나자 안 카나."

반도호텔(현 롯데호텔) 803호실은 5·16군사정변 직전까지만 해도 공관이 없는 민주당 정권의 장면 국무총리가 숙소로 사용하고 있던 스위트룸이었으나 이후 권력실세들이 비밀회동을 위해 이른바 안가로 자주 이용해 오고 있었다.

이맹희 부총수는 그제서야 올 것이 오고야 말았다는 사실을 직감했다. 비밀리에 한국비료 헌납 절차를 밟기 위한 회동이었기 때문이다.

공식적으로는 관계 장관들이 임석한 가운데 행정부 수반인 국무총리와 헌납절차를 밟는 것이 원칙인 데도 이를 무시하고 대통령 비서실장과 중앙정보부장이 호텔의 밀실에서 인수하겠다는 것이었다. 상식선에서 도저히 납득할 수 없는 일이 벌어지고 있었다.

반도호텔은 이병철 회장의 집무실이 있는 중앙개발 바로 건너편에 있었다. 이 회장은 승용차를 탈 필요도 없이 맹희를 대동하고 걸어서 반도호텔로 갔다. 803호실에는 이후락과 김형욱이 미리 도착해 이 회장 부자(父子)를 정중하게 맞이했다.

그들은 겉으로 이 회장에게 깍듯한 예의를 차렸으나 자리에 앉자마자 숨 돌릴 여유도 주지 않고 "빨리 한국비료를 헌납해야 한다"고 몰아세웠다. 마치 남의 재산을 빼앗기 위해 협박을 일삼는 조폭 두목의 무지막지한 행동과 다름이 없었다.

그러나 조금도 흔들림이 없는 이병철 회장은 소파에 정좌하면서 둘을 향해 정색을 하고 말했다.

"내는 이미 다 헌납한 걸로 알고 있는 데 또 무신 헌납이란 말입니까."

이에 이북 출신인 김형욱이가 억센 서북사투리로 마치 시비라도 걸듯 우격다짐으로 되받는 거였다. 그는 성품이 거친 사람으로 소문이 나 있었다.

"아, 그 문제가 아니라니까니 기러시네… 아, 한국비료를 몽땅 헌납해야 할 거 아니외까?"

원래 더듬거리며 말주변이 별로 없는 이후락은 묵묵히 담배만 뻑뻑 빨아 당기고 앉아 있었고 대화는 주로 이 회장과 김형욱 사이에서 이루어졌다.

"대체 그기 무신 소립니까. 내 주식의 전부인 51%를 헌납한다고 공식발표하고 신문에서도 대서특필하지 않았습니까."

"아, 길세(글쎄) 기거이 아니라 한국비료 전체를 헌납해야 된단 말이외다."

"내가 가진 게 한국비료 주식의 51%가 전부요. 그런데 또 무엇을 더 헌납하라 는 깁니까?"

"아, 100%… 100% 헌납하라 이 말이외다."

그러고 보니 남의 주식까지 포함해서 한국비료의 전체 주식을 헌납하라는 것이었다. 아마도 애초부터 이 회장을 봉으로 생각하고 있는 모양이었다. 한마디로 날강도와 다름이 없었다.

세상에 기업하는 사람치고 대주주가 100% 주식을 소유하고 있는 사람이 어디 있단 말인가. 경제의 경자도 모르는 무식한 군인 출신과 대화하자니 기가 막히고 억장이 무너지는 것 같았다. 그래서 이 회장도 무식하게 나갔다.

"암만, 남의 주식 49%까지 사들여서 100% 맞추라고 카는 모양인데 만약 내가 100% 헌납하지 않으믄 우얄라 캅니까(어떻게 하겠소)?"

"기거이 이 사장 결심에 딸린 거외다. 그동안 이 사장이레 대한민국에서 돈 많이 벌었디 않았습네까. 만약 이 사장이 100% 헌납하지 않으면 이 사장과 가족이 국내에 거주하는 것을 보장할 수 없시다."

윽박지르는 투가 사뭇 위협적이어서 마치 광복 이후 북한에서 공산주의자들이 지주들의 재산을 몰수하던 모양새와 흡사해 보였다.

순간 격한 감정에 복받친 이 회장은 평소 절제하던 성격과는 달리 자신도 모르게 벌떡 자리에서 일어섰다. 그러고는 잠시 서성거리며 창밖으로 시선을 보내다가 긴 한숨을 토해 내며 맹희 총수에게 말했다.

"맹희야! 도장 어데 있노. 그거 당장 찍어 줘 뿌라."

순간적이었지만 막무가내로 나오는 그들과 도저히 대화가 안 된다고 판단했던 것이다.

맹희 총수는 그들이 미리 만들어 온 서류에 아버지의 인감도장을 날인해 주었으나 김형욱은 서류 한 장을 더 내놓으며 그 서류에도 날인해 줄 것을 요구했다. 그러자 이 회장은 버럭 역정을 내며 이렇게 내뱉었다.

"어디 한국비료가 두 개요, 세 개요? 도장을 한 번만 찍으믄 됐지, 또 무슨 도장을 더 찍어? 가자 맹희야!"

'나는 새도 떨어뜨린다'는 권력실세들 앞에서 조금도 거리낌 없이 당차게 역습을 가한 이 회장은 뒤도 돌아보지 않고 호텔방을 빠져 나왔다.

그들은 어이가 없다는 표정으로 이 회장 부자의 뒷모습을 바라보면서 할 말을 잃고 말았다. 인간 이병철은 그런 사람이었다. 항간에서는 이 회장이 한국비료를 헌납하고 눈물을 흘렸다는 루머가 나돌기도 했으나 그것은 새빨간 거짓말이었다.

가진 자의 죄라고 했던가. 이병철 회장은 8·15광복 이후 6·25전쟁과 4·19혁명, 5·16군사정변, 10·26사태 등 잇단 역사의 격류에 휩쓸리면서 한때 연금상태에 놓이기도 했고 부정축재자로 몰려 재산을 몰수당하는 등 한없는 아픔을 마음에 새겨 왔다.

그럴 때마다 한국의 대표기업 삼성이 뿌리째 흔들릴 뻔했던 일도 한두 번이 아니었다. 그럼에도 불구하고 그는 결코 꺾이지 않았다. 온갖 고난을 극복하면서 담대하게 새로운 사업을 구상하고 기획하고 새로운 회사를 설립하고 일으키며 내내 '제일주의'를 지켜 왔다. 따지고 보면 그는 타고난 기업인이었다.

이후 그는 5공의 신군부에 의해 또 한 차례 동양방송을 통째로 빼앗기면서도 조금도 흔들림이 없었다. 속으로야 분노를 느꼈겠지만 눈도 한 번 깜짝하지 않을 만큼 강한 모습을 지켰다. 그는 어떠한 수난을 겪더라도 자기 절제로 스스로를 추스르는 담대한 데가 있었다.

그로부터 며칠이 지난 같은 해 7월 첫 월요일, 이병철 회장은 정기사장단회의에서 일전에 선언한 재계 은퇴를 재확인하고 앞으로 자신을 대신하여 삼성을 이끌어갈 총수로 장남 맹희를 결정한다.

"내는 당분간 삼성의 일을 모두 맹희 부사장한테 맡기고 경영 일선에서 떠나 있을라 캅니더. 맹희 부사장이 아직 젊고 경륜도 짧은 편이지만 여러분들이 잘 좀 도와 주이소. 내도 출근은 계속 하겠지만 예전처럼 일을 챙기는 것은 모두 맹희 부사장이 맡아서 할 껍니더. 실제적인 일은 맹희 부사장과 의논해 주시기 바랍니더."

당시 그 자리에는 이창업 고문 · 정수창 삼성물산사장 · 김재명 제일제당사장 · 이은택 제일모직사장 · 조우동 동방생명(현 삼성생명)사장 · 홍진기『중앙일보』사장, 그리고 맹희의 장인인 손영기 안국화재(현 삼성화재)사장 등 쟁쟁한 창업공신과 원로들이 모두 참석했었다.

삼성 최초의 2세 경영체제는 이렇게 출범했다. 창업 30년 만이었다.

그러나 이맹희를 정점으로 한 2세 오너 경영은 애초부터 곡절이 많았다. 맹희 총수의 독선적 경영에 반기를 든 가신그룹의 무서운 음모가 진행되고 있었기 때문이었다.

한국 제일의 재벌가 이병철 회장이 경제계를 은퇴하고 2세 경영체제에 돌입하자 항간에는 있는 말, 없는 말 다 보태 별의별 희한한 이야기가 다 나돌고 한동안 시중의 화젯거리가 되기도 했다.

특히 재계에서는 아버지의 후광을 업고 삼성이라는 거대기업의 독자경영에 나선 이맹희 총수의 등장을 충격적으로 받아들였다. 그 당시만 하더라도 국내 굴지의 1세 기업인들이 노후까지 경영일선에서 물러나는 일이 드물었기 때문이다.

게다가 보수적인 경영인들이 섣불리 2세들에게 경영권을 물려준다는 것 자체가 금기시되어 왔다. 고루한 그들은 젊은 2세들을 단순히 철부지라고 치부해 왔다. 그런 경영여건에서 물론 시대적 상황에 몰린 탓도 있었지만 이병철 회장이 한창 뛸 나이에 은퇴를 선언하고 '2세 경영'이라는 획기적인 카드로 30대 후반의 새파란 아들에게 경영권을 넘겨준 것이다.

실로 재계의 큰 충격이 아닐 수 없었다. 재계에서는 자연 이맹희 총수에 대해 관심어린 이목을 집중시키지 않을 수 없었다.

그 중 한 사람, 맹희 총수의 일거일동에 지대한 관심을 보이고 있는 사람이 있었으니 그가 바로 성상영이었다. 그는 어쩌면 자신을 가로막고 있던 거대한 산(山·이병철)이 지는 해 너머로 사라진 데 대해 일단 안도하면서도 삼성의 젊은 총수를 지켜보면서 칼날을 갈고 있었다. 그가 노리는 것은 삼성이라는 거대기업의 공중분해.

그래서 그는 이병철 회장으로부터 받은 퇴직금 3억 원을 종잣돈으로 대성모방과 대한화섬을 설립한다. 대성모방은 삼성의 제일모직을 경쟁대상으로 삼는데 목적이 있었고 대한화섬은 삼성이 일본 도레이와 합작으로 건설 중인 제일합섬을 견제하면서 국내 화섬업계의 주도권을 장악하고 싶었던 것이다. 그는 충분히 그럴 힘이 있다고 자신했다. 왜냐하면 그의 배후에는 국가권력의 상층부인 이후락과 김형욱·박종규가 버티고 있기 때문이다.

그러나 벼락같이 이루어 놓은 그의 기업은 오래 가지 못했다. 창업한 지 10여 년 만에 경영난에 시달리다가 섬유전문회사인 태광그룹에 인수합병되고 만다. 삼성의 젊은 총수 이맹희를 경영경험이 일천한 풋내기로 보고 감히 삼성 타도의 칼날을 뽑은 것이 큰 실수였다.

이맹희 총수는 아버지를 대신해 삼성의 경영대권을 장악하자마자 처음부터 두려움 없이 어렵고 더러운 일부터 스스로 챙기기 시작했다. 우선 한국비료 헌납에 따른 뒷수습에 전념하면서 삼성의 조직을 추스르고 명실상부한 거대기업으로 성장시키기 위해 원도 한도 없이 뛰고 싶었다. 하지만 과욕은 금물이라고 했던가. 성상영에 대한 복수심에 불타 있던 그는 엉뚱한 과오를 범하고 만다.

삼성에서 성(成)씨 성(姓)을 가진 임직원들을 회사에서 퇴사시키는 작업이었다. 조직을 개편하는 과정에서 성상영이 제일모직 사장으로 있을 당시 특채 형식으로 친인척들을 많이 채용한 사실이 드러났기 때문이었다.

당시 국민소득이 100달러 이하로 대다수가 헐벗고 굶주리는 국가경제적 상황에서 하루 세끼 밥에 기숙사까지 제공해 주는 제일모직 여공의 입사 경쟁율은 평균 30대 1을 넘어설 정도로 치열했다. 이런 연유로 입사시험을 거치지 않고 간부들에게 줄을 대려는 입사 희망자들이 많았고 특히 그 중에서도 성 씨네 사람들이 마치 모종을 부어놓은 것 같았다.

보릿고개가 태산보다 높게 보이던 시절 모두 성상영 사장의 고향 씨족들 중 대구로 올라온 20세 전후의 여공들이 대부분이었다. 어렵게 살던 친인척들이 입이라도 하나 덜어야겠다며 국내 최고의 후생복지시설을 갖춘 제일모직 대구공장에 취업을 호소했고 성 사장은 인심깨나 쓴다며 그들을 오는 족족 다 받아들였던 것이다.

그 당시 제일모직 대구공장의 여공은 자그마치 3000여 명. 이 가운데 창녕 성씨의 여공만도 족히 200여 명에 달했다. 그 무렵 이맹희 총수의 수행비서로 삼성의 조직 점검에 나섰던 임봉섭(전 『중앙일보』 판매부장)으로부터 이 같은 보고를 받자 맹희 총수는 삼성 비서실의 인사담당 임원에게 "성 씨는 전부 퇴사를 시켜라"는 불호령을 내린다. 한마디로 서릿발 같은 숙정작업이었다. 하여 죄 없는 여공들까지 쫓겨나는 수난을 당했던 것이다.

동병상련이랄까, 이 때문에 한동안 제일모직을 비롯한 삼성계열사 임직원들 사이에는 "해도 너무 한다"는 비난여론이 들끓었고 결국 이 사실이 이병철 회장에게도 알려져 맹희 총수가 아버지의 불신을 받는 단초가 되기도 했다. 하물며 대기업의 총수가 마치 소인배처럼 조직을 무 자르듯 그런 감정으로 경영하는 것이 아니기 때문이었다.

그러나 감정의 응어리를 그런 식으로 푸는 것도 어쩌면 맹희 총수의 타고난 사주팔자 탓인지도 몰랐다. 그의 성품에는 남다른 화기(火氣)가 많았다. 일할 때에는 앞뒤 가리지 않고 고집스레 일에만 매달리고 자존심이 강해 남의 말을 잘 듣지 않는 데다 성격이 불칼 같았다. 도무지 포용력이라곤 찾아보기 어려웠다. 그래서 젊은 오기 하나만으로 거침없이 나가다가 이런 실수를 저질렀는지도 몰랐다.

강할 때 강하고 약할 때 약한 것이 아랫사람을 거느리는 카리스마이자 리더십이라고 했다. 그러나 그에게는 남달리 강하고 급하고 공격적인 카리스마만 존재할 뿐이었다. 그런 성품이 오너 경영인으로서 크나큰 약점이었으나 그는 그것을 미처 깨닫지 못하고 젊은 의욕만 용솟음치고 있었다.

어쨌든 이맹희 총수는 본격적인 오너 경영에 나서면서 부가가치가 높은 새로운 사업을 일으키는데도 심혈을 기울였다. 그 결과 미국 '코닝 글라스'와 합작을 통해 '삼성코닝'을 설립하고 일본의 조미료기업 '아지노모도'와도 합작으로 국산 조미료 '미풍'을 개발하는 등 사업영역을 넓혀 나갔다. 아무것도 거리낄 것 없이 소신껏 판단하고 그대로 밀어붙였다. 그런 추진력과 결단력은 어쩌면 오너 경영의 강점인지도 몰랐다.

삼성은 원래 이병철 회장이 20대 중반 입신(立身)할 무렵부터 동업으로 시작했고 이후에도 새로운 사업을 시도할 때마다 합작이나 동업을 선호했다. 만약 실패했을 경우 재기를 염두에 두고 위험부담을 줄이기 위한 창업주 이병철 회장의 기업관인지도 몰랐다.

하여 맹희 총수가 외자를 유치하는 과정에서도 주로 합작형태나 기술제휴를 선호했고 그런 면에서는 아버지의 긍정적인 신뢰를 받기도 했다. 게다가 그는 공장을 신축할 때 공기를 단축하기 위해 아예 작업복으로 갈아입고 건설현장의 텐트 속에서 먹고 자며 임직원들을 스파르타식으로 몰아붙였다.

심지어 결혼하는 직원들의 휴가기간마저 평균 5일에서 2일로 단축하고 부모가 사경을 헤매고 있는 직원을 임종도 못하게 붙들어 두고 그저 죽어라고 매몰차게 일만 시켰다. 그러지 않고서는 빚더미에 앉은 삼성이 다시 일어설 수 없다고 판단했기 때문이었다. 너무 가혹했지만 그렇게 한 1년을 버티고 보니까 확신이 생겼다.

경영일선에서 물러난 이병철 회장은 매일 출근하면서도 일단 맹희 총수에게 경영권을 넘긴 이상 현업에 대해 일체 간섭하지 않았고 자신의 시간을 가지면서 새로운 사업을 구상하기 시작했다. 경영일선에 나선 장남 맹희를 볼 때마다 기업인으로 성큼성큼 커가는 모습이 대견스러웠기 때문이다.

사실 이맹희 총수는 자신에게 경영대권이 쥐어지고 아버지의 영향력에서 벗어나게 되자 우선 흔들리고 있는 조직을 바로 세우고 그야말로 일류기업으로 성장시키고 싶다는 야심과 욕망에 사로잡혀 밤낮을 모르고 일에 매달렸다.

그러나 그것이 마음과 뜻대로 되지 않았다. 경영전면에 나서면서 과욕에 집착한 나머지 나이가 지긋한 창업공신들이나 경륜이 많은 임원들에게 쓴소리를 내뱉는 일도 잦아졌다. 그런 불만이 외부의 곡해에 의해 아버지에게 알려지고 경영일선에서 물러나 후견인 역할을 자임하던 이병철 회장과도 갈등을 빚기 시작한다.

여기에다 강압적인 추진력으로 아버지와 함께 사업을 일으키고 삼성 도약의 밑거름이 되어 온 창업공신들을 홀대한다는 외부의 입김까지 뒤따랐다. 자연 귀가 얇은 아버지도 그런 여론에 신경을 쓰게 되고 부자간에 점차 갈등의 골도 깊어갔다.

그 이면에는 장자 승계 원칙을 깨고 막내 건희를 옹립하려는 홍진기『중앙일보』회장 등 가신그룹의 음모 때문이라는 설도 나돌았다. 그 무렵 일본 와세다대학을 거쳐 미국 조지워싱턴대학 유학을 마치고 돌아온 건희는 중앙매스컴(『중앙일보』· 동양방송) 이사로 갓 입사해 있었다.

그 당시 건희는 아예 경영권 승계에 대한 문제는 형들의 몫으로 돌리고 아무런 관심도 두지 않았다. 다만 중앙매스컴 경영에 전념할 뿐이었다. 이병철 회장도 애초 그런 막내에게 매스컴 경영의 기복에 대비하여 재정적 지원이 가능한 일부 계열사를 붙여주는 것이 좋겠다는 생각을 하고 있던 중이었다.

그러다가 건희가 장인인 홍진기 회장의 강력한 보호 아래 경영수업을 받고 있는 사실을 내내 지켜보며 은연 중 건희의 입지를 강화하는 데 영향력을 행사한다. 삼성의 경영권을 둘러싼 부자간의 원초적 갈등의 원인이 거기에 있었던 것이다.

맹희 총수는 솔직히 말해 아버지 대신 삼성의 오너 경영을 책임졌을 때 아버지보다 더 열정적으로 일하고 싶었고 삼성을 더 큰 기업으로 성장시킬 수 있는 능력을 보여주고 싶었다. 하지만 그런 의욕이 아버지의 경영능력을 비하시키는 과욕으로 비쳐지고 부자간의 천륜을 악화시킨 요인으로 작용할 줄은 미처 깨닫지 못했던 것이다.

뒤에서 지켜보고 있던 이병철 회장의 입장에서는 어쩌면 맹희가 아들이기 이전에 과욕에 넘치는 젊은 경영인으로 위태위태하게 비쳐졌을 수도 있었다. 이 회장은 비록 자식이라 해도 그런 행위를 감히 자신의 권위에 도전하는 불효로 봤던 것이다. 남이 뭐라든 그런 아들의 새로운 의욕을 이해하고 받아들이기에는 너무도 속 좁은 도량이었다.

이 회장은 장남 맹희와의 경영권 행사에 따른 갈등이 깊어지면서 점차 막내 건희에게 신뢰가 가고 장차 형제간에 일어날지도 모를 경영권 분쟁을 사전에 차단하기 위한 결단을 고심하게 된다. 세월이 지나면서 장자 상속의 원칙을 깬 후계구도가 그렇게 흐르고 있었던 것이다.

그것이 오늘날 삼성가(家)의 수신제가(修身齊家)에 큰 흠집으로 남게 될 줄은 그 당시 아무도 예측하지 못했다.

9
냉혹한 카리스마

　이병철 회장은 자신이 결정한 후계구도가 외부의 입김에 의해 점차 흔들리고 있음에도 불구하고 저돌적인 경영을 고집하는 장남 맹희를 당분간 지켜보기로 했다.
　아니, 당분간이라기보다 한동안 지켜보면서 단점을 과감히 시정하고 장점을 키워주기로 한 것이다. 누가 뭐래도 적장자에 대한 기대와 애정이 그만큼 깊었던 것이다. 그렇게 하고도 남들의 구설에 계속 오르내리고 경영능력에 한계가 왔다 싶으면 그때 가서 다시 생각해 보기로 마음을 정리했다.
　그 무렵만 해도 그는 시간의 여유가 많아져 뭔가 신사업에 대한 아이디어가 떠오를 때면 으레 오너 경영에 여념이 없는 맹희 총수를 불러 기탄없는 의견을 나누기도 했다. 이 회장은 무엇보다 전자와 중화학공업에 관심이 높았다.

그러나 맹희 총수는 전자산업에 진출하는 것은 아버지와 의견이 같았으나 중화학분야보다 자동차산업을 먼저 일으키자고 건의했다. 이미 JP의 힘을 업고 '새나라 자동차'를 양산하고 있는 '신진자동차'가 있었지만 그보다도 불쑥 커버린 정주영 회장의 '현대자동차'가 미국 '포드자동차'와 합작으로 양산체제에 돌입하는 등 한 발 앞서가고 있는 상황이었다.

그는 익히 미국 디트로이트에서 경험했던 대로 자동차산업이야말로 전자를 비롯해서 모든 공학분야에 걸쳐 충분한 시너지 효과와 함께 첨단기술을 축적할 수 있고 이를 토대로 중화학공업을 일으켜도 늦지 않다고 판단한 것이었다.

하지만 아버지 이병철 회장의 구상은 달랐다. 그는 맹희가 건의한 자동차산업을 뒤로 제쳐두고 전자산업의 기초를 닦아놓은 다음에 자동차산업과 중화학분야로 진출할 것을 결심하고 먼저 전자산업부터 서둘렀다.

이 회장이 전자산업을 선택한 결정적인 이유는 부가가치 창출에 있었다. 그 당시의 환율로 따져 전자산업의 경우 생산제품 1g당 부가가치가 17원인데 비해 자동차는 3원 정도에 불과하다는 조사결과가 나왔기 때문이었다. 어차피 사업이란 이익창출이 목적이 아닌가. 전자산업은 무엇보다 부가가치가 높았다. 과연 이병철다운 기획력은 그만큼 담대하고 치밀했다.

"기업은 자선단체가 아니다. 이익을 올리지 않은 기업은 망한다."

그것이 '이윤추구'라는 사시(社是)를 내건 이병철 회장의 지론이었다.

그는 이윤추구로 내내 흑자를 유지하면서 그 이익으로 종업원들에게 충분한 급료를 지급하는 것이 기업경영의 원칙이라고 했다. 그리고 국가에 세금을 납부하고 주주들에게 이익 배당과 함께 재투자를 한다는 것이 불변의 경영철학이기도 했다.

그래서 그는 자신이 미래를 내다보고 그동안 구상해온 중화학공업도 정부차원에서 적극 권유가 있었으나 아직은 시기상조라고 판단했다. 중화학공업은 폭이 넓고 뿌리가 깊은 사회경제적 여건이 뒤따라야만 성립될 수 있다는 것이 그의 견해였다. 그런데 당시 국내 사정은 두 차례의 오일 쇼크가 불어닥쳐 정치·사회·경제 전반이 크게 흔들리고 있었다.

이 때문에 중화학공업의 기반인 방대한 자금조달 능력과 최첨단을 가는 고도의 기술 확보, 각종 전문 인력의 지속적인 공급이 어려운 환경에 놓여 있었다. 게다가 양질의 원자재에 대한 안전공급, 전문화되고 계열화된 관련 협력업체의 생산시스템 확립, 내외시장 개척 등 중화학공업이 갖춰야 할 절대적인 요건도 극히 열악했다. 자칫 무리하게 밀고 나가다간 적자 누적으로 경영 부실화를 가져오고 그 부담은 결국 국민들에게 돌아가게 마련이었다.

그러나 그 무렵 국내 중견기업들은 앞 다투어 중화학분야에 진출하고 있었다. 열악한 사회·경제적 여건을 무시한 채 무조건 정부방침에 따라 중화학분야에 뛰어들었던 것이다. 그 결과 일부 중견기업들은 허다한 유휴시설만 남기고 상대적으로 생산성이 낮아 경쟁력이 떨어지고 덤핑을 하지 않는 한 수주 자체가 어려워

부실경영으로 부도위기에 몰릴 수밖에 없었다.

　삼성은 이미 무역에서 출발한 이후 크게 제당·모직·비료에 진출했고 앞으로 전자·석유화학·조선·정밀기계·항공산업·반도체·컴퓨터·유전공학 등으로 산업고도화의 과정을 착실히 밟아갈 계획이었다.
　그런 원대한 구상에 따라 신사업을 일으킨다면 전자산업을 우선하는 것이 순리라고 이병철 회장은 판단했다. 그 시기, 그러니까 1960년대 후반 일본의 전자산업은 이미 선진 미국과 유럽을 추적하며 한창 개화기를 맞고 있었고 대만에서도 막 전자산업을 일으키는 시점에 와 있었다.
　우리나라에도 이미 럭키·금성(LG전자의 전신)이 선두주자로 나서고 있었으나 주로 일본의 부품을 들여와 조립하는 초보적인 단계에서 뚜렷한 비전이 없어 보였다. 제품마다 품질이 조악하고 가격도 비싸 웬만한 봉급생활자가 흑백TV 한 대 장만할 엄두도 내지 못했다. 이 때문에 기술혁신과 대량생산에 의한 전자제품의 대중화는 요원한 상황에 놓여 있는 실정이었다.
　"우리라고 전자산업을 못할 일이 없능기라. 삼성이 하면 다르다 카이."
　이렇게 판단한 이병철 회장의 결심은 요지부동이었다.
　'삼성이 하면 다르다'는 이 회장의 이 말 한마디가 이후 삼성전자가 성공하면서 그룹 전체의 이미지 광고 카피로 널리 애용하는 계기가 되기도 했다. 사업성을 면밀히 검토해 본 결과 전자산업이야말로 기술·노동력·부가가치·내수와 수출전망 등 어느 모로 보나 우리나라의 경제상황에 꼭 알맞은 산업이라는 결론이 났다.

하여 이 회장은 삼성이 전자산업에 진출하여 국내에서 전자제품의 대중화를 촉진시키고 이어 수출전략상품으로 육성하는 선도적인 역할을 맡아야 한다는 결심에 이른다. 우선 내수용 전자산업부터 시작하여 기업의 기반을 다진 다음 반도체, 컴퓨터 등 산업용 분야로 발전시킬 계획이었다.

일본의 경우 1950년대 한국의 6·25전쟁 특수를 업고 본격적으로 전자산업에 뛰어들어 불과 10여 년 만에 구미 선진국과 어깨를 겨루게 되지 않았는가. 기술만 도입하면 반드시 성공할 수 있다고 확신했다.

이병철 회장에게는 일제 강점기에는 말할 것도 없지만 한일 국교 정상화 이전에도 일본을 내 집 드나들듯 하면서 그동안 허물없이 교분을 두텁게 쌓아온 일본 경제인들의 인맥이 있었다. 이를 잘 활용하면 이미 세계적인 기업군으로 선진기술을 확보하고 있는 일본 전자업계와의 기술제휴도 어렵지 않게 이루어질 것으로 판단했다.

물론 도요타나 닛산·혼다·미쓰비시 등 유수한 일본 자동차 메이커의 최고경영진(CEO)들과도 친분이 있었지만 NEC(일본전기)와 산요 등 전자업계의 경영인들과는 서로 흉금을 터놓고 지내는 사이였다. 그래서 그는 자동차를 먼저 시작하자는 맹희 총수의 건의를 뿌리치고 전자를 선택했던 것이다. 특히 NEC의 고바야시 사장은 이 회장을 만날 때마다 "이제 한국에서도 전자산업을 일으켜야 한다"고 강력하게 권유하는 바람에 이 회장의 마음이 퍽 설레고 있던 중이었다.

1960년대 후반은 삼성이 한국비료 밀수사건의 비운을 딛고 다시 일어서던 시점이었고 국가산업 발전의 측면에서도 전자산업에 뛰어들 중요한 시기였다. 이병철 회장은 비록 경영일선에서 물러나 있긴 했지만 전자산업만은 자신이 주도적으로 일으키고 싶었다. 그러나 국내 전자산업은 이미 동양방송(TBC)의 동업자인 구인회 회장의 럭키·금성이 독점하다시피 성업 중이었다. 그것이 마음에 걸렸다.

두 사람은 어릴 때부터 함께 성장해온 죽마고우인 데다 동양방송을 동업으로 운영하면서 사돈까지 맺었다. 구 회장의 셋째 아들 자학이와 이 회장의 차녀 숙희의 혼사도 진작에 집안 어른들끼리 약속돼 있던 인륜지대사(人倫之大事)였다. 구 회장이 이 회장보다 세 살 위였으나 두 사람은 평생을 막역한 친구로 지내 왔다.

원래 동업이란 아무리 친한 사이라도 힘든 것이라고들 하지만 그동안 서로의 사업영역을 침해할 일도 별로 없었다. 게다가 그들의 조부 때부터 시문(時文)과 성리학(性理學) 등 학맥으로 내왕해 온 터라 양 가문의 가족끼리도 비교적 화목하게 지내온 편이었다.

그 당시 럭키·금성은 고작해야 라디오·냉장고·흑백TV 등 기초적인 가전제품을 생산해내고 있었으나 국내에서는 경쟁업체가 거의 없었다. 물론 럭키·금성이 급성장해온 데에는 동양방송의 후광도 컸던 것으로 알려지고 있다.

그렇게 두 사람이 손발을 맞춰가며 무난하게 동양방송을 운영해오다가 마침내 서로 틈이 벌어지고 등을 돌리는 사태로 치닫고 만다. 삼성이 후발기업으로 전자산업에 뛰어들었기 때문이다. 기업경영의 현실이란 그만큼 냉혹한 것이다.

이 회장은 솔직히 말해 자신이 새로운 전자산업을 일으키는 것이 이미 국내 시장을 석권하고 있는 구 회장을 크게 자극시키리라고는 미처 상상도 하지 못했다. 왜냐하면 일본의 여러 대기업들이 선의의 경쟁을 통해 전자산업을 급속도로 발전시키고 있는 것을 자주 봐 왔기 때문이다. 그래서 그는 삼성전자의 설립 구상단계이던 1968년 봄, 안양골프장에서 자연스럽게 구 회장을 만난다.

안양골프장은 삼성이 임직원들이나 관련 인사들을 위해 만들었으나 럭키·금성의 임원들도 회원으로 가입되어 있었다. 이 회장이 동업자이자 사돈인 구 회장을 배려한 조치였다. 그 당시 서울에서 가까운 안양골프장은 주말이면 가끔씩 박정희 대통령도 찾아와 한 홀씩 도는 바람에 권력실세들이 앞장서 부킹을 하는 등 정치권에서도 상당히 인기가 있어 항상 풀로 붐볐다.

그러나 이 회장과 구 회장이 화기애애하게 공을 친 그날은 비교적 한가했다. 두 사람은 야외 테이블에 앉아 커피를 마시며 이런저런 담소를 나누었고 마침 그 자리에는 맹희 총수가 합석해 시중을 들고 있었다. 그때까지만 해도 분위기는 아주 화목해 간간이 소리 내어 웃음을 터뜨리기도 했다.

그러나 바로 그 순간 구 회장의 태도가 갑자기 냉랭해지기 시작했다. 이 회장이 전자산업에 대한 얘기를 꺼냈기 때문이다.

"구 회장! 우리도 앞으로 전자산업을 할라 카네."

이 회장은 별다른 생각 없이 지나가는 투로 한마디 던졌으나 구 회장은 대뜸 벌컥 화부터 내며 쏘아 붙였다.

"이익이 남으니까 할라 카는 거 아이가. 사돈이 논을 사믄 배가 아프다 카더마는 옛말이 하나도 그른 기 없는 기라."

전혀 예상 밖이었다.

아직 구상단계일 뿐 전자산업에 본격적으로 뛰어든 것도 아닌데 느닷없이 구 회장이 화부터 낼 줄은 미처 상상도 하지 못했던 터라 이 회장은 외려 무안을 당한 느낌이었다. 그러나 속된 말로 '돈 놓고 돈 먹는 세상'에 눈앞의 이익을 위해서는 평생 친구도 사돈도 아무 소용이 없는가 보았다.

삼성물산 창업 당시 동업했던 조홍제 회장도 산전수전 다 겪으며 삼성을 성장시키는 데 견인차 역할을 도맡았으나 헤어질 때 왜 하필이면 삼성물산의 라이벌이 될 효성물산을 설립해 나갔을까. 인지상정이라고 내남없이 자신의 이익을 위해서는 이전투구로 변하게 마련인 모양이었다.

이 회장의 지나가는 말 한마디에 속이 뒤집힌 구 회장은 작별인사도 없이 벌떡 일어서 등을 돌렸고 이 회장은 난감한 표정으로 구 회장의 뒷모습을 지켜볼 수밖에 없었다. 그렇게 서먹서먹하게 돌아선 두 사람은 이후 동양방송의 동업관계도 끊고 말았다. 기업 현실의 냉혹한 단면이 아닐 수 없다.

이런 일이 있은 후 럭키·금성이 사실상의 사주인 부산『국제신문』에서 먼저 지면을 통해 '삼성의 전자산업 진출은 이제 막 일어서려는 영세한 국내 전자산업계를 죽이는 일'이라는 논조로 비판하며 포문을 열기 시작했다. 물론 삼성의 『중앙일보』도 그냥 보고만 있을 수 없어 반론을 펴며 맞불을 놨다.

어쩌면 동업자이자 사돈 간에 치사한 갈등으로 번진 일인지도 모르겠지만 국내 전자산업의 헤게모니를 두고 『중앙일보』와 『국제신문』이 삼성과 럭키·금성의 대리전으로 공방을 벌이는 지경에까지 이르고 말았다. 그러나 지면의 영향력에서는 부산·경남의 제한된 지역을 커버하는 지방지인 『국제신문』이 전국의 독자를 가진 중앙지를 대표하는 『중앙일보』를 따라갈 수 없었다.

이 같은 논쟁이 끈질기게 지속되다가 결국 서로 제풀에 꺾여 흐지부지 끝났으나 두 재벌의 숙명적인 전쟁은 끊임없이 계속된다. 이후 양산체제에 들어간 삼성전자가 본격적으로 시장에 진출하자 이번에는 각 대리점 사이에서도 치열한 경쟁이 붙어 주먹다짐까지 오가는 사태로 번지기 시작했다.

이런 일련의 사태가 벌어지면서 결국 오너끼리 눈 감을 때까지 서로 상종도 하지 않았고 승자도 패자도 없이 다시는 건너지 못할 강을 건너고 말았다.

구 회장이 이 회장에게 등을 돌린 지 1년여 만에 이승을 떴기 때문이다. 62세. 한창 일할 나이에 구 회장이 갑자기 세상을 뜬 것은 이병철 회장과의 가슴 속에 맺힌 응어리를 풀지 못한 채 화기(火氣)가 도져 숨겼다는 설이 한동안 시중에 나돌기도 했다.

죽마고우와 사돈 간의 인연까지 끊고 삼성전자와 LG전자의 끝없는 전쟁이 계속되고 있는 가운데 갈등과 난관을 뚫고 전자산업을 일으켜야 한다는 이 회장의 집념은 아무도 꺾지 못했다. 공식적으로 경영일선에서 물러난 그는 현업에 직접 나설 수는 없었으나 맹희 총수의 배후에서 일본으로 건너가 NEC, 산요와 기술제휴부터 먼저 체결했다.

그리고 1969년 1월 13일 삼성전자의 웅장한 자태가 드러나면서 가전제품의 양산체제에 들어간다. 이맹희 총수는 삼성전자 설립 과정에서도 아예 작업복 바람으로 현장을 지키며 날밤을 지새우기 일쑤였다. 오늘날 세계굴지의 전자산업단지로 발전한 토대가 이때 마련된 것이다.

따지고 보면 그 과정에서 임직원들을 혹사시킨 것은 불가피한 일이기도 했다. 그는 30대 후반에서 40대 초반에 이르는 인생의 황금기를 그렇게 보냈다. 날이면 날마다 철야근무를 마다 않고 삼성을 제2의 도약 단계로 이끌어 가기 위해 강력한 리더십으로 인생의 황금기를 불살라야 했던 것이다.

1960년대 후반 박정희 대통령의 장기집권을 위한 3선 개헌이 서서히 무르익어가면서 천박한 정치권의 영향력은 기세등등했고 경제적 환경 또한 메마른 풍토 속에서 이전투구(泥田鬪狗)식 경쟁 상황을 벗어나지 못하고 있었다.

그러나 삼성의 이맹희 총수는 그런 열악한 정치·경제적 여건에서도 오로지 선대로부터 물려받은 능력과 지식, 그리고 젊음과 오기로 버티며 오너 경영에 열정을 쏟았다. 그 당시 삼성은 17개 계열사를 거느린 국내 제일의 기업군을 형성하고 있었다.

그런 가운데 그의 리더십에 대해 독선적인 카리스마라는 주위의 비판이 끊이지 않았다. 어쩌면 그것이 경영일선에서 물러나 주의 깊게 지켜보고 있던 아버지 이병철 회장과 점차 틈이 벌어지는 계기가 되었는지도 몰랐다.

이 회장은 간간이 듣던 대로 맹희 총수가 주위의 충고나 건의를 아예 묵살한 채 모든 일을 자기 고집대로 처리하고 있다는 것이 못마땅했다. 삼성전자 건설과정도 그랬다. 공기를 앞당기기 위해 무리수를 쓰다가 일부 직원들의 항의소동까지 일어나기도 했다. 게다가 더러 아버지의 충고나 지시사항조차 제대로 받아들이려 하지 않았다.

그러나 맹희 총수는 일본과 미국에서 10여 년간의 유학생활을 거치면서 공부에만 매달려온 것이 아니라 나름대로 선진국의 경제상황과 이른바 일류기업들의 경영실태를 면밀하게 관찰해 왔다. 그것을 그는 자신의 새로운 경영철학과 접목시키려는 집념을 고집했다.

그래서 그는 임직원들에게 시도 때도 없이 일만 시키며 자신의 경영방식대로 따라올 것을 강요했던 것이다. 그것은 아버지의 냉철한 경영방식과는 또 다른 인간미가 없는 냉혹한 경영스타일인지도 몰랐다.

10
권력의 횡포

이맹희 총수는 오너 경영에 나서면서부터 무엇보다 정치권력의 실세들과 가까워지려고 의식적으로 노력했다. 그럴 수밖에 없는 것이 뿌리째 흔들리는 삼성을 다시 일으켜 세워야 할 책임이 막중한 그의 입장에서 권력의 그늘에 들어가지 않고서는 아무 일도 할 수 없었기 때문이다.

아버지 이병철 회장은 정치권력과 불가근불가원의 원칙을 가르쳐 주었지만 시대가 그것을 받아들이지 않았다. 다행히도 실권자 중의 한 사람인 윤필용 장군과는 학창시절부터 인연을 맺어온 선후배 사이로 막역한 관계여서 그나마 큰 바람은 피해 갈 수 있었다. 윤 장군은 그 당시 방첩부대장에서 수도경비사령관으로 자리를 옮겨 새로운 권력의 주변으로 접근하고 있었다.

게다가 박종규 청와대 경호실장과도 줄곧 사격연맹 관계로 무난하게 지내 왔고 수도경비사령부 소속으로 청와대의 경호를 책임지고 있는 제30경비대대장(일명 5·16부대장) 전두환 중령과는 어릴 때부터 죽마고우였다. 때문에 둘은 수시로 만나 회포를 풀고 때론 맹희 총수가 전두환 중령을 통해 권력상층부와 연결돼 교분을 가지기도 했다.

이러한 연유로 한국비료 밀수사건 이후 권력실세들과 틈이 벌어졌던 후유증도 1970년대에 들면서 어느 정도 아물어가기 시작했다. 그렇다고 그들과 라이벌 관계에 있는 이후락·김형욱 등 박정희 대통령의 측근 실세들이나 JP의 정치권과 관계 개선이 이루어진 것은 아니었다. 다만 박종규나 윤필용 등 평소 원만하게 지내온 사람들이 자연스럽게 이심전심으로 삼성의 바람막이가 되어 주고 있을 따름이었다.

여기에다 정부에서도 국가경제력이 커지면서 해외로 뻗어나가는 국내 제일의 대기업집단인 삼성이 그리 만만하고 호락호락하지 않다는 사실을 점차 인식하게 된다. 사실 그 무렵 국내에서는 기업이 정권의 간섭을 받지 않고 자율적으로 경영에만 전념해 온 일이 거의 없었다.

각종 법률과 행정규제로 기업을 감시하고 경영을 간섭하는 것이 정권의 속성이었고 정치권력의 관행이자 횡포이기도 했다. 그러기에 국가경제와 수출전략의 견인차 역할을 담당하고 있는 대기업을 정부차원에서 지원하기는커녕 오히려 규제하고 통제하기 위해 반시장적 정책만 쏟아내기 일쑤였다.

정부가 앞장서 각 대기업 간의 건전한 경쟁을 제한하고 그 영향은 결국 중소기업에까지 미쳤다. 이에 반발한 기업이 자칫 정권의 돈주머니 역할을 거부하고 옆길로 새다간 세무조사다, 사직당국의 수사다 하며 마구 쏟아지는 바쿠탄(폭탄)세례를 피하지 못해 수십 년간 피땀 흘려 일으켜 놓은 기업이 하루아침에 공중분해 되기 십상이었다.

한국비료 밀수사건을 고스란히 뒤집어 쓴 삼성이 그런 케이스가 아니었던가. 삼성은 한국비료 밀수사건의 후유증으로 권력에 밉보여 한동안 김형욱의 중앙정보부가 한국비료 경영권을 빼앗아 가고도 모자라 갖은 탄압을 가해 왔다. 반도호텔에서 터무니없이 100% 한국비료 주식의 헌납을 강요하다가 이병철 회장에게 역습을 당한 데 대한 보복인지도 몰랐다.

중앙정보부는 심지어 세무공무원들까지 동원해 시도 때도 없이 회계장부를 압수해가고 세무사찰까지 벌였다. 하지만 그럴 때마다 번번이 빈손으로 돌아서기 일쑤였다. 그럴수록 빈틈없는 삼성은 좀체 흔들리지 않았고 크게 허점이 드러나지 않았다. 이맹희 총수의 정보력 또한 그들 못지않았기 때문이었다.

비단 삼성뿐만 아니라 권력에 밉보였다가 경영권을 박탈당하거나 하루아침에 문 닫은 기업들도 비일비재했다. 이른바 괘씸죄다. 은행대출은 물론 사채시장에서도 자금을 융통하기 힘들어 결국 문을 닫지 않고서는 버티기 어려웠던 시절이었다.

그러던 중 1972년 유신정국이 시작되면서 장기집권의 토대를 마련한 박 정권은 '대통령긴급조치'라는 비책(秘策)으로 정치권의 바람을 잠재우는 대신 개발경제에 전력을 쏟게 된다. 기업인들에 대해서도 여러 가지 유화적인 정책을 내놓고 한결 부드러운 정경유착이 움트기 시작했다.

야인(野人) 이병철에게도 마침내 재기의 기회가 다가오고 있었다. 그는 유별나게 소유욕이 강했다. 그래서 그는 장차 황금알을 낳는 거위가 될지도 모를 전자산업 육성을 위해 친정체제로 컴백할 결심을 굳히게 된다.

그 무렵 맹희 총수는 경영일선으로 복귀하려는 아버지의 속 깊은 뜻을 전혀 헤아리지 못한 채 일본의 NEC와 산요 간에 맺은 기술제휴가 마뜩찮아 좀 더 나은 필립스의 선진기술을 도입하기 위해 유럽으로 출장을 떠났다.

그러나 그가 유럽으로 출장을 떠난 진짜 속셈은 진작부터 자동차산업에 대한 미련을 버리지 못했기 때문이다. 독일의 벤츠 승용차 부품을 만드는 보쉬사(社)와 합작문제를 타진해 보는 것이 가장 큰 목적이었다. 그런 와중에 삼성에서 돌이킬 수 없는 쿠데타가 발생하고 만 것이다. 쿠데타의 주모자는 동생 창희. 아버지 이병철 회장은 엄청난 충격에 빠지지 않을 수 없었다.

한국비료 밀수사건으로 징역 5년의 실형을 선고받은 창희는 6개월 정도 복역하고 병보석으로 풀려나왔으나 오너 경영은 형인 맹희가 도맡아 하고 있었고 자신은 경영진에서 완전히 배제되어 있었다. 그는 한국비료 밀수사건의 책임을 혼자 뒤집어 쓰고 그렇게 고생했는데 자신에게 맡겨진 것이 아무것도 없다는데 절망했다.

게다가 향후 5년간 법률상의 제재조항에 묶여 공식적인 기업활동마저 제약을 받게 되자 점차 불만이 쌓여갔다. 창희가 내부적으로는 제일모직과 제일제당의 부사장을 맡고 있으면서 틈틈이 아버지를 보필해 왔으나 아버지는 옥살이까지 하고 나온 둘째 아들을 별로 인정해 주지 않았다.

그러던 중 형 맹희가 해외출장을 떠난 뒤 아버지가 혈육인 자신을 제쳐놓고 가신들에게만 경영의 전면에 나서겠다는 뜻을 밝히자 그만 충격에 빠지고 만다. 아버지의 냉대에 점차 소외감을 느껴오던 창희는 자신의 입지가 더욱 좁아질 것 같아 불안하고 초조하기 그지없었다.

그는 아버지가 아직 정부의 권력실세들과 빚어진 갈등도 해소되지 않았는데 다시 경영일선에 나선다면 삼성을 위해서도 결코 좋은 일이 아니라고 나름대로 판단했다.

'어떻게 해서라도 아버지의 경영복귀를 막아야 한다. 그렇지 않으면 삼성은 앞으로 3년 이내에 쓰러지고 만다. 우리가 새롭게 삼성을 이끌어나가야 국가권력의 눈총에서 벗어나 살아남을 수 있다.'

이렇게 판단한 창희는 황당한 집념에 사로잡히기 시작한다.

물론 그를 추종하는 일부 임원들의 부추김에 쉽게 부화뇌동한 탓도 있었지만 그 이면에는 독선적인 형 맹희까지도 오너 경영에서 물러나게 하고 자신이 전면에 나서야 한다는 집념이 도사리고 있었다. 하여 그는 자신을 따르던 임원들과 묘책을 강구하던 중 아버지를 배신하고 천륜을 끊는 엄청난 모반을 일으키고 만다.

바로 청와대 투서사건이 그것이다.

창희는 청와대에 제출한 투서를 통해 아버지 이병철 회장에게 탈세와 외환도피 등 6가지 혐의를 씌워 엄정한 조사를 요청한 것이다. 투서에는 이 회장이 100만 달러의 비자금을 불법으로 해외에 반출해 도피시켰다는 것이고 제일모직과 제일제당이 상습적으로 탈세를 해 왔다는 것 등 삼성으로서는 도저히 빠져나갈 수 없는 치명적인 내용이 들어 있었다.

여기에다 정부가 박정희 대통령의 숙원사업으로 아산 현충사를 건립할 당시 삼성에서 기증한 조경사업의 비용도 4000만 원에 불과한 것을 7000만 원으로 부풀려서 생색을 냈다는 내용까지 포함돼 있었다.

그러나 이 모두 이창희가 잘못 알고 있는 사실이다.

박 대통령이 1969년 아산 현충사를 중건할 때 현충사 경내 조경공사를 이병철 회장에게 직접 부탁했다. 이에 이 회장은 용인자연농원을 개발한 중앙개발 조경부를 동원, 국내 최고의 정원으로 가꾸기 위해 당초 예산을 4000만 원으로 책정했으나 나중에 완공해 놓고 보니 총사업비가 1억 원 이상 소요되었다.

완공 후 현충사를 둘러본 박 대통령이 감탄하면서 수행하던 이 회장에게 "공사비가 얼마나 들었느냐"고 묻자 이 회장은 과용하지 않았는가 핀잔을 들을세라 엉겁결에 "한 7000만 원 정도 들었다"고 답한 것이 와전되었던 것이다.

그런데….

이 투서가 하필이면 청와대 경호실을 무상출입하는 전두환 중령을 통해 박종규 경호실장에게 전달되었으나 보고를 받은 박 대통령은 "다른 것은 문제 삼지 말고 다만 외화도피는 알아보고 조치를 취하라"는 지시를 내렸다고 했다.

청와대 경호실장이 특정 기업인의 외화도피 여부를 조사한다는 것이 아예 말이 안 되는 이야기지만 그 당시로서는 법 위에 군림하는 무소불위의 권력실세였다. 박 실장은 삼성 비서실에서 제출한 소명자료를 통해 의문의 100만 달러는 삼성물산 도쿄지사에서 이병철 회장의 지시에 따라 일본으로 유출된 고려청자를 매입하는 데 쓰인 것으로 밝혀졌다.

이 고려청자는 '진사연표형주자(辰砂蓮瓢形注子, 진홍색의 연꽃 및 박꽃 무늬를 입힌 주전자)'와 '상감운학목단국문매병(象嵌雲鶴牧丹菊紋梅甁, 구름과 학, 모란과 국화 무늬를 새긴 항아리)'이라는 국보급 도자기 두 점. 1960년대 초 정치적 혼란기를 틈타 도굴꾼들에 의해 일본으로 밀반출되었던 것을 이병철 회장이 도쿄의 어느 전시장에 들렀다가 우연히 발견한 것이다.

이 회장은 "민족의 문화유산이 해외로 유출돼 흩어지는 것을 막아야겠다"는 사명감에서 파격적인 가격으로 매입한 뒤 이를 국내에 들여왔다고 했다. 이 회장은 형 병각 씨와 함께 골동품 수집광이라 해도 과언이 아닐 만큼 우리나라의 귀중한 문화재에 심취해 있었다.

결국 이 문제도 박종규 경호실장이 나서서 유야무야 해결되긴 했으나 이병철 회장은 또 다시 재산헌납이라는 수난에 부딪치게 된다. 그 사이에 이후락 비서실장이 끼어들어 전후사정을 훤히 꿰고 있었기 때문이다.

박 대통령의 직함을 팔아먹는데 이력이 난 이후락은 저절로 굴러들어온 떡을 그대로 놓칠 리 만무했다. 그는 한 번 약점을 잡으면 그 약점을 철저히 이용해 병 주고 약 준 다음 사리사욕을 꾀하는 걸출한 재주꾼이었다.

이후락은 이를 빌미로 박 대통령을 부추긴 뒤 이병철 회장에게 대구대학을 5·16장학재단에 넘기라고 요구했다. 그 당시 단과대학이던 대구대학은 삼성이 재단을 소유하고 있었다. 이후락이 대구대학의 헌납을 요구한 것은 박 대통령의 은퇴 이후를 대비하기 위해서라고 했다. 이미 혁명주체세력이 주축이 되어 설립한 5·16장학재단 산하에 종합대학을 하나 만들어야겠다는 계획을 마련해 놓고 있던 중 이창희의 투서사건으로 삼성이 걸려든 것이다.

지금 상식으로는 말도 안 되는 소리지만 서슬 시퍼런 무소불위의 최고 권력층에서 내놓으라는데 그대로 헌납할 수밖에 달리 거부할 방법이 없었다. 게다가 그 무렵 이후락은 신축 중이던 대구의 청구대학이 부실공사로 말썽이 되자 이를 빌미로 청구대학마저 차지해 이 두 대학을 합쳐 명실상부한 종합대학을 설립하게 된다. 현재의 영남대학이 그렇게 탄생한 것이다.

한국비료 밀수사건을 통해 투서나 배신행위가 얼마나 무참한가를 뼈저리게 경험한 이병철 회장은 또 다시 대구대학마저 헌납하게 되자 둘째 아들 창희의 투서사건을 도저히 묵과할 수 없었다.

더욱이 천륜을 저버리고 부모의 가슴에 비수를 꽂은 자식의 배신행위가 아닌가. 이 회장은 창희를 불러놓고 이렇게 다그쳤다. 자식에게 던진 마지막 당부였다.

"창희, 니는 내 눈에 흙이 들어가기 전에 절대로 내 앞에서 얼씬거리지도 말거래이."

이 회장은 단지 이 말 한마디로 창희에게 추방령을 내렸다.

자신의 눈에 안 보이도록 멀리 떠나라는 뜻이었다. 창희는 한사코 거부하며 아버지와 맞섰으나 결국 미국으로 떠나 장기체류할 수밖에 없었다.

그러나 일은 그것으로 끝나지 않았다. 맹희 총수는 독일 출장 중에 동생 창희의 모반 소식을 전해 듣고 부랴부랴 귀국해 보니 아버지의 화살이 자신을 겨냥하고 있는 게 아닌가.

"맹희, 니는 이 문제를 우에 생각하노?"

아버지 이병철 회장은 그런 엄청난 충격을 받고도 평소처럼 겉으로는 조금도 흐트러짐이 없었다. 하지만 가늘게 떨리는 특유의 쇳소리는 어딘지 모르게 분노가 서려 있었다.

"아부지! 도저히 용납할 수 없는 일입니더. 창희가 아부지한테 감히 우에 그런 짓을 할 수 있습니까."

맹희가 단호한 태도로 이렇게 답하자 이 회장은 입술을 가볍게 깨물며 거듭 되물었다.

"맹희 니, 진짜 그래 생각하나?"

"예, 아부지! 진심입니더."

그러나 이 회장은 창희의 모반에 맹희도 개입된 것으로 지레짐작하고 있었다. 왜냐하면 청와대에서 처음 창희의 투서를 건네받은 사람이 공교롭게도 맹희의 절친한 친구인 전두환 중령이었고 일을 처리한 사람도 평소 창희보다 맹희와 친분이 두터운 박종규 경호실장이었기 때문이다. 빼도 박도 못할 덫에 걸리고 만 것이다.

게다가 그 무렵에는 맹희가 삼성의 오너 경영인으로서 청와대를 자주 출입하며 권력실세들과 얼굴을 익히고 어느 정도 관계개선도 이루어지고 있던 시점이었다. 그러니 충분히 그런 오해를 살 만도 했다.

맹희를 뚫어지게 바라보는 아버지의 눈빛이 그랬다. 창희의 모반에 공모하거나 비록 가담하지 않았더라도 평소 우애가 깊은 형제간이라 사전에 알고 묵인은 하지 않았겠느냐는 것이 아버지의 판단인 듯 했다. 달리 변명의 여지가 없었다. 아버지가 겨누고 있는 화살이 결국 맹희의 가슴에 꽂히고 말았으니까.

이후 이병철 회장은 평소와 다름없이 생활했으나 그동안 맹희한테 총수의 자리를 물려주며 전적으로 맡겼던 경영 전반의 일을 하나하나 직접 챙기기 시작했다. 후계구도에 변화가 오고 있었다.

이 회장은 그동안 맹희에게 직접 지시하던 계열사의 경영 전반에 걸친 일도 담당 사장들을 불러 지시하고 어떤 경우 맹희를 앞에 앉혀 놓고도 보란 듯이 측근들과 밀담을 나누기도 했다.

맹희 총수는 아버지가 의식적으로 자신에게 물을 먹이고 있다는 느낌을 받았다. 하지만 그는 설마한들 아버지가 자신을 내치지 않을 것으로 믿고 있었다. 그러나 시간이 흐르면서 동생 창희의 모반행위가 아버지의 가슴 속에 깊은 상처를 남겼고 그 때문에 아버지는 장남인 자신을 예전처럼 신뢰하지 않고 있다는 사실을 점차 깨닫게 된다.

게다가 아버지는 오너 경영을 맡고 있는 맹희 총수를 전에 없이 냉랭하게 대하기 시작했다. 맹희는 아버지의 거동으로 보아 이미 미국으로 떠나 속죄의 길을 가고 있는 창희를 괘씸하게 생각할 때마다 맺힌 응어리를 눈앞에 보이는 자신에게 풀고 있다는 사실도 눈치챌 수 있었다. 그는 그런 아버지의 한풀이를 그 전에는 미처 깨닫지 못했던 것이다.

어쩌면 아버지가 경영일선으로 복귀하려는 명분을 쌓기 위해 장남인 자신을 속죄양으로 삼고 있는지도 몰랐다. 아버지의 자식에 대한 감정이 그런 방향으로 흐를수록 맹희 총수의 오너 경영에 운신의 폭도 좁아질 수밖에 없었다. 이른바 가신그룹인 비서실장을 비롯한 아버지의 측근들 움직임도 심상치 않았다.

긴가민가하여 바늘방석에 앉은 기분으로 소외감을 느끼며 묵묵히 고개 숙이고 지낼 수밖에 달리 아버지에게 접근할 방법이 없었다.

11
결별의 수순

정치권력이나 경제권력이나 절대권력의 속성은 원래 냉혹하고 무자비했다.

이맹희 총수가 명색이 오너의 자리에 있으면서도 물 위에 기름 돌 듯 그렇게 세월을 죽이고 있는데 아니나 다를까, 1973년 여름 어느 날 아버지 이병철 회장이 그동안 소가 닭 보듯 대해 오던 장남 맹희를 집무실로 불러들였다.

"니, 미국에서 무신 공부를 했노?"

마주 앉자마자 불쑥 말머리를 꺼내는 아버지의 느닷없는 질문에 맹희는 적이 당황했다.

게다가 이 회장은 언제나 이름부터 앞세우며 자식들을 불렀으나 이번에는 이름마저 생략하고 대뜸 "니!" 하고 말문을 열었다. 표정이 밝기는커녕 벌겋게 달아올라 있었다. 필시 또 무슨 곡해가 생긴 모양이었다.

"아부지! 저, 경영학 박사학위 안 받았십니꺼."

맹희는 엉겁결에 당황한 표정을 감추지 못한 채 이렇게 답했다.

이 회장은 잠시 뜸을 들인 뒤 긴 한숨과 함께 다시 말문을 돌렸다.

"니가 미국에서 박사학위 받았다꼬?"

"예, 아부지!"

"그래 박사학위까지 받은 놈이 깡통공장 하다가 망해 묵었다 이 말이가?"

"예, 전에 아부지한테 말씀 안 드렸십니꺼. 구룡포에 깡통공장을 세워 홍콩에 수출한다꼬 말입니더."

"그라고 또, 독일에서 사탕 만드는 기계까지 들여왔다 카더마. 그것도 사실이가?"

"아, 그건 아부지한테 미리 말씀드리지 못했지만 우리 회사에 맞지 않아 과자공장에다 처분했십니더."

"한심한 놈! 미국에 유학 가서 박사학위까지 받았다 카는 그릇이 고작 그거밖에 안 되나?"

"……."

누군가 가신그룹 쪽에서 이맹희 총수의 뒤를 속속들이 캐서 다 고해 바치는 모양이었다.

"기업하는 사람한테는 이익이 나더라도 하지 말아야 할 일이 있고 손해가 나더라도 해야 할 일이 있는 기라. 니는 도대체 미국에서 무신 공부를 했길래 그런 것도 구분을 몬한다 말이고?"

사람에게는 누구나 저마다의 그릇이 있고 주어진 여건에 따라 고만고만한 차이가 나게 마련이라고 이 회장이 평소 설파하던 이른바 '기량론(器量論)'이다. 따지고 보면 조그만 그릇에 불과한 맹희 총수가 분수도 모르고 너무 큰 그릇에 집착해 문어발식으로 욕심만 키워 왔다는 이야기다.

그러나 맹희 총수는 삼성의 모든 사운을 걸고 건설한 한국비료를 고스란히 정부에 헌납하고 아버지마저 경영일선에서 물러난 1967년의 상황을 되새겼다. 그때의 심정으로는 빚더미에 올라앉은 삼성을 재건하기 위해서는 찬밥, 더운밥을 가릴 여유가 없었다. 돈이 되는 것이라면 수단과 방법을 가리지 않고 뛰어들어야 했다.

그 당시 삼성물산에서 고등어·꽁치 등 생선통조림을 많이 소비하는 홍콩의 바이어들과 접촉한 결과 10만 캔의 물량을 수입하겠다는 제의가 들어왔다. 하여 서둘러 포항의 구룡포 항에 중소규모의 통조림공장을 하나 설립했던 것이다.

그러나 뜻밖에도 홍콩의 수입선이 파산하는 바람에 제대로 가동도 하지 못한 채 거래선을 찾아 헤매던 중 세 차례나 통조림공장을 사고파는 우여곡절을 겪어야 했다. 그 과정에서 금전적 손실은 말할 것도 없지만 경영상의 문제까지 초래하고 말았다. 애초 성급하게 뛰어든 맹희 총수의 실책이었다.

독일에서 들여온 캔디 제조기 역시 1960년대 중반부터 제일제당에서 생산하는 설탕의 국내 소비량이 한계에 부닥칠 것이라는 예측에서 대체산업으로 미국의 참스(Charms)와 같은 고급 캔디를 만들어 팔자는 아이디어가 떠올랐다. 그렇지만 거대기업 삼성이 내수 침체가 예상되는 설탕 대신 이익을 남길 목적으로 수출용도 아닌 캔디를 대량으로 생산해 국내에 소비한다는 것은 명백한 중소기업의 고유업종 침해가 아닐 수 없었다.

  그 당시 영세성을 벗어나지 못하고 있는 국내 중소제과업계를 충격에 빠뜨리고 비난받아 마땅했으나 삼성은 쉬쉬하며 극비에 일을 진행시켰다. 자그마치 2만 달러나 주고 독일에서 캔디 자동제조기 한 대를 들여와 막상 가동해 본 결과 국내에서 1년간 소비할 수 있는 물량이 불과 3일 만에 한꺼번에 쏟아져 나온 것이다. 그렇다고 공장을 계속 가동할 수도 없고 더 생산해 봐야 팔 곳도, 소비시킬 방법도 없었다. 애초 시장조사도 제대로 하지 않고 생산설비부터 서두른 것이 실수였다.

  게다가 내수 침체가 예상되던 설탕 소비량은 꾸준히 증가추세를 나타내고 있었고 뒤늦게 판단착오를 깨달은 맹희 총수는 가동하자마자 엄청난 물량을 쏟아내는 캔디 제조를 포기하지 않을 수 없었다. 애써 들여온 자동제조기를 결국 해태제과에 떠넘기다시피 반값에 처분하고 말았다.

  한마디로 최고경영자로서 경영의 기본도 모르고 오기(傲氣) 하나만 믿고 주먹구구식으로 덤빈 실패작이었다. 때로는 한 번 실패하고 만회하기 위해 오기로라도 새로운 사업을 성공시키겠다는 용기가 필요하겠지만 그럴 경우 두 번 다시 실패하지 않을 완벽한 조치가 반드시 선행되었어야 했다.

  오너 경영에 물불을 가리지 않았던 맹희 총수에게 두고두고 가슴을 짓눌러온 이 같은 실패담이 뒤늦게 아버지 이병철 회장의 도마 위에 오르다니 입이 열 개라도 할 말이 없었다. 그래서 그는 묵묵히 고개 숙이며 침묵을 지켰다.

이 회장은 소파 깊숙이 몸을 파묻은 채 그런 아들을 빤히 지켜보고 있다가 마침내 결심한 듯이 말문을 열었다.

"니, 지금 삼성의 직함을 몇 개나 가지고 있노?"

"정확히는 모르지만 한 열댓 개는 되는 것 같십니더."

재계 은퇴를 선언하면서 장남 맹희에게 경영 전반에 걸쳐 절대 권한을 물려줄 때는 언제고 이제 와서 새삼 따지는 것은 또 뭐란 말인가.

마침내 올 것이 오고야 말았다. 맹희 총수는 순간적으로 그렇게 판단하면서 얼버무렸다. 달리 구구절절하게 설명할 필요가 없었기 때문이다.

"니, 그거 혼자서 다 할 수 있나?"

"일일이 다 잘 할 수는 없십니더."

아버지가 원하는 답이라고 생각하고 맹희는 이렇게 말했다.

"그라모(그럼), 니가 할 수 있는 거만 해라."

모처럼 만난 부자간의 대화는 그것으로 간단히 끝나 버렸다.

그동안 부자간에 얼굴을 맞대면 언제나 아기자기하게 경영에 대한 이야기라든가, 신사업에 대한 구상이나 새로운 아이디어 등 할 말이 많았고 흉금을 터놓고 이래저래 의견을 나누기도 했다. 하지만 부자간에 결별의 수순을 밟아가고 있는 그 자리에서 피차에 달리 할 말이 없었다.

그리고 며칠이 지나 맹희 총수는 또 다시 아버지의 냉랭한 부름을 받는다. 이때 이병철 회장은 비서실장이 메모해 온 맹희의 직함을 자세히 들여다보고 있던 중이었다. 모두 17개의 직함이었다. 그 당시 삼성의 계열사가 모두 17개였으니까. 삼성물산 · 삼성전자 ·『중앙일보』· 제일제당 · 제일모직 · 동방생명(현 삼성생명) · 안국화재(현 삼성화재) 등등 그때까지만 해도 맹희는 자신이 그렇게 많은 직함을 가지고 있다는 사실을 스스로도 잊고 있었다.

이 회장은 메모를 테이블 앞에 펴놓고 일일이 체크하면서 "이거는 니가 하기 힘들제? 이거는 니가 할 수 없제?" 하고 일방적으로 맹희의 직함을 연필로 죽죽 줄을 그어 버렸다. 그러고는 삼성물산 · 삼성전자 · 제일제당 등 3개 계열사의 부사장 직함만 남겨두었다. 오너 경영에서 물러나라는 암시였다. 그와 동시에 아버지가 다시 경영일선으로 복귀하겠다는 뜻을 은근히 아들에게 내비친 것이리라.

맹희는 다소 불만이 있다 하더라도 감히 아버지에게 이의를 제기할 수 없었다. 동생 창희는 더러 아버지에게 대놓고 반항하기도 했지만 그는 단 한 번도 아버지의 영을 거역하지 않았다. 호랑이 같은 아버지의 존재와 권위가 그처럼 두려웠기 때문이다.

하지만 맹희는 아버지의 그런 결단이 일시적인 현상일 뿐 자신이 삼성에서 영원히 물러나지 않을 것이라고 자위했다.

'그래, 내가 그동안 앞만 보고 너무 힘들게 살아 왔다 카이. 이 기회에 얼마간 쉬는 것도 괜찮겠다. 그동안 혹사했던 몸도 좀 추

스르고….'
　그의 생활은 여전히 변함이 없었으나 무료했다.
　당분간 아버지와 멀리 떨어져 있는 것도 괜찮을 것 같았다. 그래서 장기체류를 목적으로 짐을 챙겨 일본으로 건너갔다. 아버지가 부르면 불과 2~3시간 만에 돌아올 수 있는 곳이니까. 그러나 아버지는 끝내 그를 부르지 않았다.

　이맹희가 도쿄에서 혼자 외떨어져 지내고 있을 때 아버지 이병철 회장은 자연스럽게 경영일선으로 복귀한다. 반면 지난 7년여간 삼성의 기업군을 이끌어 왔던 맹희 총수는 점차 잊혀진 인물이 되어가고 있었다.
　이병철 회장이 경영 복귀와 함께 다시 재계 정상의 자리에 오르자 항간에 떠도는 소문으로는 듣기 거북한 '돈병철'이란 별칭보다 '경제대통령'이라는 긍정적인 호칭이 자연스럽게 따라 붙었다. 그동안 어려운 여건 하에서도 삼성의 경제권력이 국가권력에 비견할 만큼 눈부신 발전을 거듭해 왔기 때문이었다.
　어쩌면 그 무렵 유신헌법으로 영구집권의 토대를 마련한 박정희 대통령의 불도저식 개발행정을 빗댄 말인지도 몰랐다. 경제개발을 최우선 정책으로 밀고 나가는 박 대통령에게도 '종신대통령'이라는 별칭이 붙어 있을 때였으니까.
　어쨌든 재계에서는 이병철 회장의 컴백을 대체로 환영하는 분위기였다. 한국 경제에 미치는 그의 영향력이 그만큼 컸다고 해도 과언이 아니었다. 그러나 이 회장은 재계의 정상으로 컴백한 이후 유명세를 톡톡히 물어야 했다. 그에게 붙은 '경제대통령'이라는 호칭은 어쩌면 현직 대통령을 능멸하는 역성혁명(易姓革命)이 될지도 몰랐다.

하지만 이 회장은 물론 재계에서도 그것이 그렇게도 큰 죄가 될 줄은 미처 모르고 웃음으로 흘려버렸다. 아니, 어쩌면 그런 호칭으로 인해 역성혁명의 누명을 쓴다고 해도 어찌할 방법이 없었을 것이다. 항간에 떠도는 소문에 불과했기 때문이다.

그러나 솔직히 말해 오티사 밀수사건 이후 필생의 숙원을 이루려던 한국비료를 정부에 헌납하고 재계에서 은퇴한 이후에도 그의 생활은 변함이 없었다. 한국 제일의 재벌에 걸맞게 그 당시 그가 즐겨 타고 다니던 승용차는 메르세데스 벤츠600 리무진. 이 차량은 청와대에 박 대통령의 전용차량과 의전용으로 두 대, 삼성의 이병철 회장과 대한항공 조중훈 회장이 각각 한 대씩 소유하고 있을 때였으니까 국내에 벤츠600 리무진이라곤 불과 4대밖에 없던 시절이었다.

이 때문에 조중훈 회장은 벤츠600 리무진을 들여다 놓고도 청와대의 눈치가 보이고 재계에서도 더러 시샘하는 소리가 들려 '의전용'이라며 차고 깊숙이 세워두고는, 가끔씩 차고에 들러 벤츠600 리무진을 관상(觀賞)하는 것으로 낙을 삼다가 외국의 VIP들이 한국을 방문할 때에는 그 핑계로 한 번씩 타보는 것이 고작이었다. 하지만 삼성의 이병철 회장은 누가 뭐래도 비판여론에 연연하지 않고 아무 거리낌 없이 벤츠600 리무진을 즐겨 타고 다녔다.

이 회장은 1949년 서울에서 삼성물산을 경영할 때에도 그 시기에 보기 드물게 최신형 쉐보레 리무진을 수입해 타고 다닐 만큼 하나도 제일, 둘도 제일, 무엇이든 제일, 최고만을 추구했다. 창업 때부터 몸에 밴 이 회장 특유의 카리스마에서 비롯된 것인지도 몰랐다. 그 당시에도 48년형 쉐보레 리무진은 국내에서 경무대에 이승만 대통령의 전용차량 한 대밖에 없었다.

이병철 회장의 쉐보레 리무진은 6·25전쟁 때 서울을 점령한 북한공산군에 징발당해 부수상 겸 외무상인 남로당 당수 박헌영의 전용차로 쓰였다는 뒷소문이 나돌기도 했으나 그 차를 본 사람은 아무도 없었다.

이 회장이 벤츠600 리무진을 타고 서울 시내를 누비고 다닐 무렵 엄혹한 유신시대에도 불구하고 이사 대우를 받고 있던 위대식이라는 그의 운전기사마저 출·퇴근용으로 클라이슬러 리무진을 타고 다닐 만큼 위세를 부렸다. 위 이사는 1949년부터 이 회장이 국내 기업인으로서는 최초로 수입한 쉐보레 리무진을 몰기 시작해 평생을 이 회장의 운전기사로 봉직해온 사람이다.

재계에서 은퇴한 삼성의 이병철 회장이 벤츠600 리무진을 타고 다니며 호사스런 생활을 즐기고 있다는 시중 여론이 급기야 청와대로 흘러들어가 민심이반 행위라는 괘씸죄에 걸려들고 만다.

보고를 받은 박정희 대통령은 "어릴 때부터 고생을 모르고 호사스럽게 자라 사치를 즐기는 사람"이라고 한마디 내뱉고는 그냥 웃어넘겼다고 했다. 그러나 중앙정보부에서 이를 빌미로 삼성 비서실에 잇단 경고를 보내 왔다.

하지만 삼성의 비서진들은 감히 이병철 회장에게 직언을 하지 못하고 "외국 VIP들의 의전을 겸해 회장의 전용차로 쓰고 있다"는 궁색한 임기응변으로 버티곤 했다. 명색이 자유민주주의 국가에서 성공한 기업인이 자신의 전용차량도 마음대로 탈 수 없을 만큼 유신의 족쇄에 묶여 있던 엄혹한 시절이었다.

삼성의 이맹희 총수가 경영일선에서 물러나 일본으로 떠난 지 5개월 쯤 지난 1974년 4월 중순, 이병철 회장은 갑자기 삼성의 창업지인 대구 나들이에 나선다.

큰아들은 일본, 둘째 아들은 미국으로 유배 아닌 유배를 보내고 막내아들만 바라보고 있자니 어쩐지 가슴이 허전하고 답답하기도 했을 것이다. 그래서 바람이나 쐬고 그룹의 모체가 된 주력계열사 제일모직 대구공장을 한 번 둘러볼 요량이었다.

이병철 회장은 중앙정보부에서 패씸죄를 걸고 있는 벤츠600 리무진을 타고 대구로 내려갔다. 그 당시만 해도 관계 회사의 사장들을 비롯한 주요 임원들과 수행 비서진, 취재진(『중앙일보』 사진기자 팀) 등 이 회장의 벤츠를 따르는 차량행렬만도 보통 20여 대에 달해 고속도로 상에서 장관(壯觀)을 연출하기도 했다. 그야말로 대통령의 차량행렬을 방불케 할 만큼 호사스런 '경제대통령'의 행차였다.

이병철 회장의 벤츠600 리무진은 평균 시속 160km 이상으로 질주했다. 이 회장은 스피드를 즐기는 취향이었다. 이 때문에 배기량이 2000cc에 불과한 이탈리아제 피아트로 앞장서 에스코트하는 경호비서들이 애를 먹기 일쑤였다. 그러다가 경부고속도로 추풍령 고개에 이르러 숨 가쁘게 에스코트하던 피아트가 그만 엔진 과열로 녹아버리고 말았다.

에스코트 차량이 추풍령 오르막길에서 갑자기 멈춰서고 난감한 처지에 빠졌으나 이 회장의 벤츠600 리무진은 거침없이 그대로 질주해 버렸다.

마침내 이 회장의 벤츠600 리무진이 서대구 톨게이트에 진입할 무렵 대기하고 있던 관할 동대구경찰서(현 북부경찰서) 사이드카 2대가 요란하게 사이렌을 울리며 대구 시내로 에스코트하기 시작했다.

이 회장이 대구에 내려올 때는 언제나 삼성의 전 임직원들은 물론『중앙일보』대구취재반 기자들도 초비상 사태에 돌입하기 마련이었다. 기자들은 기자들 나름대로 할 일이 있기 때문이다.

취재반장인 나는 그날도 경호비서 팀의 피아트가 엔진과열로 녹아나는 것과는 상관없이 경북도경과 관할 동대구경찰서(현 북부경찰서)에 긴한 청탁을 넣어 경찰 사이드카 2대를 지원받았다. 서대구 톨게이트에서 제일모직 대구공장까지 이 회장 전용차량을 에스코트하기 위해서였다.

그것은 경찰이 대구를 방문하는 VIP 안내라는 명분을 세워 비공식적으로 시행해온 하나의 관행이기도 했다.

12
경제대통령의 수난

이병철 회장 일행이 경찰 사이드카의 에스코트를 받아가며 제일모직 대구공장에 당도하자 진입도로 양쪽 잔디밭에 질서정연하게 도열해 있던 대구지역 상공인 대표 50여 명이 뜨거운 박수로 영접했다.

상공인들의 이 같은 영접행사는 대구에서 창업해 국내 최정상은 물론 세계적인 기업군을 일으킨 이병철 회장에 대한 예우차원에서 그동안 줄곧 있어 왔던 관행이었다.

이날은 특히 한국비료 밀수사건의 후유증으로 경영일선에서 물러났던 이 회장이 재계 정상으로 복귀한 뒤 처음으로 지방나들이에 나선 때문인지 더욱 감회가 깊었다. 그러기에 통상 20여 명이 나와 영접하던 종전의 조촐한 행사에 비해 이번에는 김수학 경북지사까지 공무를 제쳐놓고 참석하자 영접 인파가 평소보다 두

배 이상 늘어났던 것이다.

이 회장의 제일모직 방문에 영접행사를 주관한 사람은 대구지역 상공인을 대표한 박윤갑 대구상공회의소 회장. 그는 개인적인 인연으로 따져 이 회장의 노복(奴僕) 출신이어서 특히 감회가 남달랐다.

이 회장이 대구에서 삼성상회를 경영하고 있을 무렵인 1940년대 초, 16세의 어린 나이에 경남 의령에서 대구로 올라와 이 회장의 수발을 도맡았던 인연도 결코 무시할 수 없었다. 그 당시 대중교통편도 별반 없던 일제 강점기 때라 바랑 하나만 달랑 메고 짚신발로 사흘 낮밤을 걸어서 대구에 당도하고 보니 바랑에 매달아 두었던 짚신 세 켤레가 다 닳아버렸다는 일화도 전해지고 있는 사람이다.

서문시장 초입에서부터 물어물어 가까스로 삼성상회를 찾아간 그는 마치 일본사람처럼 당쿠즈봉(승마바지)에 지카다비(地下足袋, 엄지발가락이 갈라진 운동화 종류의 신발)를 신고 도리우치(鳥打) 모자를 눌러쓴 이 회장과 마주쳤으나 얼른 알아보지 못했다. 이 회장은 그때 밀가루 묻은 손으로 한창 제면기를 돌리고 있던 중 거지꼴로 찾아온 고향집 마당쇠를 먼저 알아봤다고 했다.

"니, 윤갭(윤갑)이 아이가?"

"예, 맞십니더. 어르신!"

박윤갑은 이 회장을 확인한 순간 너무도 감격한 나머지 그만 그 자리에 엎드려 큰절을 올리며 대성통곡하고 말았다고 했다. 아마도 그 어린 나이에 걸어걸어 용케도 의령에서 대구까지 올라왔다는 성취감과 상전을 만난 벅찬 감정 때문이었으리라. 이 회장은 그런 그를 어릴 때부터 대견하게 생각해 왔다.

이후 이 회장의 수족이 되어 수발을 들던 그는 이 회장이 삼성물산을 설립해 서울로 이주하자 대구에 홀로 남아 기업에 투신한다. 그가 처음으로 설립한 기업은 파지를 수집해 종이 박스를 만드는 판지(板紙)공장. 삼성의 그늘에서 자립의 기틀을 마련한 것도 그 무렵이었다. 그래서 그는 자신이 설립한 판지공장의 회사명도 굳이 '삼성제지'로 고집했다.

이 때문에 '삼성제지'가 삼성그룹의 계열사로 착각하는 경우도 더러 있었으나 정작 삼성가에서 누구 하나 시비를 거는 사람은 아무도 없었다. 그만큼 그는 이 회장의 총애를 받고 있었다.

이후 그는 제일제당의 상품 박스를 비롯해서 제일모직 양복지 케이스, 삼성전자의 TV · 라디오 · 냉장고 · 세탁기 · 선풍기 등 판지로 만드는 상품 포대와 박스를 모조리 납품해 엄청난 부를 축적한 입지전적인 인물로 대구상공업계에 두각을 나타낸다. 그런 그가 마침내 지역 상공업계를 대표하는 대구상공회의소 회장에까지 올랐다는 것은 어쩌면 삼성과 이병철 회장의 강력한 이미지 때문인지도 몰랐다.

그는 이날 이병철 회장 환영행사를 주관하면서도 감히 옛날의 상전 앞에 나서지도 못하고 뒷전에 처져 맴돌고 있다가 제일모직 대구공장 회의실에서 상견례가 열릴 때 김수학 경북지사가 이병철 회장 옆 상석에 앉도록 자리를 권했다.

"아, 박윤갑 회장은 여기 이 회장님 옆에 앉아야지요. 그동안 준비하느라고 고생도 많았고 이 회장님과는 각별한 인연도 있는데….”

그러자 이병철 회장이 흐뭇한 표정으로 박윤갑 회장을 넌지시 바라보며 운을 떼는 거였다.

"윤갭이(윤갑이), 니도 회장이가?"

"아, 아입니더. 지가 감히 회장님 옆에….”

박 회장이 오금을 못 펴고 굽실거리자 이 회장은 가볍게 그의 등을 토닥거려 주었다.

"그래, 니도 회장이라 카모 내 옆에 앉아야 순서제. 니가 대구 상공인을 대표하는 사람 아이가? 어여 앉거라.”

주종(主從) 간에 같은 반열에 오른 이런 일화가 한동안 대구상공업계에 전설처럼 전해지기도 했다.

그러나 그것은 대구상공회의소 박윤갑 회장이 잘 나갈 때의 이야기다. 기업인 이병철의 흐트러짐이 없는 절대적인 카리스마는 성공한 자에게는 언제나 따뜻한 눈길을 보냈다. 하지만 실패한 자에게는 냉혹하기 그지없었다. 그로부터 10여 년이 지난 1980년대 중반, 박 회장이 사업에 실패했을 때 이 회장은 그를 거들떠보지도 않았다고 한다.

'말 타면 종 두고 싶다' 는 속담처럼 박 회장이 과욕을 부린 나머지 자금사정도 생각하지 않고 무리하게 사업을 확장하다가 그만 파산하고 말았기 때문이다. 그가 대구 인근 달성군에 새로 조성되는 현풍산업공단에 대규모의 제지공장을 건설한 것이 화근이었다.

대구경제가 휘청거릴 정도로 거액의 부도가 나자 이병철 회장을 찾아가 도움을 청하려 했으나 그는 아예 삼성 비서실에서부터 문전박대를 당해 버렸다고 했다. 분수를 지킬 줄 모르고 자신의 기업을 "삼성처럼 크게 키워보겠다"며 과욕을 부린 탓이었다.
　이병철 회장의 '기량론'에 따르면 사람에게는 각각 저마다의 그릇이 있다는 것이다. 조그만 그릇에 불과한 그가 분수도 모르고 내내 큰 그릇에 집착해 욕심만 키워 왔다는 거였다. 그는 대구에서 입신해 한창 잘 나갈 때에는 개인적으로 이 회장의 총애를 한 몸에 받기도 했었다.
　부농의 노복 출신이던 그가 신분의 벽을 깨고 사업을 일으킨 것만도 대단한 일인데 지역상공업계의 거두(巨頭)가 되어 시장·도지사와 어깨를 겨루고 있었으니 얼마나 대견한 일인가. 때문에 이 회장은 가끔씩 제일모직 대구공장을 둘러볼 기회가 있으면 그를 불러다 로열박스 옆에 앉힐 만큼 신뢰했다고 한다.
　게다가 그가 문안 인사라도 드리기 위해 한 번씩 서울로 올라가면 소병해 비서실장이 일부러 시간을 내 이 회장과 독대를 주선해 주기도 했다. 하지만 실패한 그가 찾아갔을 때 삼성 비서실에서는 소 실장이 아닌 말단 비서가 냉정하게 이 회장과의 면담을 거절했던 것이다.

　이병철 회장은 인의예지신(仁義禮智信)의 생활윤리 중에서도 신(信)을 가장 중요시했다. 그것은 약관 20대에 사업을 일으킨 후 한국 경제계의 정상에 오를 때까지 어떠한 난관에 부닥치더라도 일관되게 '신용' 하나만을 기업의 생명으로 삼아왔기 때문이다.

　信에 대한 생활윤리를 저버릴 경우 그 어느 누구도 바로 보지 않고 매몰차게 대했다. 심지어 자식들에게도 가혹하게 대하지 않았던가. 후계체제를 굳혔던 장남 맹희와 한때 삼성의 경영에 적극 참여시킨 차남 창희를 내친 것만 봐도 그의 성품을 알 수 있다. 박윤갑 회장 역시 비록 자신의 노복 출신이긴 하지만 신분의 벽을 깨고 친자식처럼 아껴 주었으나 결과는 信에 대한 배반으로 그를 실망시켰던 것이다.

　이병철 회장은 자신이 대구에 정착해 삼성상회를 설립할 무렵부터 여러 가지로 조언을 구하고 평생을 절친하게 지내온 친구마저 신용을 저버리자 단호하게 절연하는 냉혹함을 보이기도 했다. 주위에서 생각하기에는 한마디로 무서운 사람이 아닐 수 없다.

　그 친구는 일제 강점기 조선총독부 산하 공기업인 대구메리야스 공장 관리인으로 대구지역 경제계에 영향력을 행사하던 이순희 씨였다. 이병철 회장이 삼성상회를 경영하면서 청과물과 건어물, 잡화 등을 만주로 수출할 때 수출면장(免狀)이 없어 애태우는 것을 보고 당시 조선총독부 상공국에 손을 써서 수출면장을 발급받게 해주는 등 많은 도움을 준 후견인의 한 사람이기도 했다.

　8·15광복 후에는 대구지역 상공인들이 해방된 해의 간지(干支)를 따 '을유회(乙酉會)'라는 친목단체를 결성할 때에도 이 회장을 도와 함께 을유회 멤버로 참여해 지방언론사 『대구민보(大邱民報)』 창간에도 기여했다. 그것이 계기가 되어 『대구민보』는 후일 『대구일보』로 재창간되고 같은 멤버인 여상원(전 대구상공회의소

회장) 씨가 경영권을 인수하자 이 씨는 독자적으로 『영남일보』를 창간한다.

그러나 이병철 회장은 애초부터 이 씨를 신(信)과는 다소 거리가 있는 사람으로 평가했다. 그가 관리인으로 있던 대구메리야스 공장이 신생 대한민국 상공부 산하 공기업으로 들어오자 이 적산(敵産)을 불하받기 위해 이승만 대통령의 측근인 임영신 여사(전 중앙대학교 총장, 재단이사장)에게 접근하는 등 그의 수완이 사업가의 본질을 떠나 다분히 정치적으로 흐르고 있었기 때문이다.

마침 충남 금산 출신인 임 여사가 연고지가 아닌 경북 안동에서 제헌국회의원으로 출마하자 그는 자신이 관리인으로 있던 대구메리야스 소유의 면사를 담보로 제공하고 조선저축은행 대구지점에서 300만 원을 융자해 정치자금으로 뒷돈을 대주기도 했다. 게다가 회사 공금 244만 원까지 빼돌려 임 여사의 선거비용으로 사용했다. 그 일로 검찰이 수사에 나서는 등 뒷말이 많아 이병철 회장은 한동안 그와 거리를 두었다고 했다.

그러나 제헌 국회의원에 당선된 임영신 여사가 상공장관으로 발탁되자 유야무야 검찰의 칼날을 용케 비켜 갈 수 있었다. 그는 결국 대한민국 정부 수립 초기 임 장관의 배려로 '대구메리야스'를 불하받아 '내외방직'으로 회사명을 바꾸고 본격적으로 섬유업에 진출한다. 하지만 임 장관이 장관 재직 때 각종 이권에 개입해 거액의 뇌물을 챙기고 일본인이 남기고 간 적산(敵産)을 임의로 처분하는 등 이른바 '임영신 독직사건'을 일으키는 바람에 그는 관련자 18명과 함께 연루되어 법정에 서기도 했다.

이병철 회장은 이런 전력이 있는 이순희 씨를 사업 파트너라기보다 순수한 친구로 받아 들였다. 자신이 낯선 대구 땅에서 사업을 일으키고 한창 어려움에 처했을 때 도움을 준 은혜를 잊을 수 없었기 때문이다. 그 신뢰의 바탕에는 사업과 무관한 우정이 있었다.

'의인물용·용인물의(疑人勿用·用人勿疑)' 의심이 가는 사람은 처음부터 부리지 말라. 의심하면서 사람을 부리면 그 사람의 장점을 살릴 수 없다. 일단 사람을 부리기로 결정했으면 믿고 대담하게 일을 맡겨라.

이것이 이병철 회장의 용인술(用人術)이었고 인재등용의 기본이었다. 그래서 그는 기업을 일으킨 이후 수표 발행과 인감 관리까지 전문경영인에게 맡기고 결제 한 번 하지 않았다는 것은 유명한 일화로 남아 있다.

이순희 씨는 1950년대 6·25전쟁 속에서도 대구 굴지의 내외방직에다 『영남일보』의 사주(발행인)로 서울서 피란 온 문화·예술인들의 생계까지 떠맡는 등 대구·경북지역에서 의리 있는 기업인이자 언론인으로 막강한 영향력을 행사했다. 게다가 그는 이병철 회장이 대구에서 제일모직을 설립할 때에도 지역 역량을 모아 음양으로 많은 도움을 준 후견인으로 자임하면서 절친한 우정을 쌓아 왔다.

그러던 중 1960년대 말 이병철 회장이 일본 도레이와 합작으로 대구 인근 경산에 대규모의 합섬공장(제일합섬)을 건설할 때 30만 평의 부지 매입과 인허가 절차 등 복잡한 문제를 해결하기 위해 이순희 사장에게 삼성의 고문 직함을 주어 뒷일을 맡겼다. 그러나 그 무렵 이 사장이 경영하던 내외방직이 자금난으로 부도위기에 몰리고 있었다. 일본에서 최신 방직기를 들여와 무리하게 사업을 확장하려다 자금난에 시달리게 된 것이다.

자금 회전은 안 되고 그동안 남발했던 수표와 어음이 사흘이 멀다 하고 걷잡을 수 없이 돌아오자 하루하루 부도를 막기 위해 동분서주해야만 했다. 그러다가 다급해진 그는 부도를 막기 위해 이병철 회장 모르게 제일합섬 공장 건설자금 중 3억 원을 잠시 돌려쓰게 된다.

그러나 2차, 3차, 잇따라 부도가 발생하면서 이순희 사장은 더 이상 버티지 못하고 결국 파산하고 만다. 그동안 긴급자금으로 끌어다 쓴 제일합섬의 건설자금조차 갚을 길이 막막해지자 이 사실이 끝내 이병철 회장에게 알려지고 삼성 비서실에서는 감사 팀을 긴급히 내려 보내 감사를 벌이는 등 한바탕 소동이 벌어졌던 것이다.

이순희 사장은 차마 "친구를 볼 낯이 없다"며 전화로 이병철 회장에게 사죄했으나 이 회장은 냉혹하게 절연을 통고하고 만다.

"이 사람아! 친구가 뭐꼬? 친구라 카모 먼저 신의를 지켜야 하고 어려움이 있으믄 직접 찾아와 전후 사정을 이야기하고 도움을 요청하는 기 도리가 아이가. 그런데 그것도 개인 돈이 아닌 회사 공금을 아랫사람을 통해 멋대로 유용하다니 말이 되는가. 평생 친구인 내를 속이고 우에 그런 부도덕한 일을 저지를 수 있단 말이고. 돈 잃고 친구 잃고 이게 무슨 꼴이고?"

이렇게 질책한 것이다. 그리고 이 회장은 단호히 말했다.

"자네와 내가 평생을 붕우유신(朋友有信)하자꼬 맹세 안 했나. 신(信)을 저버린 자네의 배신행위를 아무리 이해할라 캐도 이해가 안 된다 카이. 이제 내 눈에 흙이 들어가기 전에는 자네를 친구로 생각하지 않겠네. 우린 이것으로 절연일세. 부디 몸 건강하게나."

두 사람의 우정은 그것이 마지막이었다.

이후 몇 해가 지나 와병 중이던 이순희 사장이 별세했다는 부음을 받고 이병철 회장은 친구의 죽음을 애통해 하며 자신이 직접 생화를 주문해 조화(弔花)를 만들고 고인의 명복을 빌었다고 했다.

흘러간 이야기지만 그 당시 한겨울이었고 비닐하우스 등 온실 화훼산업이 요즘처럼 발달하지 않아 대구에서 생화 구하기가 그렇게도 힘이 들었다. 제일모직 총무 팀에서 대구 시내 꽃집을 싹쓸이하고도 모자라 마산의 화훼단지에까지 찾아가 생화를 구해 오기도 했다는 일화가 전해지고 있다.

이병철 회장은 그만큼 신의를 존중하고 생명처럼 여기며 평생을 통해 기업경영의 신조로 삼아 왔다. 기량이란 인간이나 기업의 능력에 따라 클 수도 있고 작을 수도 있는 것이다. 이순희 사장도 처음부터 자신의 기량에 맞지 않은 처신으로 일관하다가 결국 크게 벌여놓은 사업에 실패하고 친구로부터 내침을 받은 것이리라.

삼성의 창업 초기 대구에서 얽힌 이런저런 이야기가 나돌고 있는 가운데 모처럼 대구를 찾은 이병철 회장은 대구지역 상공인들이 베푼 뜻밖의 환대에 감격했다. 재계의 정상으로 복귀해 창업지에서 그런 정성어린 환대를 받고 보니 새로운 감회에 젖어들지 않을 수 없었다.

　그러나 호사다마(好事多魔)라고 했던가. 이날의 호사스런 행사가 입방아에 오르고 경찰 정보망을 통해 중앙정보부에까지 알려지고 말았다. 그동안 여론으로만 치부되던 '경제대통령'의 실상이 터무니없이 부풀려져 청와대에도 보고되었다.

　"대한민국에 박정희 대통령 말고 또 한 사람의 대통령이 호화판 지방 나들이를 했다."

　이른바 '이병철 경제대통령'의 행차를 두고 한 말이다.

　이 때문에 불똥이 경찰로 튀어 관할 경찰서장과 보안과장(현 교통과장)이 문책당하고 사이드카로 이 회장 일행을 에스코트해 준 애먼 교통경찰관 2명은 징계위원회에 회부되어 감봉 3개월 처분에 그것도 모자라 울릉도 해안초소로 쫓겨 갔다.

　그리고 이병철 회장에게는 중앙정보부로부터 "숨을 죽이고 바짝 엎드려 있으라"는 협박에 가까운 엄중한 경고를 받았다. 이후 이 회장은 벤츠600 리무진을 거들떠보지도 않았다고 한다.

　만시지탄의 감이 없지 않으나 요즘에야 벤츠600 리무진뿐만 아니라 BMW며 렉서스 등 외제 고급승용차를 타고 다니는 사람이 쌔고 쌨다. 현재 삼성그룹 이건희 회장은 청와대에도 없는 롤스로이스 팬텀을 타고 다니지 않는가. 하지만 그 시기 엄혹했던 상황은 오직 한 사람뿐인 대통령의 권위에 감히 도전한 죗값(?)을 단단히 치러야 했던 것이다.

13
영원한 낭인(浪人)

　이병철 회장은 '경제대통령'의 수난을 겪고 난 뒤 또 다시 정권 실세들과 불편한 관계에 놓이게 되자 이래저래 심란해 하던 끝에 해외출장을 핑계로 일본으로 건너간다.
　삼성물산 도쿄지사에서는 이 회장이 일본으로 출장을 갈 때나 체류 중일 때에는 으레 비상대기 상태에 돌입하기 마련이었다. 한국 제일의 기업군을 거느린 최고경영자로서 일본 재계에서 차지하는 이 회장의 권위와 비중이 그만큼 크기 때문이다.
　그러나 일본에 장기체류 중인 맏아들 맹희는 아버지의 일본 출장 소식을 전해 듣고도 하네다 공항으로 마중을 나가지 않았다. 하물며 공인이 아닌 개인자격으로도 한 가장이 외국에 나가면 가족들이 공항까지 전송하고 외국에 체재 중인 가족이 있다면 마중을 나가는 것이 당연한 일이 아닌가. 그런데도 그는 아버지에 대한 그런 가족애마저 외면했다.

성격 탓이기도 했지만 그동안 정신적 방황에서 벗어나지 못한 데다 아버지에게 일방적으로 내침을 당한 데 대한 일종의 반항이었는지도 몰랐다. 하지만 가부장으로서 누구보다 권위의식이 강한 아버지 이병철 회장은 그날 회식자리에 나타난 아들과 마주치는 순간 "왜 공항에 나오지 않았느냐"고 한마디 묻지도 않았다. 게다가 겉으로는 조금도 불쾌한 내색을 보이지 않았으나 문제는 맹희의 엉뚱한 말 한마디에서 돌이킬 수 없는 응어리를 남기고 만다.

도쿄지사 임직원들이 지켜보는 가운데 회식을 하던 중 이 회장이 마주 앉은 맹희를 바라보며 넌지시 말머리를 돌렸다.

"니는 요새 동경지사에 출근하고 있제?"

이 회장은 아들 맹희가 삼성물산 이사라는 직함을 가지고 있는 이상 당연히 도쿄지사에 출근하고 있는 것으로 알았다. 그런데 뜻밖에도 맹희 이사의 입에서 엉뚱한 답이 나왔다.

"제가 좀 쉴라꼬 동경에 왔는데 뭐 하러 출근합니꺼. 저, 출근할 필요 없십니더."

비록 소외된 처지라고는 하나 이것 역시 있을 수 없는 아버지에 대한 불경에서 빚어진 반항이었다.

그러나 냉철한 아버지는 자식으로부터 그런 도전적인 말을 듣고도 별다른 반응을 보이지 않았다. 하지만 그것이 맹희로 하여금 당분간 경영일선에서 물러나 있는 처지에서 영원히 삼성을 떠나게 되는 계기가 되고 만다.

그로부터 1년여가 지나 1975년 봄, 이맹희는 일본에서 돌아와 다시 회사에 출근하기 시작했으나 여전히 물 위에 기름 돌 듯했다.

삼성물산·삼성전자·제일제당 등 주력기업의 이사 직함을 가지고 있는 데도 그가 맡을 일거리는커녕 결재권조차 없었다. 그가 모르는 사이 아버지와 측근들에 의해 모든 것이 결정되고 그는 마치 이방인처럼 한낱 방관자에 불과할 뿐이었다.

그 무렵 이 회장의 측근들도 맹희와 마주치면 마지못해 오너에 대한 예의는 갖추었으나 그의 존재를 완전히 무시하기 일쑤였다. 그런 수모를 겪으며 그나마도 불같은 성격을 죽이고 조용히 근신했더라면 어떤 형태로든 상황이 달라질 수 있었을지도 모른다. 하지만 그는 더 이상 자존심을 상해가면서까지 눌러 있고 싶지 않았다.

이후 그는 출근을 포기한 채 여름철에는 워커힐에서 말을 타고, 겨울철에는 사냥총을 메고 전국을 유람하듯 랜드로버를 몰고 깊은 산골을 찾아다니기 시작했다. 같은 해 겨울에는 대물려 살아온 고향인 경남 의령으로 내려갔다. 낭인생활의 서곡이었다.

그는 사냥총을 메고 고향에서 출발해 전국으로 떠돌아다니다가 그 생활에도 지쳐 다시 부산으로 이동한다. 그는 해운대 별장에 자리를 정하고 허물없이 지내는 부산의 몇몇 친구들과 어울려 낮에는 주로 골프를 치고 밤에는 독서삼매에 빠지는 것으로 소일했다.

그러면서도 그는 언젠가 경영일선에 복귀할 것으로 기대하고 있었다. 가끔씩 서울에 올라가기도 했으나 아버지의 심기가 불편해질까 봐 아예 삼성본관 근처에는 얼씬도 하지 않았다. 그러나 운명의 시간은 그리 오래 가지 않았다.

그 이듬해, 그러니까 1976년 9월 중순 위암 초기진단을 받은 이병철 회장은 수술을 위해 일본으로 출국하기 직전 마침내 중대한 결심을 하고 가족회의를 소집한다.

하지만 이 가족회의에는 아들 삼 형제가 모두 참석하지 않았고 어머니 박두을 여사와 친딸 네 자매 및 맏며느리 손복남 여사만이 참석했다. 적자 삼 형제 중 장남 맹희와 차남 창희와 장손 재현이는 아예 부르지도 않았고 막내 건희는 아버지의 위암수술 준비를 위해 일본에 체류 중이었다. 이 자리에서 이 회장은 삼성의 후계구도에 대해 처음으로 말문을 열었다.

"앞으로 삼성은 건희가 이끌어 가도록 할 끼다."

단지 그 말 한마디뿐이었다.

모두들 멍한 표정으로 듣고만 있을 뿐 누구 하나 이의를 제기하는 사람은 아무도 없었다. 다만 노모 박두을 여사만이 장남 맹희를 떠올리며 긴 한숨을 삼켰을 뿐이었다. 그 당시 재산상속 문제가 얽혀 있어 삼성가의 로열패밀리들은 모두 이 회장의 영을 묵묵히 따를 수밖에 없었다고 했다.

이렇듯 경제권력도 정치권력 못지않게 무서운 것이라는 사실을 다시 한 번 입증해 준 셈이었다. 이 회장은 그 이튿날 일본으로 출국했고 삼성 비서실에서는 기다렸다는 듯이 이 사실을 공식 발표하며, 그 내용을 각 언론사에 아이템으로 배포했다.

이맹희 씨는 해운대 별장에서 이 소식을 전해 들었다. 그는 그 동안 아버지와의 사이에 상당한 틈이 벌어져 있긴 했지만 그나마도 장남인 자신에게 삼성의 경영대권이 주어질 것이라는 기대에는 한 치의 의문도 없었다. 그때까지도 삼성을 세계 굴지의 기업으로 키워야겠다는 의욕을 버리지 않았고 나름대로 사업구상도 많이 해 왔다고 했다. 그러나 그런 일루의 희망이 한 순간에 무너지고 만 것이다.

그는 무엇보다도 삼성 비서실에서 공식발표한 언론보도 내용을 보고 엄청난 충격에 빠져들고 말았다. 이병철 회장의 코멘트를 인용한 것처럼 했지만, 사실과 전혀 다른 터무니없는 내용으로 점철되어 있었기 때문이다.

"삼성을 올바르게 보전시키는 일은 지금까지 기업을 일으키고 키워온 일 못지않게 중요하다. 그런 의미에서 후계자의 선정에는 덕망과 관리능력이 기준이 안 될 수 없다. 그것은 단순히 재산을 상속시키는 것보다는 기업의 구심점으로서 그 운영을 지휘하는 능력이 필요하기 때문이다.

그래서 나는 처음에는 본인의 자질과 분수에 맞춰 장남 맹희에게 그룹 일부의 경영을 맡겨 보았다. 하지만 6개월도 채 못 되어 맡겼던 기업체는 물론 그룹 전체가 혼란에 빠지고 본인이 자청해서 물러났다.

차남 창희는 그룹 산하의 많은 사람을 통솔하고 복잡한 대조직을 관리하는 것보다는 알맞은 회사를 건전하게 경영하고 싶다고 희망했으므로 본인의 그 희망을 들어주기로 했다.

그러나 삼남 건희는 일본 와세다대학을 졸업하고 미국 조지워싱턴대학 유학 후 귀국하고 보니 삼성그룹의 전체 경영을 이어받을 사람이 없음을 보고 차츰 그룹 경영의 일선에 참여하게 되었고 열심히 공부하는 것이 보였다.

내가 삼성을 창업하고 발전시켜 온 것은 사실이지만 지금까지 삼성이 나 개인의 재산이라고 생각해 본 일이 없었다. 주주가 누구이든 회장과 사장이 누구이든 삼성은 사회적 존재이기 때문이다. 그 성쇠(盛衰)는 국가사회의 성쇠와 직결된다. 이 계승이 삼성의 확고부동한 새로운 발전의 계기가 되고 기틀이 되기를 간절히 바라며 삼남 건희를 계승자로 정하는 것이 옳다고 판단한 것이다."

삼성 비서실에서 왜 터무니없는 거짓말로 점철된 보도자료를 냈을까? 아버지 이병철 회장이 막내 건희를 후계자로 결정하면서 장남인 맹희와 차남 창희의 존재가 그렇게도 거북스러웠던가? 그래서 그들의 이름을 삼성에서 영원히 지우고 싶었던 것일까?

따지고 보면 당초 이병철 회장이 한국비료 밀수사건에 대한 책임을 지고 재계에서 은퇴할 때 장남 맹희한테 물려준 경영권은 삼성그룹의 일부가 아니라 전체 경영권이었으며 맹희가 오너 경영에 나선 기간은 6개월이 아닌 7년여 간의 길다면 긴 세월이었다.

그리고 그 기간에는 정치권력과의 불편한 관계에서 벗어나 삼성에버랜드(전 용인자연농원)와 삼성전자, 제일합섬, 삼성코닝 등을 새로 설립하고 삼성물산과 제일제당, 제일모직 등 기존의 주력 계열사들을 한 단계씩 발전시키는 등 그야말로 제2의 창업기라 해도 과언이 아니었다.

그 당시 맹희 총수는 넥타이 한 번 매보지 못한 채 밤낮을 가리지 않고 현장 인부처럼 텐트 속에서 먹고 자며 중흥기 삼성의 도약을 위해 온갖 열정을 쏟았다. 그런데 그동안 자식의 노고에 대한 공치사는커녕 "그룹경영의 일부를 맡겨보니 6개월도 못돼 혼란에 빠져 자진해서 물러났다"고 매도해 버리다니 억장이 무너지는 것 같았다.

이런 허무맹랑한 얘기가 삼성 비서실에서 직접 언론에 공개되다니 이게 과연 아버지의 뜻일까, 아니면 가신그룹에서 일부러 꾸며낸 얘기일까? 이맹희 씨는 당장이라도 명예훼손으로 걸고 넘어져 최소한 자신의 자존심을 살리고 싶었지만 결과적으로 아버지 얼굴에 침 뱉는 불효가 아닌가. 이래저래 한숨을 삼키며 분노를 억제할 수밖에 달리 어쩔 방도가 없었다.

그가 한창 팔을 걷어붙이고 일할 시기에 재계의 원로들은 "삼성의 젊은 총수가 너무 의욕적으로 일한다"고 혀를 내두르며 아낌없는 찬사를 보내기도 했었다. 그런 그를 제쳐두고 막내 건희한테 경영권을 물려준다면 가족회의에서 결정된 대로 조용히 물려주면 될 텐데 왜 요란스럽게 불과 6개월이 못 되어 그룹 전체가 혼란에 빠져 장남을 내친다는 식으로 매도해 버리는지 생각할수록 참담한 심정을 가눌 수 없었다. 한마디로 기가 막혔다.

그가 아버지로부터 오너 경영권을 물려받았을 때에는 삼성의 사운을 걸고 건설한 한국비료라는 큰 덩어리를 고스란히 국가에 헌납하고 빚만 남아 있었다. 임직원들과 똘똘 뭉쳐 야멸치게 일을 하지 않으면 다시 일어설 수 없는 상황이었다. 마치 태풍이 할퀴고 간 듯 폐허만 남은 경영기반에서 무섭게 앞만 보고 달려가지 않을 수 없었다.

 그 참담했던 시기, 젊은 혈기에 다소 무리수를 두다가 더러 실수와 시행착오도 있었지만 흔들리는 삼성을 재기의 반석 위에 올려놓은 것은 누구도 부정하지 못하리라. 맹희 씨는 그렇게 자위했으나 지나간 일을 돌이켜 보니 만감이 교차했다.

 창희 씨 역시 알맞은 중소기업을 경영하겠다고 희망했다는 말은 전혀 터무니없는 거짓말이었다. 창희 씨는 형 맹희 씨보다 야망이 컸다. 그 야망이 지나쳤기 때문에 모반을 일으켰고 아버지의 눈 밖에 나 결국 미국으로 쫓겨나긴 했지만 긴 세월의 유배를 겪은 후 어느 정도 아버지의 용서를 받은 상태였다. 게다가 그 무렵에는 한국으로 돌아와 '새한미디어'라는 제법 큰 중견기업을 독자적으로 운영하고 있었다.

 그러나 맹희 씨에게는 타의에 의해 부자간에 쌓여 있던 오해를 푼다든가, 용서를 한다든가, 화해를 시도하는 그런 기회가 전혀 없었다. 그동안 아버지가 따뜻한 눈길 한 번 주지 않았고 가끔씩 얼굴을 마주 할 때에도 소가 닭 보듯 의식적으로 고개를 돌리며 냉랭하게 대하기만 했다. 심지어 틈만 나면 못 마땅한 표정으로 나무랄 구실만 찾았다. 그래서 맹희는 감히 엄부(嚴父)의 눈길을 마주 칠 수 없었던 것이다.

그런 아버지가 아마도 맹희가 7년여간 그룹을 이끌어오면서 경영실태를 훤히 꿰고 있는 데다 나름대로 쌓은 경륜이 건희의 입지와 후계체제에 걸림돌이 되지 않을까 부담스러웠을지도 몰랐다. 하지만 그런 식으로 대내외에 공표하는 것은 명색이 제1상속권자인 적장자를 완전히 매장시키는 것과 무엇이 다른가.

이맹희 씨는 모르긴 해도 그동안 가신그룹에서 상당한 음모가 진행되어 왔다는 사실을 직감할 수 있었다. 삼성에는 정부조직 못지않은 거대한 정보조직을 갖추고 있다. 바로 이병철 회장의 전권(全權)을 대행하는 비서실의 독특한 기능이다. 그래서 삼성그룹에는 비서실 외에 아예 기획조정실이 없다. 부회장 또는 사장급으로 보(補)하는 비서실장은 이병철 회장의 분신과 같은 존재이기 때문이다. 비서실장은 언제나 회장과의 동질화를 통해 일체감이 형성되고 회장의 경영철학을 구현하는 대리인 역할을 수행하고 있다.

적어도 그룹 내에서는 누구의 간섭도 받지 않고 언제나 회장의 관점에서 사고하고 행동하며 웬만한 정책결정과 인사권에다 감사권까지 틀어쥐고 막강한 권력을 행사한다. 가히 삼성의 제2인자라 해도 과언이 아니다.

그런 조직을 이끌어가는 데 필수적인 요건이 바로 정보력이다. 삼성 비서실에서 수집·분석하고 반영하는 정보력은 굴곡이 심한 기업경영은 물론 변화무쌍한 국내외의 정치적 환경에서 살아남기 위한 비결이기도 했다. 여기에다 로비를 전담하는 대외협력단까지 두어 기업의 방호벽으로 삼고 있었다.

그래서 삼성 비서실에는 정보수집력과 분석력, 로비력이 뛰어난 『중앙일보』 기자 출신들이 많다. 그들은 주로 홍보담당과 기획담당 등 요직을 두루 차지하고 있으며 마치 심층취재하듯 정부를 상대로 수단과 방법을 가리지 않고 벌이는 정보 수집력과 로비력은 가히 중앙정보부 요원들 뺨칠 정도라고 했다.

게다가 『중앙일보』 편집국의 정치·경제·사회부의 중견급 기자들까지 정보원으로 활용하고 있다. 때문에 항간에는 『중앙일보』에 대해 'SCIA(삼성정보부)' 라는 달갑지 않은 별칭이 붙어 있기도 했다.

이러한 삼성 비서실의 조직력은 한국비료 밀수사건 이후 이병철 회장이 퇴진하고 장남 맹희 총수가 오너 경영에 나서면서 키워왔다고 했다. 어쩌면 절대 권력자 박정희 대통령을 받들며 온갖 모략과 중상을 일삼는 청와대 비서실과 군부실세들의 행태와 너무도 흡사하지 않은가. 이맹희 씨는 훗날 결국 자신이 놓은 덫에 자신이 걸려들고 말았지만 말이다.

도하 각 신문·방송에 '이병철 회장의 막내 아들 건희가 삼성그룹 후계자로 결정되었다' 는 보도가 나간 이후 맹희 씨는 마치 죄인 같은 심정으로 전전긍긍했다. 사람이 무서워졌다. 누군가 아는 체를 할까 봐 고개도 들지 못하고 사람들을 피해 다녔다. 이제 해운대에도 더 이상 머무를 수가 없었다. 그대로 눌러 있다가 또 무슨 봉변을 당할지도 몰랐다.

하여 일단 인적이 드문 경북 의성의 옥산별장으로 옮기기로 했다. 옥산별장은 말이 별장이지 첩첩산골에 가건물처럼 지어진 외딴 슬라브집에 불과했다. 아버지와의 갈등으로 삼성의 모든 직함을 내놓고 물러난 이후 사냥총을 메고 전국을 떠돌 때 국유지 한 귀퉁이에 마련해 두었던 곳이다. 워낙 사냥을 즐기는 그를 위해 당시 절친한 친구이던 김상조 경북도경 국장의 배려 덕분이었다.

그는 이따금씩 의성·청송 등지로 사냥길에 나설 때면 으레 이곳에 들러 며칠씩 머물기도 했다. 이번에는 문자 그대로 영원한 낭인생활로 추락한 그는 해운대 생활을 접고 한동안 세상을 등진 채 이곳에 머물며 사냥이나 즐기고 싶었다. 그러나 여기서 또 뜻밖의 구설수에 휘말려 아버지 이병철 회장과 영영 천륜을 끊게 될 줄이야.

14
곡해(曲解)

　이병철 회장은 제3공화국에 이어 제5공화국에 들어서도 정치권력과 담을 쌓다시피 소원한 상태에서 불가근불가원(不可近不可遠)의 관계를 유지하고 있었다. 1980년대에 이르러 또 다시 정치적 격변에 휘말려 기업경영에 많은 어려움을 겪고 있었기 때문이었다.
　"대관절 권력이라 카는 기 뭐꼬. 정치권력이 무엇이간대 평생을 바쳐 이룩해 놓은 한 사업가의 재산을 강제로 빼앗아 가고 그것도 모자라서 건전한 기업활동까지 위축시킨다 말이고?"
　생각할수록 치가 떨렸다.
　1960년대 중후반 삼성의 사운을 걸고 건설한 한국비료를 제3공화국 정부에 헌납한 데 이어 80년에는 동양방송(TBC)을 제5공화국 신군부에 빼앗겼다. 그런 과정이 문득문득 떠오를 때마다 피땀 흘려 이룩해 놓은 기업이 공중분해되는 과정을 애석하게 생각하며 무소불위로 휘둘러대는 정치권력의 횡포를 저주하곤 했다.

더욱이 전두환 대통령을 비롯한 노태우 · 정호용 · 김복동 등 5공 권력의 핵심이 장남 맹희의 오랜 친구들이라는 사실을 알고 난 뒤 한동안 분하고 괘씸한 마음을 삭이지 못해 가슴앓이에 시달리기도 했다. 그런 아들의 친구들이 언론통폐합이라는 명분으로 아버지가 애써 키운 동양방송까지 빼앗아 가다니… 세상 돌아가는 꼴이 기가 막혔다.

"내 자식이 똑똑했더라면 그놈들이 감히 친구 아부지한테 이렇게 대할 수 있겠나. 못난 놈! 내가 늘그막에 자식 친구들한테 이런 수모까지 당하다니…."

이병철 회장은 정부의 개혁정책에 따른 언론통폐합까지도 자식의 잘못으로 돌렸다.

그러나 따지고 보면 대세의 흐름을 제대로 읽지 못한 뼈저린 회한이었다. 다만 그 일로 인해 또 다른 곡해가 생기고 부자간에 더욱 거리가 멀어지고 말았다.

5 · 18광주항쟁의 피를 삼키며 집권한 신군부가 그동안 '재벌과 언론의 경영분리'라는 명분으로 내밀히 거론해 오다 일시 중단했던 신문 · 방송 · 통신 등 한국 언론의 구조개편을 전격적으로 단행하기에 이른다.

1980년 12월. 이 과정에서 전국 63개 언론사의 3분의 2가 흡수 · 통폐합 또는 정비되는 대규모의 소용돌이에 휩쓸렸고 순수 민간상업방송이던 동양방송(TBC)은 공영방송체제로 전환한다는 정부 방침에 따라 결국 KBS로 흡수·통합되고 만다.

이 악역을 맡은 사람은 다름 아닌 이맹희와 경북중학교(6년제) 동기동창인 당시 노태우 보안사령관. 그는 전두환 대통령의 명령에 따라 본의 아니게 언론통·폐합의 집행을 맡았던 것이다.

노태우 보안사령관은 처음부터 언론통폐합을 반대했었다고 한다. 전두환 대통령도 정권의 정통성에 흠집이 된다는 이유로 일단 보류했으나 허문도·허삼수·허화평 등 그를 둘러싼 이른바 '쓰리 허(許)'의 집요한 건의에 못 이겨 결국 OK 결정을 내리고 이의 집행을 보안사령부에 넘겼다.

명령을 받은 노태우 사령관은 "언론구조개편을 안 하기로 해놓고 이제 와서 왜 우리에게 이 악역을 맡기느냐"며 반발했으나 감히 대통령의 명을 거역할 수 없었다. 전두환 대통령 역시 출신학교(대구공고)는 다르지만 이맹희와 어릴 때부터 실개천 하나를 사이에 둔 이웃에서 성장기를 보낸 절친한 친구였고 내내 맹희의 신세를 지며 한때 동생 경환을 삼성비서실 요원으로 특채시킨 일도 있었다. 그런 사람들이 죽마고우의 아버지 가슴에 칼을 들이댄 것이다.

이병철 회장은 TBC가 KBS에 흡수·통합되기 불과 3개월 전 여의도에 지상 10층 연건평 1만 평 규모의 최신 최고의 시설을 갖춘 매머드급 스튜디오(현 KBS)를 완성했으나 결국 이 같은 정부의 언론구조개편으로 이 건물마저 송두리째 빼앗기는 비운에 휩쓸리지 않을 수 없었다.

그러나 자신의 재산을 다 빼앗기는 한이 있더라도 그는 결코 권력에 맹종하지 않았다. 그는 역사의 전환기가 숨 가쁘게 돌아갈 때마다 부정축재자로 몰려 자신의 재산을 국가에 헌납하고도 비판의 화살을 피해가지 못했다. 정치권력이나 사회단체가 무조건 죄인시하는 대상자의 0순위가 바로 이병철 회장 자신이었기 때문이다.

정권의 흐름에 따라 비판정서에 편승하는 국민들의 대(對)기업관도 그랬다. 4·19와 5·16, 12·12로 대표되는 역사적인 변혁기에 기업과 기업인은 국가경제와 사업을 앞세워 이익만 챙긴다는 국민들의 비난여론에 휩쓸리게 마련이었다. 그런 와중에서도 이병철 회장은 조금도 흔들림 없이 소신이 뚜렷했다. 그것이 그의 강점이자 약점이기도 했다.

그 무렵 낭인생활로 초야에 묻혀 살던 이맹희 씨는 아버지가 그토록 애착을 가지고 17년간이나 키워 온 TBC를 하루아침에 새로운 권력집단에 강탈당했다는 소식을 전해 듣고 평소 아낌없이 도와주며 우정을 쌓아온 친구들에게 참을 수 없는 배신감과 분노를 느꼈다.

"세상에 이럴 수가…."

그는 피를 토하고 싶은 참담한 심정을 가눌 수 없었다. 하지만 그것이 인지상정인 것을 어찌하겠는가.

"맹희야! 정치하는 사람들 믿지 마라. 아주 약고 의리가 없다 카이."

제3공화국 시절 한국비료를 고스란히 정부에 헌납한 뒤 독백처럼 되뇌던 아버지의 말이 불현듯 생각났다.

그가 한창 경영일선에서 뛰고 있을 무렵 학연·지연으로 자주 만나던 권력층의 사람들과 너무 가깝게 지내지 말라는 뜻이었으나 그 당시는 아버지의 말뜻을 도무지 이해할 수 없었다. 그러나 막상 이제 와서 악몽처럼 또 그런 일을 당하고 보니 그때 아버지의 그 말이 언뜻 뇌리를 스쳤다.

삼성의 오너 경영에서 손을 뗀 이후 평소 친하게 지내던 친구들과도 소원해지고 비록 힘은 없지만 낭인으로 떠돌며 삼성의 비극을 전해 듣고 남의 일처럼 그대로 눌러 앉아 있을 수만은 없었다.

"아부지 일이 내 일 아이가. 또 삼성의 일이 우리 집안 일인기라. 이대로 당하고만 있을라 카믄 너무 억울하다 카이."

마침 경북 의성에서 사냥에 나섰던 그는 그 소식을 전해 듣고 좀체 흥분을 가라앉히지 못했다.

내친 김에 평소 자주 안부를 전하고 막역하게 지내온 친구 김상조 치안감에게 급히 전화를 넣었다. 신문지상에 떠들썩하게 도배질한 것을 훑어보는 것보다 저간의 깊은 얘기를 좀 더 소상하게 알고 싶었다.

역시 경북중학교 동기동창인 김 치안감과는 여느 친구들과 달리 세상이 변해도 언제나 허물없이 지내던 사이였다. 그가 지금 사냥터로 삼고 있는 의성의 별장도 1970년대 초반 김 치안감이 주선해준 곳이기도 했다.

경찰간부후보 11기 출신인 김 치안감이 79년 경북도경국장(현 경북지방경찰청장)으로 재직하고 있을 때 이른바 10·26사건이 터졌다. 그 무렵 대구 주둔 육군 제50사단장으로 있다가 12·12쿠데타의 주역이 된 정호용 장군의 천거로 그는 국가보위상임위원회 내무분과위원으로 발탁되면서 무풍의 출세가도를 달리고 있었다.

"어이, 상조야! 친구 카는 기 뭐꼬?"

이맹희 씨는 전화통을 붙잡고 대뜸 이렇게 외쳤다.

"어허, 이 사람아! 새삼스럽게 그기 무슨 소리고. 친구가 친구 아이가. 우리는 평생 친구라 카이."

"그렇제. 니도 그렇게 생각하제? 그런데 말이다. 그런 친구가 우리 TBC를 빼앗아 갔다 카는 사실을 니도 잘 알고 있겠제? 전두환이 하고 노태우 말이다."

"그래, 이 사람아! 그건 대통령 각하나 노태우 사령관이 한 기 아이라 정부 정책이 그렇고 대세가 그렇게 흘러가는 거를 우야겠노. 자네가 이해하고 받아들여야제."

"지금 우리 아부지 심정이 어떤지 아나. 느그들, 친구 아부지를 이래 욕뵈도 되나 말이다. 더러분(더러운) 자슥들! 내가 그동안 느그한테 얼마나 잘 해줬는데… 내가 지금까지 삼성을 지키고 있었다 카믄 느그가 감히 내한테도 총칼을 들이댔을 끼가?"

"야야, 맹희야! 니가 참아라. 이 사람아! 이거는 국가정책에 관한 문제라 카이. 이런 혁신적인 국가정책을 가지고 사적인 감정으로 이야기하믄 안 되는 기라. 자네가 이해 해야제."

"이거 안 되겠다. 이러다가 느그 때문에 우리 삼성이 망할지도 모른다 카이. 내가 나서야겠다. 내가 삼성으로 복귀해서 의리 없는 놈들과 맞서볼 끼다. 어디 두고 봐라."

그는 이렇게 김 치안감을 향해 나오는 대로 실컷 내뱉고 나니 다소 속이 후련해지는 것 같았다.

김 치안감도 수화기를 내려놓으며 혼잣말처럼 한마디 구시렁거렸다.

"허허. 이맹희 이 친구, 그렇게 구박을 받고도 삼성에 대한 애착은 아직도 변함이 없다 카이."

그러나 발 없는 말이 천리를 간다고 했던가. 이 말을 누군가 엿듣고 꼬리를 달아 초를 치고 이른바 '카더라' 방송으로 한없이 부풀려지면서 마침내 이병철 회장의 귀에 들어갈 때엔 엉뚱한 오해의 불씨를 당기고 말았다.

'아버지에게 버림받은 이맹희가 복수하기 위해 전두환 대통령과 노태우 보안사령관 등 신군부의 실세를 등에 업고 삼성을 접수하러 간다 카더라.'

이런 터무니없는 소문이 경찰의 첩보사항으로 청와대와 보안사에도 보고가 들어갔다. 무슨 어린애 장난도 아니고 신군부 측이 듣기에는 참으로 황당하고 어이가 없었다.

이맹희…? 그들은 한때 대한민국 제일의 재벌 아들을 치기어린 친구로 두었다는 자부심이 있었던 것은 사실이다. 그래서 그들은 생활이 빠듯한 영관장교 시절부터 재벌 아들답게 씀씀이가 후한 친구 이맹희 씨로부터 수시로 신세를 지기도 했다. 그러나 권력의 정상에 오른 지금은 그 친구를 젊은 시절의 스폰서 정도로 기억할 뿐 거의 잊혀진 이름이 아닌가.

이맹희 씨 역시 따지고 보면 친구들한테 떳떳하게 큰소리 칠 입장도 아니었다. 6·25전쟁 당시의 일본 유학사건으로 항상 속 부끄러운 마음의 빚을 지고 있었기 때문이다. 그의 경북중학교 동기생들을 비롯한 주변의 친구들은 그 사실을 모두 잘 알고 있었다.

그래서 그는 가끔 친구들과 어울려 회포를 풀 때면 으레 "느그가 모두 군대에 입대해 국토방위의 임무를 훌륭히 수행했기 때문에 내는 느그 덕분에 일본으로 가서 조국의 비전을 위해 열심히 공부했다 아이가" 하고 우스갯소리로 넘겼지만 항상 과거의 부끄러운 죄의식에서 벗어나지 못했다.

이맹희 씨의 옛 친구들은 이제 대통령을 비롯해 장관·국회의원·군 수뇌부 등 제5공화국의 최고 권력층에 기라성처럼 촘촘히 박혀 있다.

그들은 6·25전쟁의 와중에 일찍이 군문을 두드리고 조국방위를 위해 기꺼이 목숨까지 내던졌으나 용케도 살아남아 오늘날 권력의 정상을 차지하게 된 것이다. 이 시점에서 그들은 과연 '이맹희'라는 재벌 친구를 아무 허물없이 진정한 친구로 받아들일 수 있을까? 따지고 보면 그나마도 그가 믿을 수 있는 친구라곤 변함없이 음양으로 정을 나눠 온 정호용·김윤환·김상조 정도에 불과했다.

어쨌든 권력실세에 접근해 있는 친구들이 국가권력을 무소불위로 휘두르고 있는 마당에 아무리 죽마고우의 문제라지만 무엇이 아쉬워 부자간에 오랜 갈등을 빚어오고 있는 특정기업의 경영권까지 간섭하려 들겠는가라는 것이 신군부의 시각이기도 했다. 그런데 아니나 다를까, 이 '카더라' 방송의 첩보사항이 마침내 삼성 비서실에도 흘러들어간 것이다.

이병철 회장은 전후사정을 감안하지 않고 일방적으로 내뱉는 소병해 비서실장의 객쩍은 보고를 받고 치를 떨었다.

1970년대 초 둘째 아들 창희가 삼성의 경영권을 차지하기 위해 천륜을 저버리고 아버지를 모반한 사건이 언뜻 뇌리를 스쳤기 때문이다. 그 당시 해외 출장 중이던 장남 맹희는 이 문제에 전혀 개입하지 않았으나 아버지 이병철 회장은 맹희에게도 의심의 눈초리를 멈추지 않았다.

"창희가 몹쓸 짓을 한 지 10년 만에 또 맹희까지… 그놈은 내 자식도 아이다. 뭐라꼬, 지가 감히 권력의 힘을 업고 애비 자리를 차지하겠다꼬? 이런 고얀 놈… 그래, 지 말마따나 어디 한 번 해 봐라. 그놈은 내가 벌써부터 내친 자식 아이가."

그 당시 이병철 회장은 일종의 피해망상증처럼 콤플렉스에 젖어 맹희와 창희 형제에 대한 불신이 쌓일 대로 쌓여 있던 터였다. 그 바람에 부자간의 사이가 더욱 소원해지고 삼성가의 형제자매 등 가족관계도 어딘지 모르게 서먹서먹해지는 계기가 되고 말았다.

그 와중에 기득권을 누리는 삼성의 가신그룹 중 최측근인 비서진과 전문경영진에서는 기다리고 있었다는 듯 이맹희 씨를 탐욕의 화신으로 매도하기 시작했다. 그러나 엄밀히 따지고 보면 그런 가신그룹도 하수인에 불과했다. 그렇다면 음해의 앞잡이로 그들을 움직이는 사람은 과연 누구인가?

어쨌든 삼성에는 이맹희 씨의 적이 많았다. 그가 경영일선에서 한창 뛰고 있을 무렵 창업공신인 원로들을 더러 무시하며 전횡적인 행동을 보인 데다 특히 임직원들을 혹사했던 탓도 있었다. 인정미 없는 오너 경영인의 밀어붙이기식 비합리적인 경영방침에 반발하는 일부 임직원들과 감정의 응어리가 오래도록 쌓여 있던 것도 숨길 수 없는 사실이었다.

어쩌면 평소의 단순하면서도 과격한 성격에서 오는 전횡적인 오너 경영이 빚어낸 비극인지도 몰랐다. 그런 가운데 이맹희 씨는 삼성의 경영에서 완전히 손을 떼고도 '라지 홍(Large Hong · 『중앙일보』 홍진기 회장의 별칭)'과 맺힌 구원(舊怨)을 씻지 못하고 있었다. '라지 홍'과는 사돈(이건희의 장인) 관계로 아버지 이병철 회장도 어렵게 대하는 처지였다.

그러나 맹희 씨는 1965년 『중앙일보』 창간과 더불어 부사장으로 오너 경영에 참여하면서 당시 『중앙일보』 사장으로 부임한 '라지 홍'을 아예 무시하고 전횡을 일삼기 일쑤였다. 그 무렵 그는 중견기자로 활약하던 『동아일보』 권오기(전 『동아일보』 사장), 『조선일보』 김윤환(전 『조선일보』 주일특파원 · 국회의원 · 청와대 비서실장) 기자 등 자신의 경북중학교 동기생들을 좋은 조건으로 스카우트하려다가 홍 사장과 마찰을 빚기도 했다.

결국 본인들이 고사하는 바람에 없던 일이 되고 말았지만 이후 역시 경북중학교 동기생인 〈동화통신〉 박기택 기자를 『중앙일보』 편집국으로 영입하면서 인사권자인 홍 사장과 사전에 상의도 없이 일방적으로 인사발령을 지시하는 무례를 범하는 사태로 발전했다. 그것이 두 사람의 씻을 수 없는 구원의 관계로 악화되었던 것이다.

자유당 시절 내무·법무장관을 역임하는 등 관료주의가 몸에 밴 홍 사장으로서는 도저히 묵과할 수 없는 일이었으나 따지고 보면 오너 경영인의 명령이니 결국 그대로 수용할 수밖에 없었다. 하지만 '라지 홍'에게는 이런 무례가 참을 수 없는 응어리로 남아 내내 이맹희 부사장을 부정적인 시각으로 지켜봤다고 한다.

고래 싸움에 새우 등 터진다고 했던가. 한때 〈동화통신〉 기자로 중앙청을 출입하며 잘 나가던 박기택은 친구 덕 좀 보겠다고 『중앙일보』로 옮겨와 엉뚱하게도 물 위에 기름 돌듯 편집기자로 소일했다. 그러다가 이맹희 씨가 삼성을 떠날 무렵에는 출판국 여성부 기자를 거쳐 다시 영업직인 판매국으로 쫓겨난다.

하지만 박기택은 워낙 넉살이 좋고 타고난 붙임성으로 주변의 눈총에도 아랑곳하지 않고 열심히 일했다. 그 결과 점차 세월이 흐르면서 적군보다 우군이 많아졌다. 그 덕분에 그는 판매국장까지 역임하고 정년으로 물러날 수 있었다.

15
카더라 방송

이맹희 씨는 오너 경영에서 완전히 손을 떼고 삼성을 떠나서도 항간에 떠도는 부정적인 시각과 악성 루머에 끊임없이 시달려 왔다.

심지어 언론통폐합으로 인해 고별방송을 앞두고 있는 TBC가 시중의 여론에 편승하게 되자 '이제 TBC가 문 닫으면 이맹희한테 수청 들던 탤런트들은 어디로 가야 하냐'라는 허무맹랑한 루머도 나돌았다.

그 당시 삼성과 관련된 루머라면 무조건 이맹희 씨부터 떠올리고 확인절차도 없이 덮어씌우기 일쑤였다. 남의 말 듣기 좋아하는 세상인심이 그랬다. 그런 인심의 흐름을 철저하게 역이용해 상습적으로 음해공작을 벌이는 세력이 있었으니까.

그러나 TBC 탤런트와의 터무니없는 스캔들 설은 그 무렵보다 훨씬 이전부터 시중에 나돌았다. 그가 오너 경영에서 완전히 손을 떼던 70년대 중반에 나돈 뜬소문의 주인공은 정작 애먼 그가 아닌 TBC K모 중역으로 드러났다. 그런데도 공교롭게 그가 삼성을 떠나던 시점이어서 뜻밖의 덤터기를 쓰게 된 것이었다.

그 당시 선대 이병철 회장의 총애를 받고 있던 K모 중역은 TBC 인기탤런트 A모 양과 은밀한 사련(邪戀)에 빠져 있다가 들통이 나자 가족도 버리고 미국으로 달아나려 했다. 그러나 그가 A양과 김포국제공항에서 출국한 직후 이 회장에게 보고되었고 즉각 이 회장의 긴급지시를 받은 『중앙일보』·〈동양방송〉도쿄 특파원들이 경유지인 일본 하네다 공항에 나가 K중역을 붙잡았다고 했다.

이들의 이루지 못한 사랑은 결국 하네다 공항에서 종말을 고하고 A양만 혼자 미국으로 떠나 정착했으나 K중역은 이를 계기로 TBC에서 쫓겨나고 부인으로부터 이혼소송까지 당하는 등 한동안 견디기 어려운 곤욕을 치러야 했다.

그런데 그 스캔들의 주인공이 이맹희 씨라니 기가 막힐 노릇이 아닌가. 그는 그런 악성 루머 때문에 숱한 파란곡절을 겪고 아버지의 미움과 불신까지 당면서도 순수한 기업인으로서 아버지를 진정 존경했고 명령을 두려워할 만큼 효심도 지극했다.

그러나 아버지 이병철 회장은 자식의 이런 효심을 외면하기 일쑤였다. 자식의 열 마디보다 남의 한마디를 더 믿기 때문이었다. 이번에도 가신그룹을 통해 터무니없는 '카더라' 방송만 전해 듣고 또 다시 장남 맹희를 모반으로 덮어씌우려 했다. 그것은 어쩌면 아버지가 앞장서 아들의 영혼을 좀 먹는 집단적 왕따를 시키고 그것이 다시 사회적인 왕따로 확산되는 계기가 되었는지도 몰랐다. 생각할수록 기가 막혔다.

이맹희 씨가 비록 아버지의 버림을 받고 낭인생활로 소일하고 있는 처지이긴 하지만 아버지가 불행한 일을 당했다면 으레 자식된 도리로 앞장서 뒷수습에 나서는 것이 당연한 일이 아닌가. 하지만 아무리 백(白)이라 해도 흑(黑)으로 믿는 세상인심이 야박했고 아버지의 자식에 대한 원초적 불신감을 부추기는 측근들이 저주스러웠다.

이런 와중에도 삼성가의 직계가족 중 단 한 사람, 오직 왕할머니만은 그런 허무맹랑한 '카더라' 방송을 전혀 믿지 않았고 장남 맹희를 신뢰하는 마음에는 조금도 흔들림이 없었다.

"그럴 리가 있나. 아이고 마, 누가 뭐라 캐도 내는 우리 맹희를 믿는다 카이. 아부지한테 대한 효성이 얼매나 지극한데 지가 감히 그런 짓을 한다 말이고. 아무리 아부지 눈 밖에 났다 캐도 지금까지 원망하는 소리를 한 번도 몬 들어봤능기라. 뭔가 잘못 돼도 크게 잘못되었을 끼다."

하여 노모는 평소 음양으로 삼성가의 잔심부름을 해온 나한테 직접 전화를 넣어 은밀히 진상을 알아보도록 했다.

"봐라 야야, 이 군아!"

"예, 왕할매! 그간 별고 없으십니꺼?"

"그래, 내는 괜찮다만은 니, 요새 맹희하고 연락되나?"

"예, 지금 의성에 안 있습니꺼."

"그런데 의성에 전화하이 안 받더라. 어데 갔는지 전화가 안 된다 카이."

"또 무슨 일이 있습니꺼?"

"그기 아이라…."

왕할머니는 갑자기 말끝을 흐리며 한숨부터 토해냈다.

'틀림없이 또 무슨 일이 터진 모양이다. 이맹희 씨 일이라면 십 중팔구는 아버지 이병철 회장의 심기를 불편하게 건드리는 일일 것이다. 그것이 사실이든, 아니든 간에….'

나는 순간적으로 이렇게 생각했다.

"아마 또 사냥하러 갔겠지예. 별일 없을 깁니더."

"그기 아이라 이 군아! 니, 우리 방송 뺏긴 거 아나?"

"예, 그거 때문에 여기도 난립니더."

"그런데 와, 그런 일에 맹희가 앞장섰다 카노?"

"그기 무슨 말씀입니꺼?"

"아, 맹희가 앞장서서 우리 방송 뺏어가고 즈그 친구 두환이(전 두환 대통령)하고 삼성도 다 뺏어가지고 아부지한테 복수한다 카 던데 그기 무신 말이고?"

"아, 예 거, 또 누가 맹희 부회장을 모함할라고 헛소문을 퍼뜨린 모양이네예. 그건 말도 안 되는 소립니더. 〈동양방송〉뿐만 아이 라 전국의 신문·방송이 다 난리났다 카이께네예."

"그라모 두환이하고 삼성을 뺏어간다 카는 거는 무신 소리고?"

"왕할매요! 누가 그 따위 소리를 하는지 모르겠지만 그런 소리 절대 듣지 마이소. 그건 새까만 거짓말입니더. 삼성은 빼앗아 갈 수도 없고 빼앗기지도 않습니더. 뒤에서 언놈이 자꾸 깨춤 추고 있는 모양인데 제가 당장 알아보겠십니다."

"내사 마, 뭐가 뭔지 모르겠다 카이. 즈그 아부지도 맹희 보고 그놈은 내 자식이 아이라 카고… 부자간의 천륜을 끊겠다꼬 야단을 치는데 내는 마, 바늘방석에 앉아 있는 기분인 기라. 니가 우에 좀 소상히 알아보거라."

자식이 아무리 늙어도 부모 눈에는 어린애 같이 보인다더니만 왕할머니는 여느 부모 못지않게 나이 오십 줄에 들어선 큰아들 걱정으로 항상 시름에 잠기기 일쑤였다.

"예, 왕할매요, 알아보나 마나지만 제가 좀 더 소상하게 알아서 왕할매한테 전화드리겠십니다. 너무 걱정하지 마이소. 제가 알기에는 전부 새카만 거짓말입니다."

"그렇제? 내도 그래 생각한다. 내가 보기에도 맹희가 아직까지 한 번도 아부지의 영을 거역한 일도 없고 아부지한테 반항한 일도 없다 카이. 그건 니도 잘 알제?"

"예, 맞십니다. 그라이께네 아무 걱정하지 마이소. 제가 알기에는 뜬소문인기라예."

나는 그때 마침 정부의 언론통폐합조치로 지방취재권이 박탈당하자 본사로 철수하는 문제를 두고 한창 고민하고 있던 중이었다. 그 당시 전국에 흩어져 있던 『중앙일보』 지방주재기자는 모두 60여 명, 대구·경북에만도 7명이 주재하고 있었다.

본사의 원칙적인 인사 방침은 지방주재기자들을 모두 편집국에 수용할 수 없으므로 현 군사정권이 어느 정도 안정이 될 경우 로컬 취재가 다시 허용될 것으로 보고 우선 평기자들은 삼성계열사에 배치하기로 했다. 그리고 각 시·도 취재반장급 간부들은 일단 편집국으로 철수시켜 대기토록 한 것이다.

이런 뒤숭숭한 분위기 속에서 왕할머니의 전화를 받고 이맹희 씨가 머무르고 있는 의성까지 달려가 전후사정을 소상히 알아보고 김상조 치안감에게도 전화를 넣어 확인한 결과 이맹희 씨가 "아버지의 불편한 심기는 물론 삼성그룹의 장래가 심히 걱정되어 권력실세인 막역한 친구에게 전화로 항의하고 따지고 든 것이 와전되었다"는 결론이 났다.

그러나 '카더라' 방송으로 한없이 퍼져나간 소문은 좀체 가라앉지 않았다. 심지어 이 회장은 조강지처인 왕할머니의 말도 믿지 않았다. 그만큼 장남 맹희에 대한 불신이 깊었던 것이다.

그로부터 2년여가 흘러 '이맹희'라는 이름 석 자가 삼성 비서실의 인맥관리 리스트에서 어느 정도 지워지는가 했더니 웬걸 또다시 이병철 회장의 노기를 띠게 한 사건이 경북 의성에서 일어나고 말았다.

1983년 3월 하순. 흔히들 세상 일이 잘 안 풀릴 경우 '재수 없으면 뒤로 넘어져도 코 깬다'는 말이 있듯 이래도 깨지고 저래도 터지고 그야말로 이맹희 씨에게 유달리 액운이 겹쳤다. 어쩌면 우연의 덫이었는지도 몰랐다. 그 당시 그에게는 언제나 재수 없는 일만 끊이지 않았기 때문이다.

그는 친구도 없이 항상 수족처럼 따라다니던 수행비서 겸 운전기사와 단 둘이서 사냥을 나갔다가 돌아오는 길에 때늦은 저녁식사를 위해 의성 읍내에 들렀으나 식당마다 모두 문이 닫혀 있었다. 시간을 보니 밤 11시가 가까웠다. 라면이나 끓여 먹어야겠다는 심정으로 별장을 향해 차를 돌리려는데 건너편 도로변에 네온 간판이 번쩍이는 조그만 카페가 눈에 들어왔다.

그곳에 들렀더니 식사가 될 만한 메뉴라곤 돈가스밖에 없었다. 허기진 김에 돈가스부터 주문했다. 테이블이 한 네댓 개 놓여 있는 조그만 카페 안에는 구석진 테이블에 남녀 한 쌍이 앉아 맥주를 마시고 있을 뿐 손님도 별반 눈에 띄지 않았다.

그런데 얼핏 보아도 종업원 같지 않은 앳된 소녀가 셋이나 서성거리며 손님 시중을 들고 있었다. 이제 겨우 10대 중후반쯤 되었을까, 어린 소녀들이었다. 여주인과 테이블 하나를 차지하고 앉아 도란도란 얘기를 나누는 것을 듣고 보니 그 아이들은 이 카페에 고용된 종업원이 아니라 취업을 호소하러 온 가출소녀들이었다.

그 소녀들은 "우선 갈 곳이 없다"며 "당분간 먹여주고 재워주면 열심히 일하겠다"는 투로 여주인에게 매달렸으나 여주인 역시 가게의 테이블 위에 이불을 깔고 혼자 자는 형편인 데다 "종업원 없이 가게를 꾸려가도 입에 풀칠하기 어렵다"며 딱한 표정만 짓고 있었다.

그런 모습을 지켜보던 그가 그 아이들을 불러 자초지종 이야기를 들어보니 그날 아침 등교하다 말고 뛰쳐나온 대구시내 B여고 2학년 학생들이라고 했다. 아이들의 가정환경은 하나같이 부모들이 하루 벌어 하루 먹고 사는 딱한 처지였다. 그래서 새 학기에 진학한 후 미처 등록금을 내지 못했는데 담임선생이 막무가내로

"부모님을 데려오라"며 호통을 치는 바람에 등교도 못하고 돈 벌어 등록금을 마련해야겠다는 심정으로 무작정 가출했다는 것이었다.

그 말을 듣는 순간 그는 긴 한숨을 삼키며 담배부터 한 대 피워 물었다. 언뜻 서울에 있는 자식들이 눈에 밟혔기 때문이다. 자기 자식들은 그나마도 유복하게 자라고 있는 편이지만 가난한 부모를 만나 등록금도 제대로 못 내고 가출까지 한 아이들을 보자니 심란하여 못 본 척하고 그대로 빠져 나올 수가 없었다.

그는 당장 잠잘 곳도 없다는 아이들을 차에 태워 별장으로 돌아왔다. 아이들은 가출 당일부터 하루 종일 굶었다고 했다. 우선 라면부터 끓여 먹이고 별장을 관리해 주는 이웃 노부부에게 부탁해 하룻밤을 묵게 했다. 그리고 그 이튿날 따뜻한 아침밥까지 지어 먹이고 "가난할수록 가난을 탓하지 말고 열심히 노력해서 장차 훌륭한 사람이 되어야 한다"는 충고도 아끼지 않았다. 그리고 호주머니를 털어 아이들의 등록금을 쥐어 주고 시외버스에 태워 대구로 보냈던 것이다.

그는 자기 자신이 그동안 너무 호사스럽게 살아왔다는 속 부끄러움을 느끼며 딴에는 처음으로 세상의 밑바닥을 발견하고 조그만 성의지만 모처럼 인간의 도리를 했다는 가슴 뿌듯한 자긍심도 가졌다. 그런데 웬걸 가출소녀들이 불쌍해 관대하게 베푼 조그만 성의가 엉뚱한 방향으로 비화되고 말았다.

아이들은 그 길로 대구에 도착한 뒤 집에도 들르지 않고 학교로 달려가 밀린 등록금부터 냈으나 담임교사가 이번에는 무단결석과 가출을 문제 삼았다. 교무실에 아이들을 꿇어앉혀 놓고 "가출한 후 어디서 무슨 짓을 했으며 등록금은 어디서 어떻게 마련했느냐"며 닦달했다.

이에 아이들은 거짓 없이 자초지종을 이야기하던 중 마치 입을 맞춘 듯 "삼성그룹 이병철 회장의 도움으로 별장에서 하룻밤을 묵고 등록금도 얻어 왔다"고 말했다. 아이들도 처음에는 이맹희라는 사람이 누군 줄 몰랐으나 별장 관리인 노부부가 '삼성그룹의 이 회장'이라며 "회장님! 회장님!" 하고 호칭하는 바람에 말로만 듣던 그 유명한 '이병철 회장'으로 알았다는 것이었다.

이 이야기를 듣고 난 담임교사는 아연실색하지 않을 수 없었다. 그래서 또 다시 닦달하며 다짐을 받았으나 아이들의 대답은 한결같이 '이병철 회장'이라는 사실을 곧이곧대로 주장했다. 이 말에 담임교사는 '삼성의 이 회장이 의성에 별장을 두고 어린 가출소녀들을 꾀어 함께 자고 돈까지 주었다'는 엉뚱한 생각에 사로잡혔다.

담임교사는 좀 더 알아보지도 않고 대단한 뉴스거리라도 되는 양 사악한 생각에 집착한 나머지 이 사실이 아닌 사실을 대구 법조기자단에 제보하는 바람에 '발 없는 말이 천리를 간다'고 이 일은 일파만파로 번지고 말았다. 제보를 받은 대구 법조기자단에서도 처음에는 긴가민가하다가 "확인이라도 해 보자"며 서울의 삼성 비서실에 전화를 걸어 "이병철 회장이 의성에 별장을 갖고 있느냐"며 "이 회장이 현재 그곳 별장에 머무르고 있다는 게 사실이냐"는 등 꼬치꼬치 캐물었던 것이다.

세상에 이럴 수가… 심지어 이병철 회장이 가출소녀들을 꾀어 별장에서 함께 자면서 불장난을 벌이고 돈까지 쥐어 주었다는 터무니없는 소리에 삼성 비서실이 발칵 뒤집히고 말았다.

소병해 실장에게 즉각 보고되고 일의 심각성을 우려한 소 실장은 그 자리서 대구 법조기자단에 전화를 걸어 그런 제보가 있었다는 사실을 재확인했다. 하지만 소 실장은 "터무니없는 소리다. 이 회장은 의성이 아니라 의성 근처에도 별장이 없으며 오늘도 오전 8시에 정상적으로 출근하여 현재 집무실에 계신다"고 말했다.

이어 그는 "이런 엉터리 소문에 단 일단짜리 가십(gossip)이라도 보도로 나갈 경우 이는 이 회장뿐만 아니라 삼성에 대한 중대한 명예훼손이며 전적으로 언론에서 책임져야 할 것"이라고 엄중하게 항의하는 것도 잊지 않았다.

그러나 소 실장은 우선 급한 불을 꺼놓긴 했지만 그대로 안심하고 있을 수만 없었다. 순간적으로 집히는 데가 있었기 때문이었다. 의성이라면 삼성에서 떠난 이맹희 총수의 조그만 별장이 있고 그가 최근 그곳에 머물고 있다는 소식을 전해 들었기 때문이다. 소 실장은 그의 일거수일투족을 추적하며 행동반경을 훤히 꿰고 있었다.

어쨌든 이맹희가 그런 불장난을 벌였을 것이라는 생각이 퍼뜩 뇌리를 스치고 지나갔다. 자칫 묵살하다간 큰일 나겠다 싶어 다시 『중앙일보』 이종기 사장에게 이 사실을 알리고 진상조사와 함께 사태수습을 요청한 것이다.

이건희 부회장을 대신해 삼성야구단 구단주 직무대리를 맡고 있던 이종기 사장은 마침 그때 삼성야구단 시즌 오픈을 위해 대구에 내려가 있었다. 이종기『중앙일보』사장은 이병철 회장의 넷째 사위이자 맹희 씨의 매제가 된다.

이 사장을 수행해 대구까지 내려갔던 나는 즉각 사태수습과 진상조사를 위해 발 빠르게 움직였다. 나는 80년 언론통폐합 전까지 대구·경북취재반장으로 활동했기 때문에 지역 언론계에 모르는 사람이 없을 정도로 발이 넓은 편이었다.

그래서 무작정 대구 법조기자실로 달려가 평소 잘 아는 출입기자들에게 사실여부를 확인한 결과 제보를 받은 것은 분명했으나 기자들도 팩트가 분명치 않아 취사선택을 못하고 일단 보류한 상태라고 했다. 나는 그제서야 안도하며 벌렁거리던 가슴부터 쓸어내렸다.

나는 그 자리서 "터무니없는 제보"라며 "직접 현장에 가서 진상을 정확하게 조사한 뒤 사실여부를 밝히겠다"는 말을 남기고 즉각 의성으로 달려갔다. 그러나 의성 옥산별장은 텅 비어 있었다. 바로 그날 아침 이맹희 씨가 "일본에서 손님이 온다"며 부산으로 떠났다는 것이었다.

별장 관리인인 노부부를 만나 자초지종을 이야기를 들어본 결과 가출소녀들은 노부부가 거두어 잠 재웠으며 맹희 씨의 방에서 함께 잤다는 것은 허무맹랑한 거짓에 불과했다. 맹희 씨가 가출소녀들의 딱한 얘기를 전해 듣고 선의의 뜻으로 등록금을 대준 것은 사실로 밝혀졌다.

그것만으로도 관대한 은혜를 입은 쪽에서 고맙다는 말 한마디라도 따르는 것이 인지상정이 아닌가. 생각할수록 기가 막혔다. 어쩌다가 이런 일이 일어날 수 있단 말인가?

나는 그 길로 즉시 대구로 철수해 담임교사를 비롯한 학교 관계자와 가출소녀들, 그리고 학부모들까지 일일이 만나본 결과 담임교사가 학생들을 불러 조사하는 과정에서 오버했던 것으로 드러났다.

아이들은 단순히 별장 관리인인 노부부가 이맹희 씨를 보고 "회장님!"으로 부르는 것을 목격하고 그가 바로 말로만 듣던 삼성의 '이병철 회장'이라고 지레 착각했을 뿐이었다. 그것으로 모든 오해가 풀렸고 단순 해프닝으로 끝나버렸다.

나는 장문의 진상조사 결과를 작성한 뒤 이종기 사장을 통해 삼성 비서실로 보고했다.

그러나 소병해 실장은 이 보고서를 사실 그대로 받아들이지 않았다. 그는 다시 현지에 머무르고 있던 나에게 전화를 걸어 "이병철 회장의 지시"라고 강조한 뒤 "이맹희 씨를 직접 찾아가 육하원칙에 따라 일문일답식으로 진술조서를 받아 달라"고 요청했다.

소 실장이 이병철 회장에게 무슨 내용을 어떻게 보고했는지 몰라도 사법권도 없는 일개 신문기자에게 진술조서를 받아오라니 나는 참으로 어이가 없었다. 게다가 나는 『중앙일보』 기자이지 삼성 비서실 직원이 아니지 않은가. 그렇다고 이 회장의 명령이라는 데 거역할 수도 없었다. 어쨌든 삼성의 녹을 먹고 있으니까. 이종기 사장도 소 실장의 부탁에 협조해 줄 것을 각별히 지시하는 거였다.

그 당시 소 실장은 이미 대구 법조기자단에 제보된 내용을 제대로 확인도 하지 않고 그대로 이 회장에게 보고한 후였다고 했다. 그가 재조사를 요청한 것은 바로 그 때문이었다.

"이놈이 이거, 지 정신이 아이다. 미친놈이 아이고서는 우째 지 애비 이름까지 팔아가믄서 못된 짓만 골라서 하노 말이다."

그 자리에서 격노한 이 회장은 철저하게 진상조사를 하라고 불벼락 같은 지시를 내렸다고 했다.

그 불벼락이 엉뚱하게도 나에게 떨어진 것이다. 아마도 자식에 대한 사랑이 미움으로, 미움이 증오로 변한 시점에서 또 이런 일이 터지고 보니 아들이 의도적으로 아버지 함자까지 팔아가며 복수하고 있는 것으로 착각한 모양이었다.

수소문해 보니 이맹희 씨는 일본에서 손님이 와 해운대의 조선비치호텔에 투숙해 있었다. 내가 그 길로 부산까지 내려가 이맹희 씨를 만나본 결과 대구와 의성에서 조사한 내용과 별반 차이가 없었다.

"허허 참, 사람 살다 보이 별 희한한 꼴을 다 보겠네. 우에 세상이 이렇게 사악하게 돌아가노 말이다. 하다하다 안 되니까 이제 나를 아부지 함자까지 팔아먹는 파렴치한 불효자로 만들고… 억장이 무너져 무슨 말을 우에 해야 될지 모르겠구만."

그는 잘했든 잘못했든 간에 아버지의 함자가 사람들의 입에 오르내렸다는 사실 그 자체를 매우 송구스럽고 민망하게 받아들였다. 그러면서도 괴담 수준의 전혀 터무니없는 얘기에 분기(憤氣)를 터뜨렸다.

　그런 그를 보고 나도 무슨 말을 어떻게 해줘야 할지 몰라 당혹감을 감추지 못했다. 게다가 그는 소변도 제대로 못 볼 만큼 전립선 비대증으로 고생하고 있었다. 내가 직접 목격한 바로는 그의 건강이 극도로 악화돼 가고 있었다.

　나는 소병해 실장이 원하는 대로 일문일답식(式)의 보고서를 작성해 FAX로 보내면서 가신그룹에 의한 불장난 운운의 '카더라' 방송을 사전에 차단하기 위해 보고서 말미에 이맹희 씨의 건강문제를 덧붙여 지적해 두었다. 왜냐하면 항간에 "이맹희가 술자리를 즐기고 나이 어린 영계들만 좋아한다"는 터무니없는 뜬소문도 나돌고 있었기 때문이었다.

　그러나 '이맹희 죽이기'에 나선 가신그룹은 이 같은 객관적인 보고서를 무시한 채 '의성사건'을 침소봉대하여 엉뚱한 방향으로 몰아가고 있었다. 무서운 음모가 아닐 수 없었다.

16
나그네의 설움

삼성 비서실의 소병해 실장은 애초 대구 법조기자단의 전화를 받고 이맹희 씨가 의성에서 가출소녀들을 구출해 준 사실을 아예 앳된 가출소녀들과 어울려 불장난을 벌인 것으로 지레짐작하고 있었다.

"충분히 그러고도 남을 사람이야."

어제까지 총수로 모셨던 이 씨를 이렇게 비하한 그는 내가 부산까지 내려가 작성해 보낸 일문일답식 진상보고마저 끝내 신뢰하지 않았다. 그러고는 이미 이병철 회장에게 보고한 내용을 합리화시키기 위해 자신의 상상력을 동원한 종합적인 보고서까지 따로 작성하게 된다.

이른바 미국의 재벌 듀폰그룹 직계 상속자 존 듀폰을 실례로 들며 '어쩌면 이맹희가 존 듀폰과 너무도 닮은 기행으로 살아가고 있다' 는 내용의 보고서를 작성한 것이 바로 이 시점이었다. 게다가 그는 여기에 한 술 더 떠 총기수집가로 집안에 많은 총포류를 보유하고 성광증에 빠져 의문의 살인까지 저지른 존 듀폰과 비교해 이맹희 씨를 위험한 정신이상자로 몰아가기 시작한 것이었다.

'도쿄농대 석사에 미시간주립대 공업경영학 박사학위까지 받고 한때 삼성그룹의 오너 경영을 맡았던 멀쩡한 사람을 형편없는 정신질환자로 몰아가다니 어찌 이럴 수가 있단 말인가.'

나는 실로 엄청난 음모가 진행되고 있다는 사실을 직감했다.

그러나 정작 당사자인 이맹희 씨는 마치 조선조 후기 노론세력의 음해를 받아 격간도동(膈間挑動)이라는 정신질환까지 앓다가 뒤주 속에 갇혀 죽은 사도세자처럼 그런 음모를 전혀 눈치채지 못하고 있었다.

그 무렵 소병해 실장은 보란 듯이 이병철 회장과 건희 부회장에 대한 경호비서들의 경계도 강화했다. 왜? 그들은 지레짐작으로 입버릇처럼 이맹희 씨의 공격성을 주장하며 이병철 회장과 건희 부회장의 안위부터 걱정하고 있었다. 그렇다면 일종의 과잉충성이란 말인가. 그 사실은 오직 음모를 꾸민 그들만이 알고 있을 뿐이었다.

그로부터 1년 쯤 지난 1984년 4월, 이맹희 씨는 사냥터가 있는 의성에는 아예 얼씬거리지도 못하고 경북 동해안의 영덕별장에 머무르고 있었으나 이곳에서 또 다시 날벼락을 맞고 사면초가에 몰린다.

이 영덕별장도 1970년대 초 당시 영덕경찰서장으로 있던 친구 김상조 총경이 여름 한 철 친구들과 어울려 회포를 풀고 낚시를 즐기기에는 안성맞춤이라며 터를 잡아 주었던 곳이다.

하지만 그 당시 아직 삼성을 떠나지 않았던 이맹희 씨는 별장을 지어놓기만 하고 그동안 일본 도쿄에 머물다가 귀국해서는 서울과 부산·대구 등지를 오가며 지내느라고 영덕 토박이인 경북중학교 후배에게 별장관리를 맡겨둔 채 정작 자신은 자주 들르지 못했다.

그러던 중 80년대 들어 별장을 관리하고 있던 후배와 영덕의 젊은 유지들이 봄이 무르익어가자 마침 별장 앞 방파제에 정박해 둔 이맹희 씨의 피켓 보트(picket boat)를 몰고 연안을 항해하며 낚시와 뱃놀이를 즐겼다. 그러다가 운항을 잘못하여 항해 금지구역인 연안 어장으로 들어가는 바람에 어민들의 정치망(定置網)을 송두리째 찢어버리고 말았다.

이 사건으로 어획고가 확 줄어든 어민들이 들고 일어나 그자들을 경찰에 고발하고 피해보상을 요구했으나 차일피일 서로 책임 전가만 하며 미루는 바람에 청와대에 진정하는 소동까지 벌어진 것이다. 어민들은 문제의 피켓 보트 소유주가 삼성의 2세 재벌 이맹희 씨라는 이유로 청와대에 진정하면서 그를 함께 걸고 넘어졌다.

애초 그 사건이 발생할 무렵 대구에 머무르고 있던 이 씨는 '아닌 밤중에 홍두깨' 격으로 액운이 겹쳐 또 다시 날벼락을 맞게 된다. 이 사실이 결국 청와대 민정비서관실을 통해 삼성 비서실로 통보되었고 소병해 실장은 이를 빌미로 '이맹희 죽이기'에 더욱 박차를 가하면서도 무엇보다 사태수습이 시급했다.

그래서 그는 이 사실을 즉각 이병철 회장에게 보고해 이 회장의 속을 또 한 번 뒤집어 놓고 서둘러 사태수습을 진두지휘했다. 이 회장은 삼성에 아무 직함도 없는 장남 맹희 씨에 대해 사사건건 고해 바치는 소 실장을 전적으로 신뢰하고 있었고 보고 내용을 액면 그대로 받아들였기 때문에, 맹희의 '맹' 자 소리만 들어도 온 몸에 닭살이 돋곤 했다. 그만큼 장남을 미워한 것이다.

설상가상이었다. 항간에는 이맹희 씨를 일컬어 '비운의 황태자' 또는 '현대판 양녕대군' 이라는 동정어린 소문도 나돌았으나 따지고 보면 끊임없는 곡해로 부왕의 미움을 사다가 뒤주 안에 갇혀 비극적인 죽음을 맞이한 '사도세자' 라는 표현이 가장 적절한 지도 몰랐다.

어쨌든 이병철 회장은 영덕사건을 보고 받고 또 다시 정치권력에 밉보이지 않을까 고심하던 끝에 5공 이후 삼성의 대외 로비를 전담하고 있던 『중앙일보』 이종기 사장을 청와대로 보내 진사(陳謝)하도록 했다. 청와대에서 또 무슨 작당으로 괴롭힐지 몰랐기 때문이다.

한편 나는 이종기 사장과 소병해 실장의 연락을 받고 제일모직 대구공장 총무부장과 함께 현장으로 달려가 피해 어민들에 대한 보상과 사후수습에 나섰다. 제일모직 총무부에서는 비서실의 지시에 따라 문제의 피켓 보트를 일방적으로 압류해 마치 전리품처럼 대구공장 잔디밭 한쪽 귀퉁이에 전시해 두기도 했다.

그 당시 낭인처럼 떠도는 이맹희 씨에게는 실로 어이없는 참담한 일이 계속 꼬리를 물고 있었다. 자연인 이맹희는 집단진정소동이 벌어진 영덕에도 더 이상 머무를 수가 없었다. 그는 다시 짐을 싸들고 무작정 부산으로 내려갔다. 그나마도 만만한 곳이라고는 부산의 해운대 별장밖에 없었다.

그러나 부산도 안전한 곳이 되지 못했다. 소병해 실장을 비롯한 가신그룹에서 실로 어마어마한 함정을 파놓고 있었기 때문이다. 납치사건! 하지만 아둔한 그는 한동안 그런 사실을 전혀 눈치 채지 못하고 있었다. 그러다가 뒤늦게 함정의 진실을 알고 소스라쳤던 것이다.

자칫 잘못 대응하다가 어이없이 죽음을 당할지도 몰랐다. 상대가 충분히 그런 간악한 짓을 저지르고도 남을 존재들이 아닌가. 본인은 아무것도 모르는 사이에 사태가 절박하게 돌아가고 있었다.

납치극에 쫓겨 도피 중인 이맹희 씨는 광주에서 이틀 밤을 묵고 발걸음을 목포로 옮겼다. 그야말로 정처 없는 나그네길이었다. 도중에 몇 차례 검문도 받았다. 지은 죄도 없는데 경찰관만 보면 괜히 겁이 났고 검문소를 지날 때엔 가슴이 벌렁거렸다.

아는 사람 하나 없는 목포에서 지겹도록 시간을 죽이며 5일간을 지내고 다시 인근 비금도로 건너갔다. 설렁탕 한 뚝배기에 800원 하던 시절. 게다가 인심도 좋아 돈 쓸 일이 별로 없었다.

말로만 듣던 비금도에는 분재감으로 좋은 나무가 많았다. 도쿄농대 출신이라서 그런지 그는 평소 분재를 좋아하고 분재에 심취해 있었다. 대구에서도 소일삼아 조그만 분재원을 운영하고 있었다.

적어도 그의 상식으로는 분재를 키울 때 가능한 한 손을 대지 않고 원형을 제대로 살리는 것이 원칙이다. 한창 커 올라가는 도중 칼질을 한다거나 가지를 쳐버리면 그 나무는 정상적으로 성장하기 힘들기 때문이다.

그것은 그가 분재를 가꾸면서 터득해온 삶의 철학이기도 했다. 어쩌면 그가 비금도에서 발견한 자연 그대로의 소나무 분재가 고고하게 버티고 있는 자신의 처지와 별반 차이가 없어 보였다. 그는 그런 생각이 뇌리를 스칠 때마다 참담한 심정을 가눌 수 없었다.

'내가 우야다가 이런 신세가 되었노?'

평소 가까이 지내며 담소를 즐기던 친구나 선후배들은 명색이 미국 미시간 주립대학의 경영학 박사답게 거침없이 풀어내는 그의 박식한 경제논리에 눈이 휘둥그레지기 일쑤였다.

한때 거대기업 삼성의 오너 경영을 맡았던 관록에다 해외유학파로 국내외 정치·경제는 물론 기업경영이며 행정정책 분야에 이르기까지 광범위하게 꿰고 있었기 때문이다.

영국인들이 100여 년에 걸쳐 개발한 명품 버버리 코트가 애초 빗물이 스며들지 않는 군복을 만들기 위해 부단한 노력을 기울인 데서 비롯되었다든가, 오리지널 버버리 코트를 만드는 개버딘천은 이집트산(産) 면사(綿絲) 80번수(番手·yarn count)가 쓰인다는 생소한 이야기 등은 듣는 이로 하여금 혀를 내두르게 했다.

한때 제일모직 경영에서 풍부한 커리어를 쌓아온 그는 양복이나 코트를 만드는 모직 중 세계에서 가장 비싼 비큐나라는 최고급 모직에 대해서도 일가견을 피력하곤 했다.

비큐나란 낙타과 초식동물의 이름. 국제시장에서 최고급 모직으로 치는 캐시미어가 보편적인 울(wool)보다 5배 정도 비싸다면 비큐나는 캐시미어에 비해 10배나 비싸다고 했다. 국제시세로 비큐나 코트 한 벌에 10만 달러 이상 호가하기도 한다는 것이 그의 견해이다.

비큐나의 물량이 절대적으로 부족한 데 그 원인이 있다고 했다. 남미 페루 국경지대와 볼리비아 일대 등 안데스산맥의 해발 3000~4000미터 고산지대에서만 서식하는 비큐나는 토끼보다 조금 더 크고 마치 푸들 강아지처럼 생긴 희귀동물. 유엔의 자연환경보호기구에서 보호동물로 지정, 보호되고 있다는 것이었다. 이 때문에 사냥은커녕 밀렵도 거의 불가능한 상태라고 했다.

비큐나 코트는 원래 잉카제국 시대에도 워낙 털이 귀한 탓에 왕족들만 입을 정도로 희귀했다고 한다. 처음 이 동물의 털로 만든 옷을 입겠다고 나선 사람들은 18세기 산업혁명 이후의 영국 귀족들이었다. 비큐나 제품의 장점은 대단히 가볍다는 점이다. 캐시미어도 가벼운 것이 장점이긴 하지만 비큐나는 캐시미어 무게의 5분의 1밖에 안 된다는 것이다.

비큐나 코트를 실제 입어보면 꼭 와이셔츠 한 장 걸친 것 같은 느낌이 들 정도라고 했다. 이 때문에 제2차 세계대전 이후 선진국의 상류사회에 수요가 급증하면서 비큐나의 원사공급이 급격히 감소했고 마침내 300여만 마리에 달하던 비큐나가 불과 10여 년 사이에 1만여 마리로 줄어들어 멸종위기에 처하고 말았다고 했다.

그러나 안데스산맥 주변에 사는 인디오들은 비큐나 떼가 물을 먹기 위해 계곡으로 찾아드는 길목을 노리고 있다가 고산지대로 내쫓으며 어렵사리 털을 구한다는 것이었다. 비큐나 떼가 물가에 모여들어 물을 양껏 마시고 있을 때 계곡에 숨어 있던 인디오들이 갑자기 나타나 위해를 가하고 내쫓을 경우 급히 달아나면서 가시덤불이나 나뭇가지 등에 긁혀 털이 빠지게 마련이었다. 인디오들은 비큐나 떼가 남기고 간 그 털을 한 올, 두 올씩 수집하여 국제시장에 내다 판다고 했다. 이 때문에 품귀현상이 빚어져 값이 엄청 비쌀 수밖에 없다는 것이었다.

국제시장에서 최고급 모직으로 취급하고 있는 캐시미어 역시 원래는 외몽고·중국·인도 등의 고산지대에서 야생으로 서식하던 것을 잡아 털을 뽑아 쓸 때는 값이 엄청 비쌌다. 그러나 점차 길들이고 가축화에 성공함으로써 가격을 안정시킬 수 있었다고 했다. 하지만 비큐나는 아직도 가축화에 성공하지 못해 이따금씩 나올 때마다 그 희귀성으로 부르는 게 값이라는 것이다.

게다가 비큐나의 털을 구한다고 해도 그 털로 아무나 옷감을 만들 수 있는 것이 아니라고 했다. 고도의 기술력이 따라야 한다는 것이다. 면사를 뽑아 옷감을 만들고 코트를 만드는 기술력은 전 세계에서 오직 영국만이 보유하고 있으며, 명품 재료와 고도의 장

인정신이 합쳐져야 비로소 명품이 탄생하기 때문이다.

그가 마음 편하게 이런 이야기를 한 번씩 풀어 놓을라치면 듣는 사람들이 침을 삼킬 정도로 흥미를 느끼곤 했다. 여러 분야에 두루 박식한 그는 명품 비큐나 코트뿐만 아니라 아무리 추워도 잉크가 얼지 않는 몽블랑 만년필에 대해서도 일가견을 가지고 있었다.

몽블랑 만년필은 일반적으로 프랑스에서 만들어지는 것으로 알려져 있으나 엄연히 독일산이며 앙숙 간인 독일과 프랑스, 양국 사이에 국제시장에서 명품 만년필 '몽블랑'의 이름을 지키기 위해 적대감을 털고 함께 노력한 감동적인 이야기도 곁들이곤 했다.

여기에다 세계적으로 유명한 영국의 처칠 구두며 스위스의 발리 신발, 중국과 이탈리아의 실크, 스페인의 가죽 무두질, 미국의 지포라이터 등 전쟁의 산물인 각국의 명품이 탄생한 경위를 신들린 듯 설파할 때엔 마치 명품 시리즈를 읽는 흥미를 느끼게 마련이었다.

그러나 나방면에 걸쳐 그렇게도 박식한 그는 세상 물정을 몰라도 너무 몰랐다. 물론 재벌의 장남으로 태어나 고생을 모르고 호사스럽게 자란 탓도 있겠지만 돈의 가치를 몰랐고 세상 돌아가는 이치에 눈이 어두웠다.

1978년, 봄이 한창 무르익어갈 때였던가. 이맹희 씨는 사단장으로 갓 부임한 친구 정호용 장군을 만나러 대구의 육군 제50사단을 방문한 일이 있었다.

사전에 미팅 약속을 한 덕분에 부대 정문에서부터 삼엄한 경계를 하고 있던 헌병들이 부동자세를 취하며 그대로 통과시켜 주었고 그가 탄 쉐보레 승용차가 현관으로 들어서자 기다리고 있던 비서실장과 전속부관이 거수경례로 깍듯한 예를 갖춰 그를 영접했다.

철저하게 절도를 지키는 엄격한 군사조직의 분위기를 실감하면서 2층 사단장실로 안내된 그는 정호용 장군을 만나자마자 반갑게 악수를 나눈 뒤 참모들이 부동자세로 서서 지켜보고 있는 가운데 대뜸 이렇게 말머리를 꺼냈다.

"야, 자부레비야! 니가 별을 두 개나 달고 있으니까 참 보기 좋네."

'자부레비'란 잠보(잠꾸러기)란 뜻의 경상도 사투리. 원래 눈 앞쪽이 덮여 있듯 작은 눈망울을 가진 정 장군은 어릴 때부터 눈을 뜨고 있어도 꾸벅꾸벅 조는 듯한 모습이어서 자연스레 붙여진 별명이라고 했다.

두 사람은 초등학교와 중학교(6년제) 동기동창. 막역한 친구끼리 오랜만에 만나 회포를 푸는 자리라지만 정 장군의 부하 참모들이 부동자세로 서서 지켜보는 엄숙한 분위기에 어울리지 않는 농담이었다. 하지만 정 장군은 웃음으로 받아 넘겼다.

"아, 이 사람아! 별 두 개 가지고 성이 차겠나. 앞으로 두 개는 더 달아야지. 하하."

두 사람은 차를 나누며 학창시절의 이런저런 추억에 잠기기도 했으나 긴한 이야기가 별반 없었다.

사단장실과 맞붙은 비서실에서는 부임신고를 위해 대기 중인 신임 연대장들과 결재를 기다리는 참모들로 붐볐다. 하지만 그는 그렇게도 바쁜 정 장군의 스케줄을 전혀 눈치 채지 못한 채 한가하게 어릴 때의 추억이나 되살리며 부질없는 우스갯소리로 결례를 범하고 있었다.
　이때 그를 수행해간 나는 조바심이 나 견딜 수 없었다. 그래서 서둘러 일어날 것을 재촉했고 그는 그제서야 못 이긴 척, 정 장군과 저녁 약속을 하고 몸을 일으켰다.
　헤어질 때 정 장군은 1층 현관까지 따라 나왔다. 저 멀리 한없이 너른 연병장의 가장자리 데드라인에는 출동대기 태세에 들어간 트럭들이 즐비하게 늘어서 있었다. 그 트럭을 신기하게 바라보던 그는 또 느닷없이 정 장군을 바라보며 말머리를 돌렸다.
　"저 많은 도라쿠(트럭)들은 다 뭐하는 기고?"
　"아, 저건 출동대기 상태에 들어가 있는 병력 또는 장비 수송용 트럭들이 아닌가."
　"저 도라쿠, 참 보기 좋다. 저그 한 대 줄 수 없나?"
　"민간인이 군용트럭을 어디다 쓰게?"
　"사냥할 때, 멧돼지 잡아서 싣고 다니믄 참 좋겠다."
　"아, 이 사람아! 저건 국민세금으로 마련한 군사장비인데 함부로 줄 수 있나. 농담이라도 그런 소리 하지 말게나. 하하."
　정 장군은 돈키호테처럼 내뱉는 그의 말을 듣고 어이없다는 투로 웃음을 흘렸다.
　"어이, 사단장이라 카모 굉장히 높은 벼슬인데 저 도라쿠 한 대

마음대로 몬한다 카믄 그 별은 뭐 할라꼬 달고 있노. 당장 떼 뿌리지(떼어 버리지)."

"하하. 참, 이 사람이 뭘 몰라도 한참 모르구만. 아, 자네 같은 재벌이 트럭 한 대 장만하는 게 뭐, 그리 어려운가. 하필이면 군용 트럭을 탐내게…."

이런 우스갯소리로 만나 한동안 허물없이 지내던 두 사람은 이후 정호용 장군이 5공 신군부의 핵심으로 부상하고 정·관계에 진출하면서 자연 거리가 멀어졌던 것이다.

17
화해

한때 친구들과 지인들로부터 선망과 존경심을 불러일으켰던 이맹희 씨는 불행하게도 지금 조선조 사도세자처럼 정신병자로 몰려 쫓기는 신세로 전락해가고 있었다.

어느 누구보다 맑은 정신의 소유자인 그가 황당하게도 정신병자로 몰려 납치의 위협에서 벗어나려고 안간힘을 쓰고 있다니 실로 참담한 일이 아닐 수 없었다.

어쨌든 그는 발길이 닿는 대로 비금도까지 건너가 민박을 하며 낚시로 소일했으나 그곳에서도 한 달을 채 못 넘기고 또 다시 목포로 나와 광주를 거쳐 군산으로 갔다. 배를 타고 어디라도 먼 곳으로 떠나고 싶었으나 그것도 마음대로 되지 않았다. 그래서 육로를 통해 인천까지 올라갔다가 그곳에서 다시 페리를 타고 서해 5도의 최북단인 백령도까지 건너갔다.

백령도에서는 막내 자식뻘 되는 해병대원들과 어울려 해안가 초소를 거처로 삼아 침식을 함께 하는 즐거움도 맛보았다. 6·25 전쟁 당시 군대를 기피하고 일본으로 유학한 죄밑이 되어 그런지 지척에서 북한공산군과 마주하고 있는 젊은 해병들과 의기투합해 스스로 안보의식을 고취시키기도 했다. 하지만 그곳 백령도 생활도 며칠 만에 싫증이 나 해병들과 아쉬운 작별을 고하고 다시 인천으로 되돌아 왔다.
　이번에는 강원도 쪽으로 방향을 틀어 정처 없는 유랑에 나섰다. 속초와 간성을 거쳐 휴전선이 바로 코앞인 최북단까지 올라갔다가 다시 되돌아 동해안을 타고 설악산과 오대산으로 남하하면서 마침내 도착한 곳은 경북 영덕. 하지만 몇 해 전 어민들의 정치망을 찢어놓은 사건이 악몽처럼 떠올라 영덕별장에서도 오래 머무를 수가 없었다.
　하여 다시 여행봇짐을 챙겨 제주도로 갔다가 내친 김에 말로만 듣던 마라도까지 건너가게 되었다. 그렇게 도망자 신세로 한 해 봄부터 여름, 가을, 겨울을 보낼 때까지 전국 방방곡곡을 안 다닌 데 없이 떠돌아 다녔다. 그러다가 결국 1년여 만에 다람쥐 쳇바퀴 돌 듯 다시 대구로 돌아와 외부와의 연락을 끊은 채 거의 칩거하다시피 했다.
　자연인 이맹희 씨가 오랜만에 대구에 돌아와 보니 삼성 비서실 쪽에서도 그의 동향에 대해 더 이상 추적하지 않아 일단 마찰은 피해갈 수 있었다. 유랑생활로 전국을 떠도는 동안 때론 '어쩌다가 내 신세가 이렇게 되었나' 라는 오만 가지 생각이 다 떠올라 자신도 모르게 한숨을 삼킬 때도 많았지만 점차 세월이 흐르면서 마음을 완전히 비울 수 있었다.

인생이란 지나고 보면 별것 아니라는 생각도 들었고 텅 빈 가슴을 새로운 의욕으로 메워보기도 했다. 그 무렵 그는 부질없는 욕심을 버리고 선하게 살아가는 방법을 터득하게 된 것이다.

지난날을 돌이켜 보니 허망한 생각뿐이었다. 경영권 승계와 재산권 상속문제, 그것도 권력투쟁이라고 해야 하나? 어쩌면 경제권력도 정치권력에 못지않았다. 부자간에 삼성의 경영권을 놓고 빚어진 갖가지 오해와 갈등의 골이 깊어지면서 어느덧 10년 세월이 흘러간 것이다.

10년이면 강산도 변한다고 했다. 불혹의 나이 40대에 남들은 무언가 이루기 위해 전력투구하며 발버둥을 쳤으나 그는 그 시기에 모든 희망과 포부를 스스로 포기하기 위해 몸부림친 세월이었다. 다시 찾을 수 없는 인생의 황금기! 이제 무얼 해야 하나, 생각할수록 가슴만 저려 왔다.

1987년 9월.

이맹희 씨는 아버지가 불치의 위암 재발로 자리보전해 있다는 소식을 처음으로 전해 들었다. 그것도 친 피붙이가 아닌 사촌형 이동희 박사(제일병원장)의 전갈을 받은 것이다. 만약 이 박사가 연락을 주지 않았더라면 명색이 삼성가의 적장자인 그는 아버지의 임종도 지켜보지 못할 뻔했다.

아버지 이병철 회장은 위암이 재발했다는 진단을 받고 극비에 캐나다로 건너가 동위원소 치료에 의존했으나 결국 효험을 보지 못하고 조기 귀국했다는 것이었다. 암세포가 위에서 간장을 통해 온 몸으로 전이되는 바람에 결국 치료를 포기하고 본가에서 몸져 누워 있다고 했다. 이 회장이 별세하기 두 달 전이었다.

그는 그 길로 서울로 올라가 병석에 누워 있는 아버지께 큰 절을 올리고 용서를 빌었으나 아버지는 오랜만에 찾아와 흐느끼는 장남의 말귀를 전혀 알아듣지 못했다. 하지만 그토록 애태우던 아들을 대하는 아버지의 표정은 한결 밝아 보였다. 모든 것을 용서하고 화해의 눈빛을 보내는 그런 온기가 스며드는 표정이었다.

'이럴 줄 알았으면 진작에 찾아와 아버지께 용서를 구하고 무슨 일이든지 시키는 대로 했을 텐데….'

그는 평소의 불효를 통감하며 회한의 눈물에 젖었으나 이미 때가 너무 늦어 버렸다. 만감이 교차했다.

이병철 회장은 그가 병석을 지키고 있는 동안 눈만 뜨면 가냘픈 미소를 짓곤 했다. 돌이켜 보면 15년 만에 바라보는 아버지의 따뜻한 미소였다. 그는 그때 아들에게 보여준 아버지의 미소가 진정 용서하고 화해하는 시그널이라고 생각했다. 실로 긴 세월을 돌아서 두 부자는 그렇게 화해를 하게 된 것이리라.

위암은 현대의학이 조기에 발견해 수술로 도려내지 않는 한 불치병으로 규정한 병이라고 했다. 이 회장은 다행히도 1976년 9월 일본 도쿄의 게이오(慶應)대학 부속병원에서 인간 도크에 들어가 종합검진을 받던 중 위암 초기 증상을 발견했다. 그래서 맏사위 조운해 박사와 장조카 이동희 박사의 권유로 일본에 건너가 수술을 받았다.

이후 10년간 이 회장은 온갖 풍파를 겪으면서도 아주 건강하게 살았고 기업경영에 전력투구할 수 있었다. 그러나 불행하게도 암이 재발하고 만 것이다. 가족들은 마치 물에 빠진 사람이 머리카락이라도 잡고 싶은 절박한 심정으로 노심초사하지 않을 수 없었다.

치유를 포기할 정도로 악화되었다지만 단 천분의 일, 만분의 일이라도 실낱같은 희망이 보인다면 환자의 수명을 연장하기 위해 수단과 방법을 가리지 않고 매달리고 싶었다.

그런 상황이 되자, 박두을 여사는 남편의 치유를 위해 마지막으로 "민의학(民醫學)에 의존해 보자"는 의견을 개진하기에 이른다. 최첨단 현대의학에서 불치의 판단이 내려진 지병 치유를 위한 염원이 오죽 답답했으면 '호랑이 담배 먹던 시절'의 이야기까지 나올까? 가족들은 모두 불문곡직하고 어머니의 안타까운 뜻에 전적으로 동의했다.

민의학이란 깊은 산 속에서 은둔생활을 하는 도인(道人)들을 찾아 난치병의 처방을 구하는 것을 말한다. 주역(周易)에 통달한 도력(道力) 높은 이른바 도사들은 기상천외한 의론(醫論)과 약론(藥論)으로 사경을 헤매는 불치병 환자들을 더러 완치하는 비방(秘方)이 있다고 했다.

삼성 비서실에서도 본가 왕할머니의 제의가 알려지자 우선 일선 취재과정에서 도사들과 자주 접촉해온 『중앙일보』기자가 있는지 여부를 수소문했다. 그 중에 의학전문기자도 아닌 전국기동취재반장인 내가 약방의 감초처럼 발탁되었다.

5공 초기부터 전국을 떠돌던 나는 혹여 어떤 기적을 바라는 마음에서 '일생지망구세(一生之望救世)'라는 슬로건을 내걸고 방대한 저서 『신약(神藥)』을 펴낸 지리산의 '신의(神醫)'를 찾아 경남 함양으로 내달렸다.

대우주의 원리와 신비의 의약론(醫藥論)을 접목시켜 불치병을 치유하는 비방을 가지고 있다는 은둔거사(隱遁居士)는 입소문으로 세상에 널리 알려진 인산(仁山) 김일훈(金一勳) 선생(1909~1992)이었다.

함경남도 홍원 출신인 김 옹(翁)은 일제 강점기 때 독립운동에 투신하여 무장독립단체인 '모화산부대'에 가담한 것으로 알려지고 있으나 전통한의학을 이수한 과정에 대해서는 일체 알려진 것이 없었다. 그는 다만 자신이 저술한 『신약초본(神藥本草)』에 의해 약초를 처방하는 것으로 난치병을 고쳐 왔다고 했다.

그래서 그가 진료해온 경남 함양의 15평 남짓한 초막에는 매일같이 입소문을 듣고 찾아온 말기암 환자들로 붐볐다. 하루 적게는 50여 명에서 많게는 100여 명씩 찾아와 줄을 잇는다는 것이었다. 하지만 그는 칼을 댄 수술환자는 일체 받지 않았다. 경험처방에 의한 전통한의학을 양의학과 접목시킬 수 없다는 것이 그의 주장이었다.

모처럼 그를 찾아간 나는 결국 실망을 안고 돌아설 수밖에 없었다. 마침 점심시간이 다가오자 김일훈 선생은 "손님을 맨입으로 보낼 수 없다"며 나를 함양 읍내 어느 곰탕집으로 안내했다. 노인장이 반주로 정종 대포를 석 잔이나 들이켰다.

항상 아침은 거르고 점심과 저녁은 곰탕으로 끼니를 때우는데 반주로 정종 대포를 석 잔은 마셔야 건강을 유지할 수 있다고 했다. 그 당시 78세. 이병철 회장보다 한 살이 많은 고령인데도 6척 장신에 아주 정정해 보였다. 하지만 인명재천(人命在天)이라 했듯 그의 천수(天壽)도 83세로 미수(米壽·88세)를 넘기지 못했다.

『중앙일보』 기자들까지 동원해도 별다른 성과를 기대할 수 없게 되자 이번에는 이종기 사장이 직접 나섰다.

그가 찾아간 곳은 태백산 현불사(現佛寺). 그곳 사찰에서 정진 기도 중이라는 회주(會主) 설송(雪松) 대법사를 만난다.

설송 대법사는 어쩌면 정통적인 불심보다 샤머니즘적인 신앙에 집착하는 불교신도들의 입소문을 통해 널리 알려진 인물이다. 그는 태백산 천제단에서 토굴을 파고 반생을 기도하며 눈 속에 피어나는 솔잎만 씹어 먹고 득도했다는 전설적인 도인(道人)이라고 했다. 그래서 법명이 설송인가?

그러나 막상 얼굴을 마주하고 보니 머리 깎은 스님도 아니고 그저 평범한 노인장의 모습에 불과했다. 법문(法文)으로 〈묘법연화경(妙法蓮華經)〉에 도통한 법사로 알려지고 있었다. 1910년생이니 이병철 회장과 동갑내기였다. 체구가 우람하고 건장한 김일훈 선생의 모습과는 달리 비교적 왜소한 편이었으나 유달리 두 눈의 눈망울에 광채가 서려 있었다.

설송 대법사는 도력이 넘쳐나 해발 1000미터가 넘는 백두대간의 태백산 줄기를 축지법으로 눈 깜짝할 사이에 오르내린다고 시자(侍者)인 문광(文廣) 법사가 전했다. 축지법이란 도술(道術)로 지맥(地脈)을 축소하여 먼 거리를 가깝게 오가는 것을 말한다. 마치 손오공을 부리는 현장법사처럼 허공을 날아다닌다는 뜻이다.

하지만 설송 대법사가 축지법을 쓰는 모습을 봤다는 사람은 문광 법사를 제외하고 아무도 없다고 했다. 뭔가 미심쩍었다. 어쨌든 설송 대법사에게 부처님을 대하듯 삼배례(三拜禮)의 예를 갖추고 친견하는 자리에서 자초지종 저간의 사정을 밝혔더니 당장 "환자에게 장엄(莊嚴)을 걸어 수명을 연장시켜 주겠노라"고 장담하는 거였다.

설송 대법사가 말하는 장엄이란 사경을 헤매는 사람의 육신에 영적(靈的)으로 천기(天氣)를 불어넣어 소생케 한다는 뜻이었다. 최첨단 과학문명을 지향하고 있는 현대사회에서 기상천외한 이야기를 듣고 보니 황당하기 그지없었다.

그러나 지푸라기라도 잡고 싶은 절박한 심정에 사로잡힌 이종기 사장의 입장에서 볼 때 그런 말에 귀가 솔깃해지지 않을 수 없었다. 하여 일단 설송 대법사의 비책(秘策)을 따르기로 했다.

현불사 대웅전 뒤편에는 영령보탑(英靈寶塔)이라는 삼층 석탑이 세워져 있었다. 임진왜란 이후 국난을 당할 때마다 억울하게 죽어간 원혼들을 모아 해원(解寃)의 천도재를 올리는 보탑이라고 했다. 이 보탑 역시 설송 대법사가 원혼들을 현몽하고 손수 터를 잡아 천도재를 올리면서 건립했다는 것이었다.

나는 이종기 사장을 수행하면서 그곳에서 환자를 대신해 사흘 동안 탑돌이 기도로 철야정진했다. 그러고 나서 다시 설송 대법사를 친견한 결과 우리가 탑돌이 철야기도에 들어가 있는 사이 "영적(靈的)으로 환자를 찾아가 장엄을 걸고 돌아왔노라"며 "이제 곧 환자가 소생할 것"이라고 다시 한 번 장담하는 거였다.

축지법도 아닌 영적으로 날아다니며 병석에 누워 있는 이병철 회장을 직접 만나고 천기를 불어넣었다니 실로 기상천외한 묘책이 아닐 수 없다. 나는 설송 대법사의 그 능청스런 말 한마디가 마치 귀신에 홀린 듯 어리둥절하고 황당하게 들렸으나 독실한 불자인 이종기 사장은 그저 두 손 모아 합장하며 무조건 감사의 배례를 올리곤 했다.

일이 이쯤 진행되자 기고만장해진 설송 대법사는 이종기 사장에게 이렇게 덧붙여 말했다.

"환자가 소생하려면 우선 기력을 회복해야 하는데 그러기 위해서는 월천공덕(越川功德)을 쌓아야 빨리 건강을 되찾게 될 것이네."

월천공덕이란 현불사 입구에 흐르는 조그만 개천 위에 돌다리를 놓아 신도들이 기도도량을 찾아 오가는데 불편을 덜도록 불사(佛事)를 해야 한다는 것이었다. 설계도면까지 펼쳐 보이며 교량을 가설하는데 공사비가 2100만 원은 족히 든다고 했다. 간단히 말해 불사에 보싯돈을 내고 공덕을 쌓으라는 뜻이었다.

그런데 보싯돈이 2000만 원이면 2000만 원이지 왜 하필이면 100만 원을 더 붙여 2100만 원인가? 설송 대법사가 환자의 쾌유를 위해 절에서 올리는 기도가 삼칠기도라고 했다. 즉 $3 \times 7 = 21 \cdots$ 일주일 단위로 3차례에 걸쳐 21일간 도량에서 기도를 올리는 것이

가장 효험이 있다고 했다. 불가의 법도에 나오는 수리(數理)라고 문광 법사가 귀띔해 주었다.

이종기 사장은 두말없이 그 자리서 선뜻 보시를 약속했다. 이 사장을 수행한 나는 내내 미심쩍은 생각에서 당장 일어나고 싶었으나 이 사장의 뜻이 그러하니 말리지도 못했다.

설송 대법사는 이종기 사장이 선뜻 보시를 약속하자 회심의 미소를 지으며 〈묘법연화경〉 중 '약왕보살본사품(藥王菩薩本事品)'과 '관세음보사보문품(觀世音菩薩普門品)'의 인쇄본을 건네며 "매일 자정에 목욕재계하고 이 법문을 암송하며 100일 기도를 드리라"고 엄숙하게 지시하는 거였다. 그것 역시 시키는 대로 따를 수밖에 없었다.

이종기 사장의 입장에서는 사경을 헤매고 있는 장인어른이 기력을 회복할 수만 있다면 무엇이든지 시키는 대로 다 하고 싶을 만큼 절박했다.

만약 이병철 회장이 이승을 뜬다면 한 줄기 지탱해 주던 옹서(翁壻·장인과 사위)간의 혈연은 물론 삼성가(家)와의 인연도 완전히 끊기고 말기 때문이다.

자신의 아내이자 이 회장의 넷째 딸로 호적에 올라 있는 덕희 여사는 서얼(庶孼) 출신이다. 따라서 이종기 사장은 이 회장의 친사위가 아닌 서사위가 된다. 따지고 보면 이병철 회장이 진 원죄(原罪)를 입은 셈이다.

그래서 이종기 사장은 평소 '서사위'라는 말을 제일 듣기 싫어했다. 서사위면 어떻고 친사위면 어떤가? 같은 가친(家親)의 피를 타고 태어난 자식이 아닌가. 그런데도 삼성가에서는 적서(嫡庶)관계가 엄격했다. 애초 이 회장의 적자(嫡子)·적녀(嫡女)들은 서얼인 덕희를 형제자매로 인정하려 들지 않았다.

때문에 이종기 사장마저 사위 대접을 제대로 못 받고 엄격한 처가에서 기(氣) 한 번 펴보지 못한 채 주변의 눈치만 살피며 살아와야 했다. 그런 자신의 처지를 함부로 내뱉지도 못했다. 속으로 가슴앓이만 할 뿐이었다.

비록 서사위의 신분이긴 하지만 사위도 자식이라는데 천성이 선량하기 그지없는 사위에게 이 회장은 평소 따뜻한 눈길 한 번 주지 않았다. 외부에서 보기에는 서사위에게 굴지의 언론사 경영을 맡겼다고는 하나 그것은 한낱 얼굴마담 역할인 전문경영인에 불과했다.

그는 대표이사라는 직함을 가지고 있으면서도 소신껏 업무를 추진하지 못하고 층층시하에서 언제나 이병철 회장과 홍진기 회장, 그리고 이건희 부회장의 눈치부터 의식하지 않을 수 없었다. 두렵기 그지없는 장인어른은 그렇다 치고 서슬이 시퍼런 홍진기 회장과 건희 부회장이 『중앙일보』의 경영권을 장악하고 사사건건 간섭하고 통제했기 때문이다.

그런 연유로 그는 위에서 시키는 대로 궂은 일만 도맡아 처리하는 전문경영인으로 만족할 수밖에 없었다. 게다가 오너 일가들은 허울뿐인 이종기 사장에게 모든 책임을 지우고 칭찬은커녕 일의 처리능력을 항상 못마땅하게 여기며 책잡을 생각만 하기 일쑤였다.

그런 환경에서 이 사장은 감히 손아래 처남인 건희 부회장도 만만하게 대할 수가 없었다. 건희 부회장 역시 삼성의 경영권 승계자로서 이 사장을 공적인 전문경영인으로만 대할 뿐 사적으로 자형 대우를 하지 않았고 오히려 거리를 두고 언제나 냉랭하게 대했다.

그래서 그런지 일개 전문경영인에 불과한 이종기 사장은 언제나 장인과 처남 관계인 이병철 회장이나 건희 부회장 앞에서는 오금이 저려 다리가 후들거리고 묻는 말에 대답도 제대로 하지 못했다. 그는 그렇게 그들 오너 부자와 홍진기 회장을 두려워하며 눈치만 살펴야 했던 것이다.

18
원죄(原罪)

　이종기 사장은 고학으로 서울대 상대를 졸업하고 애초 서울은행에 취업했다. 첫 임지가 부산 중앙동지점. 그곳에서 말단 행원으로 근무하던 중 우연히 그 당시 주고객으로 은행에 자주 드나들던 제일제당 이창업 사장의 눈에 띄어 이병철 회장의 사윗감으로 천거된다.
　이 회장은 우연의 일치라기보다 어쩌면 묘한 동향의 지연(地緣)에 끌려 서울은행 행원인 이종기를 사윗감으로 쾌히 승낙했는지도 몰랐다. 관향(貫鄕)은 달랐으나 같은 의령 출신이었기 때문이다. 이같이 옹서지간의 인연을 맺은 이 회장은 사위 이종기의 집안 내력에 대해서도 이미 잘 알고 있었다.
　경주(慶州) 이 씨인 이병철 회장은 의령군 정곡면 천석군(君) 부농의 후손이었지만 광주(廣州) 이 씨인 이종기 사장 집안은 이웃

용덕면의 만석군 후손으로 구한말(舊韓末) 증조부 때에는 의령 고을의 최고 부농이었다.

그러나 이종기 사장 집안은 조부대(祖父代)에 이르러 독립운동에 투신하면서 대물려 온 문전옥답(門前沃畓)을 축내기 시작한다. 거기에다 선대와 그 후대에 와서는 신사상(新思想)연구회(코민테른 · Comintern · 국제사회주의운동)의 이념에 빠져 수십 명의 가노(家奴)들을 풀어주면서 남은 재산마저 모두 분배하고 탕진하는 바람에 일시에 몰락해 버렸다.

이종기는 초등학교 때까지만 해도 서울로 유학 가서 역사와 전통이 깊은 재동공립보통학교에 다닐 만큼 호사스럽게 자랐다. 하지만 선대의 사상문제와 가산 탕진으로 몰락하면서 고향의 가족들이 뿔뿔이 흩어지는 비운을 겪었다. 이 때문에 그는 어릴 때부터 객지를 떠돌며 어렵게 성장했다.

그래서 중학교는 대구(경북중), 고등학교는 마산(마산고교), 대학은 서울(서울대)에서 동가식서가숙(東家食西家宿)으로 어렵사리 마쳤다고 했다. 그런 만석군 부농의 후손이 천석군의 서(庶)사위가 된 것이다.

원죄(原罪)에서 비롯된 가슴 아픈 금단의 이야기지만 혼례를 치르고 삼성가의 식솔들과 상견례를 하기 전까지 이종기는 제일제당 이창업 사장을 장인으로 알았다고 한다. 이창업 씨가 혼주 역할을 도맡았기 때문이다.

우리나라에도 조선조의 양반사회에서부터 부를 축적해온 선비들과 벼슬아치들 사이에 처첩을 여러 명 거느린 일부다처제가 성행했었다. 이 때문에 양반사회에 적서(嫡庶)관계가 사회신분의 척도처럼 여겨지던 때가 있었다.

적자가 아닌 서얼은 아예 출사(出仕·벼슬)길에 나설 수도 없었고 자기를 세상에 태어나게 한 아버지를 보고도 감히 '아버지' 라는 말 한마디 하지 못한 채 사회의 그늘에 가려 일생을 보내야 했다.

흔히들 '말 타면 종 두고 싶다'고 했던가. 예부터 사회적으로 명망 높은 양반이나 재산가들은 흔히 소실(小室)을 거느리고 호사스럽게 살았다는 것이다. 그런 관습이 1930~40년대 일제 강점기에도 성행했었다. 그 당시만 하더라도 남존여비(男尊女卑)의 사상이 존재해 있어 그들 나름대로 삶의 방식이 그랬고 윤리적인 면이나 도덕적인 측면서도 그리 큰 흉이 되지 않았다고 했다.

특히 일부 정치인이나 재벌 사이에 그런 풍조가 마치 부귀영화의 상징처럼 여겨질 때도 있었고 그런 추악한 스캔들로 친자확인 소송으로까지 번져 세상을 떠들썩하게 한 일도 있었다. 김영삼·김대중 전 대통령이 그랬고 정일권 전 국무총리도 그랬다. 물론 이병철·정주영 등 대표적인 한국의 재벌도 예외가 아니었다.

그런 이 회장의 사생활은 대구에서 삼성상회를 열고 한창 사업이 번창할 무렵에 비롯되었다고 했다. 그는 20대 중후반 마산에서 사업을 일으킬 때부터 기방 출입을 시작했고 특히 국악에 남다른 취미를 갖고 있었다.

대구에서도 매일같이 기업인들과 어울려 요정 금호장을 내 집 드나들 듯 단골로 출입했다. 그러면서 유명한 달성권번(達城券番)

의 대구예기(藝妓)조합 기생들과 어울려 가야금 병창에 도취되는 등 국악에 대한 흥취가 남달랐다는 것이다.

그러던 그는 대구에서 단골로 베푸는 주연(酒宴)에 자주 참석했던 박소저(小姐)라는 예기를 잊을 수 없었다. 박소저는 여느 예기들과는 달리 절세의 미인에다 가야금을 잘 타며 기예(技藝)가 출중한 순수 예인(藝人)이었기 때문이다.

그녀는 대구 인근 경산에서 대물려 세거(世居)해 온 선대가 을사늑약 이후 독립운동에 투신하면서 가산을 탕진하고 가세가 기울자 규방을 뛰쳐나와 달성권번에서 기예를 익힌 중인(中人) 출신이었다. 그런 그녀에게 마음을 송두리째 빼앗기다시피 한 이병철은 마침내 그녀의 마음을 사로잡고 법도에 따라 머리를 얹게(정식 혼례)한 뒤 소실로 맞아들였던 것이다.

하지만 앞길이 그리 순탄치 않았다. 삼성상회 인근 인교동에 한옥을 한 채 사들여 사랑의 보금자리를 폈으나 결국 이 사실이 의령 본가에 알려지고 말았다. 소저는 딸아이를 낳은 지 이태(2년) 만에 이삿짐을 싸들고 대구로 올라온 박두을 여사와 인희·맹희 등 본가 가족들에 의해 소박을 당하고 스스로 물러날 수밖에 없었다.

그 딸아이가 바로 이종기 사장의 아내 덕희 여사다. 이병철 회장의 형 병각 씨가 서울 청운각 출신 김송자를 소실로 맞아들여 낳은 서자(庶子) 덕희와 공교롭게도 같은 이름이다.

덕희 역시 어머니를 쏙 빼닮아 드물게 보는 미모를 타고 태어났다. 이병철 회장은 인교동에서 딴살림을 차리고 이들 모녀와 오붓하게 살 때에는 덕희를 눈에 넣어도 안 아플 만큼 항상 무릎에 안고 지냈다고 했다. 그 때문인지 몰라도 본가 여인네들의 극심한 투기(妬忌)가 불행하게도 두 모녀가 소박을 당한 원인이 되었다고 했다.

어쨌든 하루아침에 소박을 맞고 돌에도 나무에도 기댈 곳이 없어진 두 모녀는 지금의 대구시 중구 이천동 속칭 건들바위 앞 골목에서 단칸 셋방살이로 숨어 살다시피 했다. 그 당시 조선양조장 지배인으로 있던 이창업 전무가 가끔씩 삼성가 몰래 찾아와 생활비를 보태주곤 했지만 사는 게 말이 아니었다. 그러던 중 박소저는 가슴앓이로 한을 삼키며 병마에 시달리다가 새파란 나이에 핏덩이 같은 자식 하나 남기고 이승을 뜨고 만다.

서녀(庶女) 덕희는 이창업 씨가 자식처럼 거두었으나 망인(亡人)은 구천(九泉)에도 들지 못하고 원혼(寃魂)으로 떠돌았다. 하지만 누구 하나 원통하게 숨진 부혼(浮魂)을 해원(解寃)으로 풀어줄 사람이 없었다. 이런 금단의 이야기를 뒤늦게 전해들은 이종기는 동청룡(東靑龍)·서백호(西白虎)·남주작(南朱雀)·북현무(北玄武) 등 네 방위에 사신도(四神圖)를 걸고 천도재를 올려 망인의 부혼을 본자리(구천)에 들게 했다고 한다. 생전에 얼굴 한 번 못 본 장모였으나 기구한 인생을 살다 간 그 장모에게 부처님의 가피력으로나마 사위의 도리를 다하고 싶었기 때문이었다.

그렇듯 이종기 사장은 장모의 한을 풀어주고 이제는 운명(殞命)을 눈앞에 두고 뼈만 앙상하게 남아 있는 장인에게도 사위로서 최선의 효도를 다하고자 천 리 길도 멀다 않고 태백산 깊숙한 곳까지 찾아가곤 했다.

　그럴 때마다 설송 대법사가 시키는 대로 꼬박 밤을 지새워 영령보탑을 돌며 기도로 정진하고 그 이튿날에도 그곳을 떠나기가 아쉬워 아침 공양을 마치기 바쁘게 쉴 새도 없이 기도정진에 들어가곤 했다. 그의 말마따나 만약 이병철 회장이 별세한다면 삼성가(家)와의 혈연이 완전히 끊어지고 말기 때문이다.

　그래서 그는 사경을 헤매는 장인어른이 그럴 수 없이 안타깝게만 보였던 것이다. 하지만 적서(嫡庶) 관계를 떠나 가부장의 피를 나눈 한가족이라면 결코 끊을래야 끊을 수 없는 것이 혈연이요, 천륜이 아닌가. 그런데도 삼성가의 적손들은 이 천륜의 정을 매몰차게 배척하기 일쑤였다.

　이종기 사장은 원래 두주불사(斗酒不辭)형이다. 성장기부터 인고의 세월을 보내면서 스트레스에 받치면 술로 한을 풀곤 했다는 것이다. 그는 천 리 길도 마다 않고 현불사 기도 도량을 찾아왔다가 돌아가는 길에 가끔씩 밤이 늦을 경우 소백산 관광호텔에서 하룻밤을 묵고 가기도 했다.

　그럴 때마다 그는 수행원에 불과한 나와 함께 마주 앉아 권커니, 받거니 밤을 지새우며 안주도 별반 없는 독한 안동소주를 들이키곤 했다. 물론 공적인 입장에서는 상하관계가 분명하지만 그는 평소에도 격식 없이 부하직원들을 편안하게 대해 주는 CEO였다. 내가 감히 사장과 술자리에 마주 앉는 것도 그런 격의 없는 관계가 오래 지속되었기 때문이다.

　그러다가 만취상태에 빠지면 그는 가슴 속에 맺힌 금단의 얘기를 작정한 듯이 풀어놓으며 독백처럼 자신의 신세를 한탄할 때도 더러 있었다.

"비록 내가 서사위지만 사위자식도 자식 아닌가. 그런데도 난 장인어른을 단 한 번도 장인이라고 불러본 적이 없었어. 회사에서나 처가에서 그런 인간적인 대화가 용납되지 않았던 거야. 그래서 난 항상 장인어른을 회장님으로 불렀지. 감히 앞에 나서는 것조차 두려웠던 거야. 내 인생의 비극이지."

"……."

"자넨 설송 대법사가 엉터리라고 하지만 난 그 어른을 믿고 싶어. 장인어른이 단 하루라도 더 살아계실 수 있다면 설송 대법사의 도력에 의지하고 싶은 거야. 그게 내 진심이야. 처가에서 누가 알아주든 안 알아주든 내 나름대로 자식 된 도리를 다하려는 거야. 이제 장인어른이 돌아가시면 혈연이 완전히 끊기고 말잖아. 그게 안타깝단 말이야."

그는 자신도 모르게 울컥 감정에 복받쳐 눈물을 삼켰다.

따지고 보면 우리 민족의 시조인 단군(檀君) 왕검도 서얼의 신분에 불과했다. 천제(天帝) 환인(桓因)의 서자인 환웅(桓雄)이 3000명의 무리를 거느리고 태백산 신단수(神檀樹) 아래에 신시(神市)를 열고 세상을 다스렸다고 한다. 이후 기원 전 2333년에는 환웅의 아들 왕검이 아사달(평양)에 도읍을 정하고 단군조선을 건국했으니 바로 그 단군이 우리 민족의 시조이자 천제(天帝) 환웅의 서손(庶孫)이 된다. 단군신화(古記)에 나오는 이야기다.

이종기 사장은 한 줄기 혈연인 장인 이병철 회장이 사경을 헤매고 있을 무렵 사흘이 멀다 않고 태백산 현불사를 찾았다. 천 리 길. 내 몸 하나 아끼지 않고 오로지 장인어른의 수명 연장을 위해 서울에서 찻길로 6시간이나 걸리는 첩첩산중을 찾아가 탑돌이며 100일 기도로 정진하는데 성심성의를 다 바쳤다.

하지만 설송 대법사가 천기를 불어넣었다는 장엄도, 〈묘법연화경〉의 정진기도도 결국 아무런 효험이 없었다. 그렇게 심신을 다 바쳐 애쓴 보람도 없이 장인 이병철 회장이 평생을 이룩했던 위업과 부귀영화를 뒤로 한 채 끝내 운명하고 말았기 때문이다. 1987년 11월 19일 향년 77세.

하기야 영생불사(永生不死)를 자랑하던 생불(生佛) 설송 대법사 자신도 천수를 누린 보통사람과 별반 차이 없이 망백(望百·91세)에 세상을 떴으니까. 어리석은 인간들이 인명재천(人命在天)이라는 극히 평범한 생사관(生死觀)의 진리를 터득하지 못한 채 사악한 주술에 현혹된 탓이리라.

어쨌든 설송 대법사는 그 당시 삼성가와의 인연이 닿은 이후 사찰 측에서 입소문을 퍼뜨리는 바람에 영험이 있는 생불이라 하여 지난 대통령 선거 당시 노태우 후보와 김대중 후보의 대통령 당선까지 예언한 인물로 더욱 유명해지기까지 했다.

이병철 회장의 별세 소식이 전해지자 일본의 정·재계에서만도 100여 명의 인사들이 조문하는 등 국내외 조문객 1200여 명이 줄을 잇고 찾아와 고인의 죽음을 애석해 했다.

미국의 듀폰 재벌가 상속자인 존 듀폰처럼 망상증과 성광증으로 정신이상증세를 일으킨다며 한때 납치극을 벌여 강제로 정신병원에 입원까지 시키려 했던 고인의 장남 맹희 씨는 말끔한 상복으로 갈아입고 멀쩡한 모습으로 빈소를 지켰다.

그는 조문객들을 일일이 접견하며 깍듯한 예를 갖추고 맏상주의 법도를 다해 주위를 놀라게 했다. 특히 삼성가의 직계 유가족과 측근 인사, 삼성그룹의 경영진들까지도 미국이나 일본 등지에서 찾아온 외국인 조문객들에게 유창한 영어와 일어로 조문을 받고 정중하게 답례하는 그의 모습을 지켜보고 혀를 내둘렀다. 그동안의 갖가지 오해와 편견이 당치 않은 저주와 억측과 음해에서 비롯되었다는 사실을 뒤늦게 깨달은 탓일까.

역시 이맹희 씨는 미국 미시간주립대학의 공업경영학 박사요, 한때 삼성의 오너 경영을 이끌었던 훌륭한 기업인 출신이라는 사실을 새삼 모든 사람들에게 행동으로 확인해 주었던 것이다.

그러나 한 번 꺾인 가지는 되살아나지 못했다. 삼성그룹 신현확 고문(전 국무총리)이 이사회를 겸한 원로회의의 수장으로서 "고인이 생전에 결정한 유훈(遺訓)에 따른다"며 이건희 부회장의 손을 들어주었기 때문이다.

이병철 회장은 1953년 제일제당을 설립할 당시 인·허가 관계로 정부청사를 드나들다가 부흥부(상공부의 전신) 장관이던 신현확 고문을 알게 되었고 그 인연으로 다시 홍진기 회장(당시 법무부 차관)과도 친교를 맺게 돼 세 사람이 서로 어려워하는 처지이면서도 인간적으로 절친한 우정을 쌓아 왔다는 것이다.

게다가 신 고문은 이병철 회장의 처가 친족으로 처남뻘이 되는 박준규(전 국회의장) 씨와는 대구고보(현 경북중·고교) 선후배 간으로 절친한 사이인 데다 맏사위 조운해 박사(전 고려병원장), 장남 맹희 씨와도 선후배의 학연으로 얽혀 있다.

하지만 그 당시 서로 밀어주고 이끌어 주던 이른바 TK 학맥에서 이맹희 씨는 철저히 배제되어 있었고 전두환·노태우 등 권력의 최정상에 있는 옛 친구들과도 소원한 관계가 지속되고 있었다. 이 때문인지 몰라도 이맹희 씨는 삼성가의 법통문제를 떠나 신현확 고문의 결정에 침묵으로 일관할 수밖에 없었던 것이다.

그래서 그는 선친의 장례를 치르고 나서 서둘러 외유길에 올랐다. 막내 동생 건희가 삼성그룹 총수에 정식으로 취임하는 자리에 부담을 줄 수 없다고 판단했기 때문이었다.

선대 이병철 회장의 유훈에 따라 막내 건희에게 돌아간 삼성그룹 총수자리는 어쩌면 이건희 회장 개인으로 봤을 때 어부지리(漁父之利)인지도 몰랐다. 일이 그렇게 결정된 판국에 맹희 씨는 더 이상 가문의 법통을 고집하며 미련을 가질 수 없었다.

그래서 이번에는 타의에 의한 것이 아니라 가능한 한 신임 총수나 삼성그룹에 부담이 되지 않으려는 심정에서 스스로 자신의 존재를 지우고 싶어 떠나는 것이었다. 게다가 그가 국내에 머무르고 있으면 또 무슨 엉뚱한 설화(舌禍)에 휘말릴지, 그것이 두렵기도 했다.

타고난 낭인기질인가. 기약 없이 출국한 뒤 자유분방한 보헤미안처럼 일본과 미국을 거쳐 남미, 아프리카 등 발길 닿는 대로 세계 각국을 돌며 가능한 한이면 한국을 잊으려고 노력했다. 그러나 영영 고국을 떠나 살 수는 없었다. 그로부터 5년의 세월이 흘렀다.

1992년 귀국해 보니 그동안 국내의 삼성 본가에서는 경영권 외에 재산 상속문제로 갈등이 심했다고 한다. 특히 여형제들과 며느리들 사이에 심상찮은 암투의 조짐까지 보이고 있었다. 그것을 해결하는 것은 전적으로 이건희 회장의 몫이었다.

이미 한솔그룹은 장녀 이인희, 신세계그룹은 막내 여동생 이명희에게 경영권이 넘어가 있는 상황에서 다른 여형제들에게도 만족할 만한 재산분배로 이른바 '공주의 난'을 사전에 차단할 수 있었다고 했다. 그것은 선대 이병철 회장이 사후 형제간의 경영권 분쟁을 차단하기 위해 생전에 단행한 상속권 문제의 마무리작업이기도 했다.

그러나 이맹희 씨는 내내 해외에서 떠돌면서도 무엇보다 삼성그룹 총수로 취임한 건희 회장과 선대의 봉제사를 받드는 자신의 장남 재현이 사이에 숙질(叔姪) 간의 법통문제를 염려하지 않을 수 없었다. 자칫 경영권 분쟁이 재연될 경우 자신이 또 다시 설화의 중심에 설지도 몰랐기 때문이다. 그래서 그는 이 문제에 대해 의식적으로 관여하지 않았다. 또 다시 구설수에 휘말리는 것이 두려웠던 것이다.

그런 우려 속에 막상 귀국해 보니 동생 건희 회장이 장조카 재현에게 제일제당(CJ그룹)의 경영권을 고스란히 물려주었다고 했다. 이 소식을 전해들은 그는 솔직히 아쉽지만 그나마도 다행한 일이라고 자위했다. 하지만 장손인 재현이 앞으로 제일제당의 경영권을 되돌려 받은 것 외에 삼성의 경영권은 이건희 회장의 승자독식을 기정사실화 하고 있었다.

명색이 삼성 본가의 적장자이자 제1상속권자인 이맹희 전 총수에게 돌아간 것은 아무것도 없었다. 모든 상속문제가 그렇게 일방적이면서도 급속도로 마무리 되었다. 그런 점에서 삼성가의 로열패밀리들은 일단 안도하는 것 같았다.

하지만 엄밀히 따지고 보면 삼성의 경영권과 재산상속을 둘러싼 법통문제는 그런 식으로 끝난 게 아니라 여전히 내연(內燃)하고 있었다.

19
꺼지지 않는 불씨

선대 이병철 회장은 생전에 유별나게 '제일(第一)'을 좋아했다. 자본도 제일, 시설도 제일, 인재도 제일… 삼성의 모태인 제일제당·제일모직이 그 '제일주의'의 대표적인 기업이었다.

그러나 이건희 회장은 모기업의 하나인 제일제당을 장조카에게 넘겨주고 로열패밀리 간에 얽힌 재산상속 문제도 법률적인 분리를 통해 모두 마무리 짓게 되었다고 판단했다. 오판이었다. 삼성가(家)에서 내연하고 있는 불씨를 일시적으로 덮어두려 했을 뿐이었다.

그래서 그런지 그는 삼성에서 하루 속히 '제일'이라는 두 글자를 지워버리고 싶어했다. 그래서 과감한 구조조정을 통해 전자·통신·반도체·종합금융 등을 주축으로 삼성의 신경영을 선포하고 21세기 초일류 기업경영을 위한 집념을 불태우게 된다.

그 무렵 그는 선대 회장이 고수해온 '인재제일', '합리추구', '사업보국'이라는 3대 경영이념에서 '제일'이 아닌 '초일류'로 한 차원을 더 높였다. 특히 삼성은 새로운 시대, 새로운 경영을 통해 초국가적 기업으로 성장해야 한다는 대명제 하에서 '인재와 기술을 바탕으로 최고의 제품과 서비스를 창출하여 인류사회에 공헌한다'는 글로벌시대에 걸맞는 슬로건을 내걸었다.

그리고 그는 삼성에서 선대의 이미지를 일신한다는 의미로 종합 컨트롤 타워인 비서실의 조직부터 개편했다. 삼성에서 최초로 비서실 조직을 만든 사람은 이맹희 총수였다. 어쩌면 본격적인 이건희 친정체제에 돌입한 삼성에서 '이맹희'의 이미지를 철저하게 지워버리고 싶었는지도 몰랐다.

그런 한편으로 글로벌(해외)사업을 강화한다는 명목으로 그동안 선대 이병철 회장을 보필해온 절대가신 소병해 비서실장을 미주본부장으로 발령하고 그 후임에 이학수 비서실 차장을 승진시켰다.

소병해는 '날쌘 토끼가 죽었으니 사냥개는 소용이 없어 삶아 먹는다'는 뜻의 고사처럼 '교토사 주구팽(狡兎死 走狗烹)'을 당한 모양새가 되고 말았다. 이맹희 씨를 한없이 쫓아다니며 괴롭히던 날쌘 토끼 소병해는 한국을 떠나면서 비로소 "큰 회장님께 송구스럽다"며 회한의 한숨을 삼켰다고 했다.

이로써 강력한 친정체제를 구축한 이건희 회장은 CEO들에게 전권을 맡겨 마치 시계바늘처럼 거대한 두뇌집단을 움직이고 '자율경영'이란 이름으로 지구촌 곳곳의 현지법인과 사업장을 24시간 풀가동했다.

그러면서도 정작 그는 일 년에 상·하반기 두 차례 경영결산을 위해 열리는 그룹차원의 사장단회의에 얼굴을 한 번씩 내비칠 뿐이었다. 그가 회장으로 취임하자마자 전문경영인들에게 선언한 자율경영의 비결이라고 했다. 은연중 인재를 중시하는 오너의 신뢰성 때문인지도 몰랐다. 그러나 그것은 선대 회장의 카리스마를 그대로 모방했을 따름이다.

그는 모처럼의 사장단회의에 참석하면 "삼성의 전문경영인들은 무엇보다 지·행·용·훈·평(知·行·用·訓·評) 등 다섯 가지를 아는 종합예술가가 되어야 한다"고 강조하곤 했다. 즉 CEO로서 해당분야에 대해 아는 것이 많아야 하고, 스스로 행동으로 옮겨 적재적소에 인재를 활용하고 가르칠 수 있어야 하며, 사람과 일을 제대로 평가할 줄 알아야 한다는 것이었다. 그것만 지킬 수 있으면 경영에 큰 어려움이 없을 것이라고 했다. 소리 없이 삼성을 이끌어 나가는 카리스마적 경영철학이라고도 했다.

원래 삼성그룹의 사업계획이나 추진 중인 업무현황에 오너인 총수의 결재란이 없다는 것은 널리 알려진 사실. 선대 이병철 회장은 평생을 통해 결재 한 번 한 일이 없었고 이건희 회장 역시 총수로 취임한 이래 단 한 번도 결재한 일이 없었다. 신경영 선언 이후 전반적인 경영을 직접 챙긴 일은 몇 차례 있었지만 전문경영인들에게 위임한 자율경영의 원칙은 깨지 않았다. 그래서 그런지 전문경영인들은 평소 이건희 회장의 얼굴 보기가 어려울 정도라고 했다.

그러나 그는 자율경영을 책임진 CEO들의 사고력에 문제가 있다는 것을 뒤늦게 깨닫고 위기의식을 느끼게 된다. 오너는 과감히 제일주의를 버리고 국제화·개방화시대에 급변하는 경제상황을 헤쳐가기 위해 초일류를 외치는데 전문경영인들은 기존질서의 변화를 두려워했다.

이 때문에 새로운 가치와 질서를 만들어가는 시대의 흐름을 제대로 타지 못하고 이른바 총칼 없는 글로벌 경제전쟁에서 뒤처지기만 했다. 선대회장의 경영이념에 사로잡혀 고정관념에서 벗어나지 못한 채 현실에 만족하고 안주하려는 속성을 버리지 못했던 탓이었다. 그것이 되레 역풍을 맞아 삼성의 지배구조 논란과 맞물려 비판여론의 대상이 되었고 '반(反)삼성 정서'로 흐르기 시작했다.

이건희 회장이 본격적으로 위기의식을 느끼고 글로벌 경영을 외치기 시작한 것은 1988년 3월, 삼성 창업 50주년을 맞아 제2창업을 선언할 때부터. 기업의 역사란 길어야 50년의 사이클로 소장(消長)한다는 선대 이병철 회장의 유훈(遺訓) 대로라면 삼성은 이미 그 흥망성쇠의 기로에 서 있기 때문이었다.

영욕의 반세기. 선대 이병철 회장은 생전에 "삼성을 창업한 이래 평생을 기업인으로 살아오는 동안 돈을 번다기보다 성취욕에 집착하다 보니 돈은 저절로 들어오더라"는 말을 자주 했다. 그러나 그의 생전, 삼성은 글로벌을 지향하면서도 내수기업의 한계를 벗어나지 못했다.

제2창업을 선언한 이건희 회장은 이렇게 강조했다.

'기업은 살아 숨 쉬는 인격체와 같다.'

사람의 능력에는 한계가 있고 생명은 유한하다지만 기업은 사람에 의해 움직인다는 뜻이다.

많은 능력을 거대하게 결집하고 독특한 인격을 형성하게 되면 무한한 창의력과 개척정신으로 그 생명을 영원히 유지할 수 있다는 것이다. 삼성이라는 거대한 생명체의 체질을 더욱 다지고 세계 초일류 기업으로 성장시킬 수만 있다면 삼성의 수명은 앞으로 50년이 아니라 100년, 200년은 충분히 이어갈 수 있을 것이라고 판단했다.

이를 위해 전체 임직원들을 대상으로 위대한 미래를 약속한 것이 '고객과 함께 하는, 세계에 도전하는, 미래를 창조하는' 새로운 '삼성정신' 이었다. 하지만 오너가 미래를 향한 '삼성정신' 을 아무리 외쳐도 경영은 결코 순탄하지 않았다. 전문경영인들은 10년 앞도 내다보지 못하고 있었기 때문이다.

기업의 변신은 영원한 생명체로 살아남기 위한 최선의 수단이 될 수밖에 없다. 기술의 혁신과 산업구조의 변화에 기업이 따라가는 것이 아니라 오히려 구조혁신의 주도적 역할에 기업이 앞장서 시대를 선행해야 한다는 것이 오너의 경영철학이다. 그런데도 삼성의 사풍(社風)은 경영환경이 급격히 변해가는 것을 의식하지 못한 채 '우리가 제일 최고' 라는 자만심과 안일함에 빠져 있었다.

전문경영인들은 당장 이익이 눈앞에 보이는 양적 성장만 고집했고 질적 위기의식은 전혀 느끼지 못했다. 때문에 사업현장에서도 아무런 변화가 없었다. 오너와 전문경영진 사이에 거대한 톱

니바퀴처럼 돌아가던 경영철학과 사고력에 깊은 괴리가 생겨나고 있었던 것이다. 그것은 오너인 이건희 회장에게 엄청난 충격으로 다가왔다.

이건희 회장은 무엇보다 오너와 임직원들 사이를 차단벽처럼 가리고 있는 100년과 10년의 사고력 차이를 극복하는 것이 시급하다고 판단했다. 하여 그는 제2창업 5년 만인 1993년에 들어 바로 이 시점이 세기말적 격변기라는 사실을 직시하기 시작한다.

그래서 그는 새로운 경영환경에 대응하여 삼성을 세계 초일류 기업으로 도약시키기 위한 '신경영'을 선언했던 것이다. 다소 늦은 감이 있었으나 타이밍이 매우 적절했다. 이후 그는 좌고우면하지 않고 초일류를 향한 집념을 불태운다. 그것은 실로 산적한 난제를 무릅쓰고 반세기에 걸쳐 선대가 이룩해 놓은 '제일주의'를 과감히 뛰어넘은 초일류 프로젝트가 아닐 수 없다.

하여 미래지향적이고 도전적인 경영전략으로 '초일류'를 외치면서 첨단기술 산업분야를 확대하고 신제품 개발과 신사업, 신시장 개척 등 첨단경영을 실천해 나갔던 것이다. 이 기간 삼성 사전에서 '제일주의'라는 단어는 고전(古典)이 되고 말았다.

그 당시 삼성은 37개 계열사에 임직원이 줄잡아 18만 명으로 총 매출은 92조 원, 영업이익이 2700억 원에 불과했다. 그러나 그로부터 17년이 지난 2010년 말 현재 삼성그룹은 공정거래위원회 기준으로 67개(실제 81개) 계열사에 임직원수가 27만 5000명(해외 10만 5000명 포함), 연간 매출액 270조 원의 초국가 기업으로 성장했다.

세계 최강의 경쟁력을 확보한 삼성전자 단일그룹만도 전자업계 글로벌 리더기업으로 우뚝 서며 연간 매출액 164조 7000억 원(2011년), 영업이익이 16조 1500억 원(2010년에는 17조 3000억 원)에 이른다. 향후 1~2년 내에 연간 매출액 200조 원에 영업이익 20조 원의 시대를 열게 된다. 주가도 사상 최고가인 110만 원을 돌파했다.

해외 투자가들은 천정부지로 치솟는 삼성전자 주가를 예로 들며 '한국 증시의 열쇠를 삼성전자가 쥐고 있다'고 입을 모은다. 국가권력에 버금가는 경제권력이 삼성에 집중되고 있기 때문이다. 어쩌면 삼성전자의 경영 승패에 따라 일희일비(一喜一悲)할 수밖에 없다는 것이 한국경제의 현실을 두고 한 이야기인지도 모른다.

삼성전자의 브랜드 가치 하나만도 147조 원을 기록하고 있다. 여기에다 전자·반도체·조선 등의 업종에서 세계시장 점유율 1위를 차지하는 제품만도 21개에 달한다. 세계시장에서 삼성의 존재감(위상)이 그야말로 압도적이고 국가적 영향력도 막강한 것이다. 이건희 회장의 탁월한 경영능력으로 세계 정상에 오른 초국가기업의 신화(神話)가 아닐 수 없다.

'초국가기업(Transnational Corporations)'이란 미래학자 앨빈 토플러가 지적한 것처럼 국가적 특징을 지니면서 국민국가를 대신할 새로운 주역으로서 거대기업의 유형을 말한다. 그런 의미에서 거대기업 삼성을 역설적으로 말한다면 사회 일각의 비판여론처럼 '삼성공화국'이라고 불러도 결코 지나친 말은 아닐 것이다.

국내 총생산(GDP)의 20~25%를 차지하고 있는 삼성은 기업의 규모를 국가적 경제력으로 비교해 보더라도 세계 190여 개국 중 동남아 중진국인 말레이시아나 싱가포르보다 높고 이란, 아르헨티나와 비슷한 35번째로 큰 국가 규모에 해당한다는 이야기다. 이 때문에 우리나라 국민들은 언제 어느 곳에서든지 삼성브랜드가 전 세계 소비자들을 끌어당기고 있는 현실을 실감하게 마련이다.

초국가기업 삼성은 현재 세계 70여 개국에 450여 개의 현지법인과 사무소를 두고 있으며 국적이 다른 현지 채용인원만도 전체 임직원 중 38%(10만 5000명)나 차지하고 있다. 이 때문에 오너인 이건희 회장은 분명히 국적이 대한민국이지만 그가 경영하는 기업 '삼성'은 국적이 없다. 국적이 있다면 바로 지구촌, 글로벌뿐이다.

미래를 내다보고 진작에 해외로 눈을 돌린 초국가기업 삼성은 이미 정부의 울타리에서도 벗어나 있다. 이른바 다국적 기업으로 특정국가를 선택할 수밖에 없는 상황이기 때문이다. 그것이 글로벌시대의 냉혹한 현실이며 초국가 기업의 특징이기도 했다.

하여 우리나라는 물론 세계 각국에서도 이러한 초국가기업을 유치하기 위해 온갖 인센티브를 다 제공하며 치열한 유치경쟁을 벌이고 있다. 국적과 국경이 없는 초국가기업의 미래지향형 경영 스타일의 역량이 그만큼 큰 것이리라.

그러나 초국가기업 삼성은 이건희 회장이 최근 자녀들에게 상속권을 넘기면서 젊은 3세 경영인들이 앞장 선 가족중심체제의 분할구도로 변질되어 가고 있다. 개인기업의 전형으로 국민적 비판의 대상이 되고 있는 것은 바로 이 때문이다.

이건희 회장이 삼성그룹의 제2창업을 선언하고 신경영에 나설 무렵 5년여 동안 해외를 떠돌던 맹희 큰 회장이 돌아왔다.

그는 삼성과 일체 인연을 끊은 지 오래 되었으나 이건희 회장의 가신그룹은 뒤늦게 자연인 이맹희를 '큰 회장'으로 호칭했다. 다만 삼성 본가의 큰 어른이라는 예우차원이었다.

어쨌든 그는 오랜 외유 끝에 홀가분한 기분으로 김포국제공항에 내렸으나 엉뚱하게도 총기밀수라는 구설수에 올라 시중에 새로운 화젯거리를 제공하게 된다. 아직도 그를 경계하며 새삼 존 듀폰의 광기를 상기시키려는 삼성의 조직적인 해코지인지도 몰랐다.

한동안 세인의 관심사에서 잊혀졌던 그는 또 다시 뜻밖의 덫에 걸려 곤욕을 치러야 했다. 이른바 '비운의 사도세자'에게 끊임없이 되풀이되는 저주의 굿판이기도 했다. 어쨌든 실수는 맹희 큰 회장 자신에게 있었다.

'쌍권총 밀수사건'. 그는 남미 여행 도중 아르헨티나에서 사격선수용 권총 두 자루와 실탄 130여 발을 사들였다. 그 총은 레이저 빔을 이용하여 조준하게 돼 있는 것이 특이해 비록 사격연맹에서 손을 뗀 지 오래 되었으나 태릉선수촌의 남녀선수단에 각각 한 정씩 기증할 목적으로 선뜻 구입했던 것이다.

원래 사격에 취미가 깊었고 사냥을 즐기는 그는 1960년대에 '대한사격연맹회장'까지 지낸 한국 사격계의 원로이다. 그가 사격연맹회장을 맡고 있을 무렵 예산 뒷받침이 되지 않아 아시안 게임이나 올림픽 출전선수들이 열악한 환경에서 사격연습에 몰두하는 것을 보고 사비를 들여 외국에서 성능 좋은 연습용 총기를 한꺼번에 20여 자루와 실탄 수십만 발씩 들여와 쓴 일도 있었다.

그는 사격연맹회장을 그만 둔 후에도 가끔씩 외국에 나갈 때면 으레 한두 자루씩 총기를 들여와 선수들의 연습용으로 건네주기도 했다. 지금도 태릉선수촌에는 그가 기증한 독일제 런닝 보어와 미제 스미스 앤드 웨손, 레밍턴 등의 총기류 20여 자루와 실탄 수십만 발이 보관되어 있다. 게다가 개인적으로도 수십 종의 총기류를 관할 경찰서에 영치해 두고 있다.

그런 일이 워낙 잦아 낯이 익은 세관원들 사이에도 이미 관행으로 널리 알려진 일이었고 입국심사 때 신고만 하면 그대로 통관되기 일쑤였다. 그러나 이번에는 사정이 달랐다. 여느 때처럼 입국신고서에 분명히 아르헨티나제(製) 레이저 빔 권총 두 자루를 신고했으나 공항에서 담당 세관원이 그동안의 관례를 깨고 무조건 밀수품으로 몰았다.

더욱 기가 막히는 것은 그가 입국수속을 밟기도 전에 각 언론사의 공항출입기자들까지도 이미 이 사실을 알고 추적하고 있었다는 점이다. 특히 『중앙일보』 공항출입기자는 의전기자라 해도 과언이 아닐 만큼 『중앙일보』 임원은 말할 것도 없지만 삼성의 사장단 일원이나 이른바 로열패밀리인 삼성가의 사람들의 출입국 수속을 대행해 주는 것이 주요 임무 중 하나였다. 하지만 그날 따라 낯이 익은 『중앙일보』 기자는 코빼기도 보이지 않았다.

게다가 낯이 익은 삼성 비서실 직원도 몇이 눈에 띄었으나 그들은 곤경에 처한 이맹희 씨를 확인이라도 하려는 듯 힐끔힐끔 쳐다보면서 뒤꽁무늬만 빼고 있었다. 뭔가 일이 이상한 방향으로 꼬여가고 있다는 사실을 직감했다. 굳이 『중앙일보』기자나 삼성 비서실의 안내를 받지 않더라도 그동안 내 집 드나들듯 해외여행을 자주 하는 사람이 그야말로 바보가 아닌 이상 입국 수속 때 당장 감식기에 걸려든다는 사실을 번연히 알면서도 여행가방 속에 총기를 넣어 왔겠냐는 것이다. 생각할수록 황당하고 어이가 없었다.

"이 총은 제일 위험한 물건입니다."

세관원은 아예 입국신고서도 보지 않고 당장 쌍권총부터 가려내 밀수로 몰아갔다.

자초지종 총기 입수과정도 묻지 않았다. 다만 경위서를 쓰라고 일방적으로 강요할 뿐이었다. 그러고는 한다는 소리가 "이 이야기는 일절 바깥에서 하지 마십시오"라면서 주의를 환기시키며 방면해 주는 거였다.

'바깥에 나가 말하지 말라'는 이야기는 습관적으로 안기부 직원들의 입에 발린 소리였다. 또 뭔가 석연찮은 일이 벌어지고 있다는 사실을 직감할 수 있었다.

아니나 다를까, 그날 방송 뉴스를 시발로 조·석간 할 것 없이 도하 각 신문에 '삼성그룹 창업주 故 이병철 회장 장남 이맹희 쌍권총 밀수'라는 제목으로 일제히 보도했다. 내용인 즉, 그가 '이건희 회장을 위협하고 삼성의 경영권을 되찾기 위해 쌍권총까지 밀수했다'는 것이었다.

  참으로 황당하다 못해 참담하기만 했다. 심지어 어느 신문은 카우보이 복장으로 변신한 그가 이건희 회장에게 쌍권총을 겨누며 위협하는 시사만평까지 곁들였다.

  이맹희 거부세력들이 아직까지도 권력집단과 언론사를 동원해 그에게 삼성가의 장남 행세도 하지 말고 납작 엎드려 있으라는 적신호를 보냈는지도 몰랐다.

20
잇단 수난

터무니없는 총기밀수사건으로 한바탕 곤욕을 치르고 나자 이번에는 또 엉뚱한 밀수사건이 부산에서 터지고 말았다. 한마디로 설상가상이었다.

1992년 추석 하루 전날.

난데없이 김해세관에서 '화주(貨主) 이맹희 씨 앞으로 도착된 화물이 밀수품'이라는 황당한 연락이 왔다.

그 무렵 이맹희 씨 본인뿐 아니라 부인과 자녀 등 온 가족이 쌍권총 밀수사건의 충격을 받고 마치 중죄인처럼 삼성 비서실과 본가의 눈치를 살피며 살얼음판을 걷듯 전전긍긍하고 있었다.

세관원이 전하는 말로는 '일본 오사카의 간사이(關西)국제공항에서 탁송한 컨테이너에 적재된 연산홍 분재가 통관수속은커녕 식물검역도 받지 않은 채 김해공항에 도착해 세관에 압류되어 있다' 는 것이었다. 세관 측에서도 "참으로 희한한 일이 벌어졌다"며 혀를 찼다.

검문검색이 철두철미한 곳으로 알려진 간사이국제공항에서 아예 통관절차도 밟지 않고 식물검역도 받지 않은 문제의 연산홍 분재가 한두 점도 아닌 컨테이너째 항공화물기 편에 실려 그대로 탁송되었다니 누가 봐도 기가 막힐 노릇이 아닐 수 없었다.

세관 측에서 볼 때 반드시 식물검역을 받게 되어 있는 연산홍 분재를 검역은커녕 통관절차도 거치지 않고 불법으로 탁송한 일본인 화주의 배후에는 대단한 실력자가 있을 것으로 판단했다.

그리고 한국에서도 삼성가의 장남 이맹희 씨 정도라면 그에 버금가는 실력자일 수도 있다는 추측이 가능했다. 게다가 이맹희 씨는 노태우 대통령과 죽마고우라는 사실도 알 만한 사람은 다 알고 있는 처지가 아닌가. 그런 의미에서 일본의 실력자가 컨테이너에 가득한 연산홍 분재를 한국으로 탁송했다는 사실은 어쩌면 있을 수 있는 일인지도 몰랐다.

하지만 일본 측 화주가 한국의 인수자에게 사전 통보도 없었다는 것은 생각할수록 황당했다. 긴가민가 곰곰이 생각해 보니 이맹희 큰 회장이 일본에 들렀을 때 평소 알고 지내던 야쿠자계 인사인 재일동포 류(柳)모 씨 안내로 오사카의 한 분재원을 구경한 일이 있었다.

그곳에서 연산홍이 흐드러지게 피어난 분재를 보고 감탄하자 류 씨가 즉석에서 기꺼이 기증하겠노라고 말했다. 그는 그 말을 그냥 지나치는 소리로 한쪽 귀로 듣고 한쪽 귀로 흘리면서 귀국한 뒤 그동안 줄곧 잊고 지내왔던 것이다. 그런데 그것이 어느 날 날벼락처럼 자신을 곤경에 빠뜨릴 줄이야.

일본의 야쿠자란 미국의 마피아처럼 이익을 위해 수단과 방법을 가리지 않는 암흑가의 거대한 범죄집단으로 알려져 있다. 그러나 집단구성원과 그들이 휘두르는 흉기가 근본적으로 다르다. 미국의 마피아는 주로 서부개척시대의 총잡이처럼 총기를 주무기로 삼고 있으나 일본의 야쿠자는 니폰도(日本刀)가 주무기이다.

게다가 그 니폰도도 함부로 쓰지 않는다. 스스로 사무라이의 후예인 '정의의 칼잡이'라고 자칭하는 그들은 폭력집단이 아니라 애써 협객(俠客)임을 자임하는 그들 나름대로의 원칙이 있었다. 왜냐하면 그들이 사용하는 니폰도는 '야마토 타마시(大和魂)'의 혼이 스민 메이도(銘刀)이기 때문이다.

야마토 타마시란 일본민족 고유의 정신을 말한다. 메이지(明治) 천황시대에는 민족주의의 핵심적 요소로 중시되어 국가와 천황에 대한 충성과 사랑으로 주창되었다. 그러던 것이 쇼와(昭和)시대에는 침략전쟁을 일으키며 전시를 선포하고 천황에 대한 충성과 군국주의의 대외침략을 정당화하는 정신적 지주로 삼았다고 한다.

한마디로 국가와 천황에게 충성을 다하는 신민(臣民)으로서 혼을 불사른다는 뜻이다. 그러기에 야쿠자들은 혼을 불사르는 전통적인 사무라이의 정신(武士道)을 이어받기 위해 검법(劍法)에 의해서만 니폰도(日本刀)를 사용하는 원칙을 지키고 있다.

사무라이 정신이란 일본인들의 정의로운 정신윤리와 직결된

무사도로 인격도야의 상징인 '생활도(生活道)', 즉 살아 있을 때에는 정의에 충만하고 죽을 때에는 치욕을 당하지 않고 명예롭게 죽는다는 것을 말한다. 일본인들이 흔히 자존심을 지키기 위해 결행하는 '셋푸쿠(切腹·할복자결)'가 사무라이 정신을 지키는 가장 명예로운 죽음이라고 한다.

그런 영향 때문인지 우리나라에도 일제강점기부터 광복 이후의 해방공간, 6·25전쟁 시기에 야쿠자와 별반 차이가 없는 협객집단이 우후죽순처럼 생겨나기도 했었다. 그것을 천하통일한 대표적인 협객이 독립군 총사령관 김좌진 장군의 외아들 故 김두환(전 국회의원)이다.

이맹희 큰 회장은 어쩌면 도쿄 유학시절부터 이 같은 사무라이 정신에 심취하여 야쿠자계 인사들과 자연스럽게 교분을 맺어 왔는지도 몰랐다. 꽤 오래된 이야기지만 더러 야쿠자들과 어울려 골프도 치고 한국계 프로레슬러인 리키도상(力道山)과도 친분을 쌓았다고 했다. 극일(克日)정신에서 비롯되었다는 이야기다. 그런 인연으로 막내 건희 회장도 와세다대학 유학시절 한 일 년간 큰형 맹희처럼 유명한 야쿠자들과 어울려 암흑가에서 놀아본 경험이 있다고 했다.

그들 형제가 야쿠자들과 자연스럽게 어울린 것은 단순한 호기심과 모험심보다 특수한 조직의 톱(Top)이나 리더에 오르기까지 피나는 투쟁과 노력의 과정을 거치는 야쿠자 세계에서 나름대로 배울 점이 많았기 때문이다. 매사에 철저하고 때론 인간미가 넘쳐 흐르고 그리고 조직원이 어떤 잘못을 저질러 징벌을 가할 때는 사정없이 가하고 포상을 할 때에는 깜짝 놀랄 정도로 푸짐하게 포상하는 그런 조직체계가 기업경영에도 반드시 필요했다고 한다.

그래서 그들 형제는 이후 야쿠자나 프로레슬러들과 맺은 인간적인 친분을 꾸준히 지켜 왔다는 것이다. 특히 이건희 회장은 비록 아마추어지만 고교시절부터 레슬링 선수 출신이 아닌가. 게다가 그는 오랫동안 한국레슬링협회 회장(명예 10단)을 맡아 아시안 게임이나 올림픽 게임에서 한국 레슬링을 메달박스로 올려놓은 공적도 찬란하다.

이맹희 씨는 일본 야쿠자계 인사가 보낸 연산홍 분재가 밀수사건으로 비화되자 안절부절 어찌할 바를 몰랐다. 야쿠자와의 인간적인 관계가 언론에 잘못 알려질 경우 엉뚱하게 덤터기를 쓰고 또 무슨 망신을 당할지 생각만 해도 끔찍했기 때문이다.

흔히들 밥 먹듯 하는 소리로 망상증에 걸린 자의 소행으로 매도당하는 것은 말할 것도 없지만 자칫 세계적인 폭력집단으로 알려진 일본 야쿠자계와 엮어 일방적으로 폭로한다면 말 한마디 못하고 고스란히 당할 수밖에 없는 것이 불을 보듯 뻔했다.

아직 삼성 쪽에서도 이 사실을 아는 사람이 아무도 없었다. 특히 그는 이런 황당한 이야기가 삼성 쪽에 알려지는 것을 가장 두려워했다. 거부세력들이 또 침소봉대하여 무슨 구설을 만들어 낼지 몰랐기 때문이다. 그나마도 삼성가에서 믿고 의지할 수 있는 사람이라곤 서매제(庶妹弟)인 『중앙일보』 이종기 부회장밖에 없었다. 언론의 입을 막기 위해서는 무엇보다 매제 이종기의 힘이 필요했다.

이종기는 그 당시 『중앙일보』 대표이사 사장직에서 물러나긴 했으나 부회장으로 상징적인 자리는 계속 지키고 있었다. 큰 처남 맹희 씨의 연락을 받은 그는 즉각 영남취재본부장으로 대구에 주재하고 있던 나를 불렀다.

"빨리 부산으로 내려가 진상조사와 함께 사태를 수습하라."

극비의 지시사항이었다.

그날 따라 억수비가 쏟아지고 있었다. 마침 부산·대구에 주재하고 있던 영남권의 기자들은 모두 추석 연휴를 맞아 귀성 중이었다. 나도 동대구역에서 귀성길에 오르려다 이종기 부회장의 연락을 받고 그 길로 택시를 대절해 부산으로 내달린 것이다.

빗길을 뚫고 김해세관에 도착해 보니 세관장을 비롯한 심리과장·여구과장 등 간부들이 모두 정상출근해 있었으나 평소 발바닥에 불이 나게 쫓아다니던 출입기자들의 모습은 한 사람도 보이지 않았다. 세관 간부들의 얘기로는 출입기자들이 모두 연휴에 들어가는 바람에 기자실이 텅 비어 있다는 것이었다. 나는 긴 한숨을 삼키며 일단 안도했다.

'과공(過恭)은 비례(非禮)'라 했던가. 김해세관이 일본 관세청의 협조를 받아 조사한 결과 역시 예측했던 대로 오사카의 야구자계 인사가 일종의 과시욕에서 평소 일본을 자주 내왕하던 삼성의 이맹희 큰 회장에게 환심을 사기 위해 일방적으로 벌인 해프닝이었다.

이종기 부회장은 이 같은 보고를 받고도 안심을 못해 추석차례를 마치자마자 바로 부산으로 내려와 김해공항과 가까운 해운대의 파라다이스호텔에 머물며 사태의 추이를 지켜봤다.

김해세관은 일단 본의 아니게 화주로 지목된 이맹희 씨를 관세법 위반혐의로 입건하고 곧 바로 검찰에 서류송치하여 관세포탈에 따른 벌금 300만 원을 부과하는 등 연휴기간에 사건을 일사천리로 진행시켰다. 비록 법대로 처리했지만 상당히 협조적이었다. 그것만도 천만다행이 아닐 수 없었다.

김해세관에서 신속히 처리하는 바람에 이른바 '연산홍 분재 밀수 해프닝'은 아예 언론에 공개되지 않았고 삼성 본가에서나 비서실도 모르게 일단락 지을 수 있었다.

이종기 부회장은 애초 제일제당(현 CJ그룹) 이창업 사장의 권유에 따라 결혼과 동시에 서울은행을 사직하고 제일제당 경리과장으로 입사했다. 은연중 오너인 장인 이병철 회장의 배려를 이창업 사장이 대신해 준 것이다. 이후 부장·이사로 승진할 때까지 줄곧 제일제당에서만 근무해 왔다.

그러다가 삼성그룹 경영권의 후계구도가 건희 부회장으로 기울어 갈 무렵이던 1973년 이병철 회장의 특명에 의해『중앙일보』·〈동양방송〉관리이사로 자리를 옮긴다. 특히 경리에 밝은 데다 자금관리에도 노하우가 있다는 경륜을 인정한 이 회장이 서사위 이종기를 건희 부회장의 측근에 앉혀 후계구도를 준비하라는 깊은 뜻을 내비쳤기 때문이다.

어쩌면 이종기로서는 명문 중·고·대학을 나와 서울은행과 제일제당에서 근속하는 동안 특히 금융계와 정·관계에 쌓아 놓은 학맥과 인맥을 활용할 기회가 찾아온 것인지도 몰랐다. 잘만 하면 장인어른 이병철 회장과 손아래 처남 건희 부회장의 눈에 들 수도 있을 것이었다.

그는 주어진 일을 대과 없이 열심히 처리했고 중앙매스컴뿐 아니라 삼성의 마당발로 뛰어다니며 오너를 대신해 대외활동 범위를 넓혀가는 동안 상무·전무·부사장까지 순탄하게 승진한다.

그 무렵 그는 육군 제1사단 및 제9사단장을 역임한 전두환, 노태우 장군과도 호형호제하며 교분을 쌓아가고 있었다. 제일제당 시절부터 그들이 지휘해온 부대들과 자매결연을 하고 해마다 명절 때나 연말연시에 제일제당 제품을 트럭째 위문품으로 보내주었기 때문이다.

그러다가 1980년 동양방송이 언론통폐합으로 KBS에 흡수·통합되던 어려운 시기에 『중앙일보』 사장으로 취임하게 된다. 하지만 아이러니하게도 동양방송까지 빼앗아간 신군부 세력들과 또다시 손을 잡지 않을 수 없었다. 이병철 회장의 소신대로 불가근불가원의 원칙을 고수하다간 그룹차원에서 무슨 화를 자초할지 몰랐기 때문이다.

이후 그는 89년 7월까지 제5·6공화국의 무단정치가 소용돌이치던 격동기에도 학연·지연으로 얽힌 권력실세들과의 인맥을 꾸준히 쌓아가며 삼성그룹의 로비스트로도 꾸준히 활동해 왔다. 그러던 중 1990년대 들어 재벌이 언론사를 소유할 수 없다는 정부의 정경분리정책에 따라 삼성이 『중앙일보』와 경영분리를 단행하면서 경영권을 이건희 회장의 처남인 홍석현 사장에게 넘겨주고 잠시 허울뿐인 부회장으로 자리를 지켰다.

그 무렵 이종기 부회장은 불행하게도 미국 워싱턴 D.C.에 유학 중이던 둘째 아들을 비명에 잃고 만다. 비보를 접하고 미국으로 날아간 이 부회장 내외는 화장한 아들의 유골을 포토맥 강에 뿌리고 돌아와 식음을 전폐한 채 두문불출했다. 자식을 가슴에 묻고 살아갈 자신이 없는 데다 평소의 우울증이 도졌기 때문이다.

둘째는 어릴 때부터 적서(嫡庶)의 법도가 엄격한 외가의 내력과 가풍에 눈을 뜨면서 서손(庶孫)에 대한 차별적인 콤플렉스를 느끼며 언제나 반항적인 기질로 말썽깨나 부리기도 했다. 어른(외할아버지)이 저질러 놓은 원죄 때문에 적서의 차별을 대물린 부모가 너무도 원망스러웠다고 했다. 그래서 본의 아니게 자식을 미국에 유학까지 보내놓고도 이종기 부회장의 가슴앓이가 말이 아니었다.

그런 자식이 비명에 이승을 떴으니 그 충격이 오죽했을까. 그는 한동안 죄의식에 사로잡혀 방문을 걸어 잠그고 외부와 연락을 끊고 오직 술에만 의존했다. 『중앙일보』임직원들이 찾아가도 일체 만나주지 않았다. 심지어 왕할머니가 찾아도 "마음의 안정을 되찾는 대로 찾아뵙겠다"는 전화만 드렸다고 한다.

그래서 자식 잃은 이들 내외를 딱하게 여긴 왕할머니가 또 나를 찾은 것이다. 왕할머니 역시 외손주를 잃은 충격에서 벗어나지 못해 전화 통화 중에도 말문을 제대로 잇지 못하고 울먹이곤 했다.

"야야, 이 군아! 종기 내외를 저대로 놔뒀다가 산 사람 죽이겠다. 우에 현불사 같은 데 데려갈 수 없나? 절 바람이라도 좀 쐬면 나을란지…."

왕할머니는 부처님의 가피력이 있다는 현불사를 잘 알고 있었다. 선대 이병철 회장이 사경을 헤매고 있을 무렵 이종기 사장이 그 절을 찾아다니며 정진기도했다는 사실을 이미 여러 번 전해 들었기 때문이다.

"예, 안 그래도 뭐 좀 생각하고 있는 중입니더만 제 말을 잘 들을지 모르겠십니더."

"와, 안 있나. 거 뭐꼬 설송 대법사라 캤나, 큰 시님이라 캤나?"

"아 예, 설송 대법사 말입니꺼?"

"그래, 그 양반이 부르믄 안 가겠나?"

"예, 그 방법도 강구해 보겠십니더."

"그래, 이 군아! 내는 니만 믿는다. 빨리 손 좀 써 봐라. 벌써 며칠 째 물 한 모금 안 마시고 죽을 작정하고 누워 있다 안 카나. 쯔쯧…."

나는 왕할머니와 통화를 마치고 나서 무작정 이종기 부회장에게 전화를 넣었다. 긴가민가했더니 다행히도 내 전화를 받아주는 거였다.

"아니, 어쩌자고 그렇게 두문불출하고 계십니까? 고인의 천도재를 올려 극락왕생토록 해야 되지 않겠습니까?"

미처 생각없이 말했으나 그는 폐부를 찌르는 소리로 받아들였다.

"음, 그걸 미처 생각지 못했구먼."

"그렇잖아도 현불사에서 천도재를 준비하고 있는데 설송 대법사께서 가능한 한 두 내외분께서 빨리 내려오시라고 합니다."

"그래, 알았어. 내려가야지."

"그럼 저도 대구에서 떠나겠습니다."

숫제 일방적인 전화였다.

아예 현불사의 설송 대법사와 상의도 하지 않았던 터였다. 그래서 현불사로 급히 전화를 넣었더니 그쪽에서 당장 내려오라는 게 아닌가. 보싯돈이 생기는데 그걸 마다할 절이 어디 있겠는가.

소백산 관광호텔에서 이 사장 내외분을 만나 우선 억지로 요기부터 시켰다. 몇 숟가락밖에 뜨지 않았지만 일주일 만에 밥을 처음 입에 대 본다고 했다. 그곳에서 출발하여 다시 두어 시간을 달려 현불사에 당도하고 보니 이미 대웅전에서 천도재가 봉행되고 있었다. 문광법사가 불사를 이끌었다.

극락전 본존불 아래에는 선대 이병철 회장의 위패가 모셔져 있고 바로 그 오른 쪽에 고인의 위패를 새로 모셨다. 두 내외는 고인이 생전에 그렇게도 경원하던 외할아버지 옆에 나란히 위패로 모셔져 있는 것을 보고 그나마도 큰 위안이 되는 듯 아들의 위패를 어루만지며 한없이 흐느꼈다.

천도재가 끝난 뒤 두 내외는 영령보탑을 찾아 12지인연법(十二支因緣法)에 따라 12바퀴를 돌며 탑돌이 기도를 마치고 요사채에서 설송 대법사를 친견했다.

가부좌를 튼 채 단주를 굴리며 지그시 두 눈을 감고 앉아 있던 대법사는 두 내외가 배례를 마치자 느닷없이 이렇게 말했다.

"영계(靈界)에 들어가 보니 고인은 이미 이승을 뜬 순간에 미국인으로 환생했더군."

너무도 간단명료했다.

두 내외가 무슨 영문인지 몰라 어리둥절해 하자 대법사는 고개를 끄덕이며 다시 말을 이었다.

"찰나적이었지. 참 잘된 일이야."

"……?"

"찰나가 무엇이냐. 한 순간… 그것도 시간으로 따져서 75분의 1초에 해당할 만큼 눈 깜짝할 사이도 없이 스쳐 지나가 버린다는 뜻이야. 그 찰나에 고인은 아무 고통도 없이 이승을 뜨고 그 찰나에 환생했다는 얘기야. 억겁의 윤회도 거치지 않고 세상에 그런 행복한 죽음과 환생은 있을 수 없는 게야. 드문 일이지, 아주 드물고 말고…."

그 말에 감격한 두 내외는 무릎 꿇고 합장한 채 연방 머리를 조아리며 안도의 한숨을 토해내곤 했다.

그러나 나는 도무지 이해가 되지 않았다. 적어도 평범한 내 상식으로는 황당하기 그지없었다. 그래서 두 내외를 제치고 내가 먼저 운을 뗐다.

"대법사님! 그럼 고인은 미국 어느 가문에서 태어났는지요?"

"명문대가야."

"아니, 그렇다면 어느 명문대가인지 가문의 이름도 알 수 있겠군요."

"으음… 까타… 까타야."

"아하, 그렇다면 미국 대통령을 지낸 카터 씨 집안이겠군요."
"그, 그렇겠지."

눈을 끔쩍이며 더듬거리는 투로 봐 도저히 믿기 어려웠다.

하지만 믿을 수밖에 없었다. 두 내외가 무조건 설송 대법사의 말에 고개 숙이며 전적으로 동감하고 사뭇 위안을 얻은 듯 얼굴 표정이 한결 밝아졌기 때문이었다.

흔히들 도가(道家)에서도 사람이 죽으면 윤회를 통해 억겁의 세월을 거치지 않고도 환생하는 경우가 더러 있다고 했다. 설송 대법사가 도력이 얼마나 높은지 모르겠지만 고인이 찰나적인 순간에 죽음과 삶을 동시에 맞이할 수 있었다니 그것으로 위안을 삼을 수밖에 없지 않은가.

어쨌든 설송 대법사의 그 말 한마디에 두 내외는 그럴 수 없이 마음의 안정을 되찾은 듯했다. 게다가 고인의 위패가 대웅전 본존불 아래 선대 이병철 회장과 나란히 모셔져 있는 데 대해 너무도 흐뭇해했던 것이다.

그래서 덕희 여사는 현불사 스님들에게 승복을 한 벌씩 보시하겠다며 보싯돈 1200만 원을 선뜻 내놨다. 역시 12지인연법에 따른 보시인 셈이다.

이종기 부회장은 20여 년간 몸담았던 『중앙일보』를 떠나 삼성화재로 자리를 옮긴 뒤 회장을 거쳐 퇴임하면서 그동안 온갖 궂은 일을 도맡아 처리해 왔던 삼성의 마당발 역할도 마침내 종지부를 찍게 된다.

그 과정에서 그는 차명계좌로 관리해 오던 『중앙일보』 주식과 삼성의 여러 주식을 모두 오너인 이건희 회장에게 넘겨주었다. 그러나 액면가 3400여 억 원에 달하는 삼성생명의 주식은 그 당시 김영삼 대통령이 전격적으로 금융실명제를 단행하는 바람에 미처 합법적인 양도절차를 밟지 못한 채 한동안 차명계좌를 그대로 보유하고 있었다.

그러던 중 간경변에다 심한 우울증까지 겹쳐 병마에 시달리던 그는 낭인처럼 일본과 미국을 오가며 지병치료에 매달렸으나 별 효험을 보지 못했다. 간경변이 간암으로, 다시 위암으로 전이되면서 절망적인 상황에 내몰린 나머지 마지막으로 일본에 들른 그는 장인 이병철 회장이 생전에 자주 투숙했던 데이고쿠(帝國)호텔에서 자신의 처지를 비관하던 끝에 자진(自盡)하고 만다.

흔히들 '피는 물보다 진하다'고 했다. 그 무렵 아내 덕희 여사도 심한 우울증을 앓고 있었다. 장인어른으로부터 물려받은 한 가닥 핏줄에서 잘려 나간 원망과 한이 서린 탓이었을까? 그의 불행한 죽음은 아직도 베일에 싸여 있다.

'죽은 자는 말이 없다' 지만 이종기 회장이 비명에 간 데이고쿠 호텔은 공교롭게도 삼성가에 영욕을 함께 안겨준 호텔로 한동안 가족들 간에 그 호텔에 투숙하는 것을 터부시해 왔다. 애초엔 이병철 회장이 사업을 일으키고 일본 경제인들과 교분을 쌓아가며 해마다 정초에는 이른바 '도쿄 구상'으로 삼성의 도약을 다진 곳이기도 했다.

하지만 둘째 아들 창희가 부모의 반대를 뿌리치고 가족들도 참석하지 않은 가운데 일본여성 에이코(英子)를 아내로 맞아들여 쓸쓸히 결혼식을 올린 곳이 데이고쿠호텔이었기 때문이다. 이후 선대 회장은 물론 삼성가에서도 데이고쿠호텔을 외면하고 오쿠라호텔이나 뉴오타니호텔을 이용해 왔다고 한다.

그런데 하필이면 왜 이종기 회장이 느닷없이 데이고쿠호텔에 투숙해 자진한 것일까? 소식을 접한 삼성가(家)에서는 내내 쉬쉬하며 그의 죽음에 대해 얘기하는 것을 금기시해왔다. 특히『중앙일보』경영진에서도 20여 년간 임원으로 봉직해오면서 대표이사 사장(발행인·인쇄인)을 거쳐 부회장까지 지낸 그의 죽음을 철저히 외면했다.

마땅히 회사장(會社葬)이나 하다못해 사우회장(社友會葬)이라도 치러주는 것이 도리였으나 그런 예의를 무시한 채 제대로 된 장례는커녕『중앙일보』지면에 부고(訃告) 기사 한 줄 내비치지 않은 비정함을 보였다.

게다가 이건희 회장은 그의 무덤에 흙이 채 마르기도 전에 삼성생명의 차명계좌를 몽땅 되찾아 갔다. 하지만 어떤 형태로든 불·편법 증여를 피하기 위한 명분을 세워야 했다. 그래서 느닷없이 '故 이종기 전 삼성화재 회장이 3400억 원 규모의 삼성생명 주식을 삼성그룹에 무상기증했다' 는 터무니없는 기사 한 줄을『중앙일보』지면에 실어 비로소 그의 죽음을 세상에 알린 것이다.

삼성가의 치졸하고 비열한 인간미를 드러낸 케이스가 아닐 수 없다. 어쩌면 창업주 이래 삼성가의 혈연이 악업을 쌓아 온 업보(業報)인지도 몰랐다.

21
어두운 유산

선대 이병철 회장 서거 이후 범삼성가는 계속 액운으로 이어졌다.

둘째 아들인 새한미디어그룹 창희 회장이 혈루암으로 투병하다가 별세하고 말았다. 1991년 말 이건희 회장이 제2창업을 선언하고 날개를 단 삼성그룹이 글로벌기업으로 도약하기 위해 신경영에 나설 무렵이었다.

맹희 큰 회장은 동생 창희 회장이 병석에 누운지도 모르고 외유 중이었다. 모처럼 자의에 의한 출국이라고 했지만 사실 따지고 보면 타의에 의한 외유였다. 삼성그룹 총수로 취임하는 막내 동생 건희 회장에게 부담을 주지 않겠다며 떠난 것이니까. 그런데 정작 우애 깊었던 창희 동생을 잊고 있었던 것이다.

불과 두 살 차이지만 어릴 때부터 형을 따르고 아버지의 가신들에 의한 납치극이 벌어졌을 때에도 이심전심으로 도우며 우애를 나눠 왔는데 정작 맹희 큰 회장은 동생이 사업에 전력투구하고 있는 줄만 알았지 근황에 대해 별로 신경을 쓰지 않았던 것이다.

그래서 그는 동생이 몹쓸 병에 걸려 이국만리에서 유명을 달리한 것도 까맣게 모르고 귀국했던 것이다. 그는 동생의 영정을 바라보며 임종을 지켜주지 못한 죄스러움에서 격한 감정을 억제하지 못하고 한없이 통곡했으나 돌이킬 수 없는 실수를 저지르고 만 것이다.

대한민국 해외유학생 제1호로 일본 와세다대학을 졸업하고 경영학 박사과정까지 마친 창희 회장은 형 맹희 큰 회장보다 와일드하고 야망이 큰 삼성가의 풍운아였다. 통 큰 리더십으로 평소 따르는 임직원들도 많았다. 1960년대 중반에는 한국비료 밀수사건으로 삼성이 경영위기에 빠지자 그는 스스로 모든 책임을 지고 옥고까지 치렀다.

6개월간 옥살이를 하고 병보석으로 풀려난 그는 한국비료 밀수사건의 악몽에서 벗어나 책임감 있게 삼성에서 헌신적으로 일하고 싶어 했다. 건강을 회복하고 법적인 문제도 원만히 해결되자 형 맹희의 권유도 있고 해서 본격적으로 경영일선에 나서려 했으나 아버지 이병철 회장은 그런 아들을 바로 보지 않았다.

고집 센 둘째 아들의 남다른 야망과 배포를 경계한 탓이었을까, 아버지는 삼성을 위해 옥고까지 치르고 나온 아들을 아예 경영에서 소외시키고 냉대하기 일쑤였다. 한국비료 밀수사건의 후유증으로 재계에서 은퇴하면서도 고분고분한 장남 맹희한테는 삼성그룹 전체의 경영을 책임지는 총수자리를 물려주면서도 둘째 창희에게는 고작해야 제일제당, 제일모직 이사 자리밖에 주지 않았다. 그것도 의욕적으로 경영에 적극 참여하는 자리가 아니라 상징적인 자리에 불과했다.

창희는 아버지가 자신을 믿어주지 않고 철저하게 불신하는 데 대한 반발이 심했다. 때문에 그는 아버지에게 노골적인 반감을 드러내며 경영권 승계문제까지 들고 나와 갈등을 빚기 시작한다.

그는 아버지가 왜 자신을 미워하는지를 진작에 알고 있었다. 아버지의 반대를 뿌리치고 일본인 여성 에이코를 아내로 맞아들이는 고집을 꺾지 않았고 이로 인해 아버지로부터 불효막심한 자식으로 낙인 찍혔기 때문이다.

따지고 보면 부자간의 갈등은 이미 오래 전부터 싹터 왔다고 해도 과언이 아니다. 그래서 그런지 아버지는 원래 감정표현이 없는 절제된 모습이긴 했으나 생전에 둘째 며느리를 바로 보지 않았고 슬하의 손주들에게도 미소 한번 띠지 않은 냉혹함을 보였다. 어쩌면 그런 엄부(嚴父)의 모습에서 상대적으로 느낀 반발심리가 노골적인 반항으로 이어졌는지도 몰랐다.

그런 가운데 형 맹희가 경영권을 승계하면서 그나마도 형제간에는 우애가 깊었으나 1970년대 초 아버지가 다시 경영일선에 나서면서 부자간에 갈등은 골이 깊어진다. 결국 창희는 어리석게도 아버지의 경영복귀를 저지하기 위해 천륜을 저버린 모반행위로 청와대에 투서까지 하고 삼성가의 이단자가 되고 만다.

이후 아버지의 눈 밖에 나 한동안 미국에서 유배생활을 하다가 귀국해서는 새한미디어를 창업, 독자적인 기업을 이끌면서 내내 인고의 세월을 보냈다. 그래서 그를 두고 주위에서는 '삼성가의 풍운아'라고 불렀다.

그런 그가 병마에 시달리다가 파란만장한 일생을 마친 것이다. 창업주 이병철 회장의 별세에 이어 삼성가에 닥친 또 하나의 비극이었다. 하지만 삼성가의 로열패밀리들은 냉랭했다. 그가 미국에서 사경을 헤매고 있을 때 건희 회장이 미국으로 건너가 뜬눈으로 밤을 지새우며 문병한 것이 형제애를 나눈 마지막 기회였다고 한다.

故 이창희 회장이 설립한 새한미디어는 한때 독창적인 아이디어로 비디오테이프를 개발하여 수출전략으로 아일랜드를 비롯한 해외에 잇단 현지법인을 세우는 등 중견그룹으로 착실하게 성장해 왔다.

창희 회장은 한때 삼성 창업주인 아버지 이병철 회장과 천륜을 끊을 만큼 갈등도 심했지만 그나마도 삼성가의 큰 줄기를 유지해 왔다. 하지만 자신이 창업한 새한미디어가 본 궤도에 오를 무렵 불행하게도 혈루암에 걸려 투병하던 끝에 세상을 뜨자 경영권에 갑자기 공백이 생겼다.

유가족인 미망인 에이코 여사와 재관·재찬 형제에게 경영권이 승계되긴 했으나 선대의 빈자리를 메우는데 한계가 있는 데다 변화무쌍한 글로벌 경제에 제대로 대처하지 못했다.

게다가 새파란 30대 중반에 불과한 이들 형제는 아버지가 일으킨 새한미디어그룹의 회장과 사장으로 기업을 이끌면서도 경영에 전념하기보다 재계에 얼굴을 알리는 데 신경을 쏟았다. 그들 형제는 글로벌 경제를 주도한다는 재벌 2·3세들의 사교모임인 YPO(Young Presidents' Organization)의 멤버로 활약하며 한때 전도유망한 재벌 2세로 매스컴에 클로즈업되기도 했다.

그 당시 YPO란 세계 74개국에 128개 지부를 둔 젊은 기업인들의 국제적인 사교모임으로, 한국지부에는 40세 이전에 가업을 물려받았거나 기업의 총수가 된 내로라하는 재벌 2·3세들이 거의 참여하고 있었으며 정회원(YB) 60여 명에 특별회원(OB)만도 20여 명에 달했다.

경영경험도 일천한 그들 형제가 엉뚱한 데에 정신이 팔리고 있는 사이 어머니 에이코 여사가 소리 없이 무너지는 가업을 일으켜 세우기 위해 경영일선에 나섰으나 역시 한계에 부닥칠 수밖에 없었다.

게다가 원래 한국의 고루한 풍습에 익숙하지 못했던 에이코 여사는 일본인이라는 이유로 애초부터 삼성가(家)의 며느리나 여형제들과 친숙한 사이가 되지 못했고 소원한 상태에서 아예 의논의 상대자가 없었다.

이 때문에 기업경영에 미숙한 아들 형제의 뒷바라지에 힘이 되어주기는커녕 뒷자리에서 맴돌기만 했다. 그러던 중 경북 경산의 옛 제일합섬 부지 30여 만 평에 대규모 레저단지를 구상하다가 IMF의 치명상을 입고 더 이상 버틸 여력이 없어 주저앉고 만다. 마지막 남은 구미산업단지의 새한미디어도 경영난을 겪게 되자 설상가상으로 그룹이 공중분해되면서 1999년에는 파산선고까지 받았다.

걷잡을 수 없이 가운이 기울면서 자연 슬하의 형제간에도 우애의 틈이 벌어지고 삼성 본가와는 아무 도움도 받지 못한 채 더욱 소원해지고 말았다. 에이코 여사는 그동안 의지해 왔던 시어머니 박두을 여사가 별세하자 삼성본가와는 아예 발길마저 끊었다.

그 무렵 둘째 아들 재찬은 가정불화 끝에 부인과 이혼하고 빈털터리가 되어 월세 아파트를 전전하는 등 뜨내기 생활로 연명하며 한동안 어머니와 형제들에게도 소식을 끊고 지냈다고 했다. 그러던 재찬은 현실의 고단한 삶을 견디지 못해 2010년 10월 스스로 목숨을 끊고 세상을 등지는 비극을 자초했다. 허망한 죽음이었다.

40대 중반의 한창 나이에 아파트 옥상에서 투신자살한 전 새한미디어 사장 이재찬은 누가 뭐래도 삼성가의 적손(嫡孫)이다. 비록 경영경험이 일천했으나 새한미디어의 오너 경영에 참여하면서부터 아버지의 젊은 시절처럼 야망도 컸다고 했다. 그런 그가 한창 일할 나이에 잇단 사업 실패로 좌절감에서 헤어나지 못해 자살하자 이창희가(家)의 몰락이라고 했다.

이창희가의 가족들은 삼성 본가의 적손이면서도 이미 잊혀진 가족이 되었고 재찬이 마지막 가는 길도 역시 쓸쓸했다고 한다. 장례식장에는 아예 빈소도 차려지지 않았고 장례식에도 이혼한 부인과 두 아들, 친형제들만 참석했을 뿐 삼촌(이건희 회장)과 사촌 등 삼성본가의 가족들은 아무도 보이지 않았다고 했다. 삼성가에 수신제가(修身齊家)의 법도를 지킬 어른다운 어른이 없기 때문인가?

또 하나의 원죄(原罪). 이병철 회장은 비명에 간 첫째 소실(小室·이종기의 장모) 외에도 삼성물산을 창업한 지 얼마 안 된 1940년대 말, 수신제가에 또 다시 비극적인 상처를 남긴다.

대일(對日)무역 관계로 일본에 자주 드나들다 알게된 구라다(倉田)라는 젊은 여자를 두 번째 소실로 맞아들여 도쿄에서 극비에 딴살림을 차리고 슬하에 남매까지 두었기 때문이다. 그 맏이가 아들 야스테루(泰輝), 둘째가 딸 게이코(惠子).

이들 국적이 다른 서얼(庶孼)도 모두 이병철 회장의 호적에 올라 있다. 물론 본가나 적자들의 반대가 심했지만 그런 점에서 이 회장은 어느 권력자나 재벌처럼 친자 확인소송 같은 골치 아픈 일에 휘말리지 않고 자신의 핏줄을 제대로 챙겼다고 할 수 있다.

이병철 회장이 둘째 아들 창희가 일본인 여성 에이코와 인연을 맺어 결혼하겠다고 나섰을 때 끝까지 반대한 이유도 자신이 소실로 맞아들인 현지처 구라다 상(氏)과 삼성가 여인들의 불편한 관계를 익히 겪었기 때문이었다. 본가인 박두을 여사도 진작에 남편이 일본에서 젊은 여자와 지낸다는 소식은 어렴풋이 들어 알고 있었으나 딴살림을 차리고 슬하에 자식까지 두었다는 사실은 전혀 몰랐다고 했다.

그러던 것이 1950년 6·25전쟁으로 맏아들 맹희가 일본으로 밀항하고 보니 당장 거처할 곳이 없었다. 자칫 잘못하다가 밀입국

자로 붙들려 오무라(大村)수용소로 끌려갈 것을 염려한 이 회장은 현지처인 구라다 상에게 맹희의 숙식문제를 맡기지 않을 수 없었다. 그것이 가족들에게 저간의 사정을 알린 계기가 되고 말았다.

게다가 그 이듬해에는 둘째 창희가 일본으로 유학을 떠났고 뒤이어 막내 건희까지 합류하게 되자 이 회장은 아들 삼 형제의 숙식문제를 전적으로 구라다 상에게 일임했던 것이다.

그러나 이들 삼 형제는 작은 어머니 격인 구라다 상에게 숙식을 의지하면서도 별반 다정한 감정을 느끼지 못했다고 한다. 의식적으로 마치 하숙생처럼 서먹서먹하게 지냈다고 했다.

특히 장남 맹희는 구라다 상과 나이 차이가 비슷한 데다 아무것도 모르고 있는 고국의 어머니를 생각할 때마다 본능적으로 증오심을 떨쳐버리지 못해 부질없이 냉대하며 시비를 걸곤 했다. 그런 사실이 나중에 아버지에게 알려져 불효막심한 짓이라고 체벌까지 당한 일도 있었다.

하지만 어머니와 떨어져 잔뜩 외로움을 타고 있던 막내 건희는 구라다 상과도 비교적 가깝게 지내는 편이었고 이복동생인 야스테루와는 함께 뒹굴며 우애가 깊었다고 했다. 그런 인연 때문인지 건희가 삼성그룹의 부회장으로 본격적인 오너 경영에 뛰어든 80년대 중반에는 이미 30대로 장성한 야스테루를 한국으로 불러들여 삼성에서 경영수업을 시킨 일도 있었다.

야스테루는 한국의 환경에 잘 적응하지 못한 탓도 있겠지만 성격이 쌀쌀맞고 교만한 편이었다. 그래서 그를 겪어본 삼성의 임직원들 사이에는 한때 '건방지다'는 소문도 나돌았다.

야스테루는 언젠가 건희 부회장으로부터 제일모직 사업장을 한 번 둘러보라는 지시를 받고 구미를 거쳐 대구로 내려갔다. 그는 첫 날 주마간산 격으로 제일모직 대구공장과 구미공장을 둘러본 뒤 대구 시내 금호호텔 스위트룸에 여장을 풀었다.

그러나 이후 호텔에 틀어박힌 채 하루 세 끼 식사를 일본식으로 룸서비스를 받으며 무료하게 뒹굴었다. 게다가 그 당시 전무급인 나이 많은 제일모직 대구공장장을 마치 종 부리듯 호텔로 불러 룸에서 잠옷바람으로 현황 브리핑을 받아 빈축을 산 일도 있었다. 그러다가 그는 결국 한국 생활에 적응하지 못해 일본으로 되돌아갔다.

그 무렵 어느 여류작가가 쓴 소설 한 권을 두고 시중에 또 다시 괴상한 소문이 나돌았다. 역시 타깃은 초야에 묻혀 있는 이맹희 씨.

그 소설의 작중 주인공이 아버지의 애첩인 일본인 여성을 가로채 부자간에 갈등을 빚는다는 얘기인데 이는 바로 구라다 상을 잘못 알고 허구의 픽션으로 비약시켜 사회적인 물의를 빚기도 했다. 이 때문에 맹희 씨는 본의 아니게 또 다른 곡해만 사고 아버지 이병철 회장에게도 씻을 수 없는 불효자가 되고 만다.

도대체 터무니없는 뜬소문이 왜 꼬리를 물고 계속 일어날까? 이제 와서 그 검은 베일이 서서히 벗겨지고 있지만 역시 삼성의 경영대권과 적장자 상속문제에 얽힌 음모에서 비롯된 미스터리라는 것이 삼성가를 잘 아는 사람들의 지배적인 얘기다.

삼성가의 혼외 3세?

2010년 10월, '리제트 리(Lijeet Lee)'라는 20대 일본계 미국 여성의 미스터리 행각을 두고 매스컴을 떠들석하게 한 일이 있다. 물론 삼성가에서는 '명백한 허위사실'이라며 반박해 논란을 불러 일으켰지만….

그러나 리제트 리(한국명 이지영)는 이병철 회장과 일본인 소실 구라다 상(氏) 사이에 난 게이코(惠子)의 외동딸로 알려져 왔다. 이를 두고 굳이 족보를 따진다면 이건희 회장의 총애를 받아온 이복동생 야스테루가 리제트 리의 친외삼촌인 셈이다.

게이코는 어머니 구라다 상의 반대를 뿌리치고 일본 도쿄에서 카지노를 운영하던 요시 모리타라는 야쿠자 출신의 남자와 결혼해 딸을 낳았다. 그러나 그들은 얼마 안 가 이혼하고 게이코는 딸을 데리고 미국으로 건너간다. 이 딸의 미국식 이름이 리제트이며 리(Lee)는 외할아버지의 성(李)을 딴 것이라고 했다.

도쿄에서 성장한 게이코는 한동안 자신의 정체성에 혼란을 겪던 나머지 자신도 코린 리(Corin Lee)라는 미국식 이름으로 바꾸고 역시 리(Lee)라는 성(姓)을 가진 재미교포 태권도 사범과 만나 동거생활에 들어가면서 LA에 정착했다고 한다. 그 무렵 딸 리제트를 동거남인 재미교포 '미스터 리' 앞으로 입양시켰다고 하나 확인되지 않고 있다.

이후 20대로 성장한 리제트 리는 LA 할리우드에서 패션모델과 영화배우로 활동해 오면서 사교계에 얼굴을 알렸고 한국 제일의 재벌인 삼성그룹 창업주 故 이병철 회장의 외손녀라고 자신을 소개하기 시작했다는 것이다. 이 때문에 LA 한인타운에서까지 그녀가 이병철 회장의 외손녀로 알려져 왔다.

그러나 삼성가에서는 이를 터무니없는 허위사실이라고 주장하고 나섰다. 2010년 6월. 그녀가 마약 소지혐의로 미국 연방경찰에 체포되면서 자신의 신분을 '한국의 삼성전자 창업주인 故 이병철 회장의 외손녀'라고 밝혔기 때문이다.

일부 언론보도에 따르면 그녀는 같은 해 6월 14일 캘리포니아 밴나이스 공항에서 전세기편으로 오하이오주 포트컬럼비아 공항에 착륙했고 이때 마리화나 등 마약류 230kg을 소지한 혐의로 연방경찰에 체포되었다고 했다. 최대 40년의 징역형이나 200만 달러의 벌금형이 선고될 수 있는 중범죄였다.

삼성가에서 그런 중범죄자 리제트 리의 신분에 대해 허위사실이라고 강력하게 주장하는 것도 일리가 있다는 얘기다. 왜냐하면 삼성가의 로열패밀리들은 이병철 회장의 서자인 야스테루와 게이코에 대해서는 어느 정도 알고 있지만 구라다 상의 3세에 대해서는 그동안 일면식도 없었고 그 내력을 전혀 알지 못하고 있기 때문이다. 심지어 이건희 회장도 리제트 리의 존재를 전혀 모른다고 했다.

이에 따라 삼성가에서 리제트 리라는 전혀 생소한 이름의 20대 일본인 여성이 황당하게도 '故 이병철 회장의 외손녀이자 상속녀'라고 주장하자 '터무니없는 사실'이라며 반박하고 나선 것은 어쩌면 당연한 일인지도 몰랐다.

이런 가운데 삼성전자 북미법인에서 리제트 리는 '故 이병철 회장의 외손녀가 분명하다' 는 공문을 캘리포니아 밴나이스 공항에 보내 또 한 차례 파문을 일으켰다.

삼성전자 북미법인 기획홍보 팀장인 데이비드 스틸 전무 명의로 된 이 공문에는 '6월 30일 밴나이스 공항에서 열리는 비공개 행사에 한국 삼성가의 3세 상속녀인 리제트 리가 삼성가를 대신해 참석한다' 는 문구가 명시돼 있었기 때문이다. 하지만 삼성 측은 이 공문마저 조작되었다며 펄쩍 뛰었다.

스틸 전무가 28일 삼성 측이 마련한 해명 기자회견에 참석해 자신이 밴나이스 공항에 보냈다는 진짜 문건을 공개했다. 이 문건에는 리(Lee)가 삼성가를 대신해 행사에 참석한다는 것이나 리제트 리가 삼성 창업주의 상속인이라는 것 등 일부 언론에 보도된 3개의 문장은 아예 없었다고 주장했다. 스틸 전무가 공개한 자신의 친필 서명 역시 보도된 문건의 서명과는 다르다는 것이었다.

그들의 주장에 따르면 리제트 리가 삼성 측에 접근한 건 2010년 초. 당시 아카데미 시상식에 쓰일 LED TV를 삼성전자 북미법인에서 받아 설치업자에게 건네주는 브로커 역할을 했다는 것이다. 그런 그녀가 '밴나이스 공항에서 VIP 마케팅을 해보자' 고 제안해 왔다고 했다. 이 제안을 받아들인 삼성전자 북미법인에서 전시회 개최에 따른 메일을 공항당국을 통해 리제트 리에게 참조문서로 전달했으나 그녀가 공항당국의 감시를 피하기 위해 이 문서를 위조한 것이라고 해명했다.

그러나 삼성가의 내력을 잘 아는 사람들은 그런 해명을 쉽사리 납득하지 않고 있다. 리제트 리를 둘러싼 석연치 않은 여운(餘韻)

을 남기고 있기 때문이다.

리제트 리는 2007년 5월 할리우드에서 열린 한 파티에서 자신을 '리제트 리 모리타'로 소개하면서 "어머니는 삼성 창업주의 딸이고 아버지는 소니 창업주인 아키오 모리타 집안과 관련이 있다"고 말한 것으로 알려져 있다.

어쨌든 재기발랄한 그녀는 20대의 나이 치고 뚜렷한 수입원도 없이 고급 콘도에 살면서 씀씀이와 배포가 컸다는데, 삼성가의 완강한 부인에도 불구하고 아직 풀리지 않은 미스터리로 남아 있다.

22
추악한 전쟁

　전자산업, 그 중에서도 가전부문에 대한 삼성과 LG의 전쟁은 반세기 가까이 흐른 지금까지도 치열하게 전개되고 있다.
　애초 선발기업과 후발기업의 시장점유율에서 비롯되었다지만 기술력에서 삼성전자 창립 이후 20여 년이 지나 LG전자의 1차 승리로 판가름이 난다. 삼성전자로서는 치욕적인 사건이었지만 그 이후에도 기술력의 선두경쟁은 계속되고 있다.
　1차 전쟁이란 1990년대 초 냉장고부문 기술에서 한 수 뒤지던 삼성전자 기술진이 LG전자 창원공장에 몰래 숨어들어가 냉장고의 핵심기술을 빼내려다 적발돼 경찰수사로 비화된 사건을 말한다. 그 무렵 언론보도를 통해 소식을 접한 국민들의 입에서 "아니, 삼성에서 이럴 수가…"라는 개탄의 목소리가 터져 나오기 시작했다.

당시 기술면에서는 적어도 국내 정상을 자랑하던 삼성의 이미지에 먹칠을 하고도 남을 사건이었다. 삼성전자가 기술개발의 벽에 부닥치자 성과위주의 경영에 부대끼다 못해 얄팍한 도벽까지 발동하다니 참으로 기가 막혔다. 그것은 기업윤리와 도덕성의 잣대가 되는 산업스파이 사건이었기 때문이다.

삼성그룹 자체에서도 도덕불감증에서 빚어진 도저히 씻을 수 없는 수치스런 사건으로 받아들였다. 그 당시는 선대 이병철 회장이 별세하고 이건희 회장이 총수로 취임한 지 5년이 되던 해였다. 이건희 회장은 그 무렵 한창 신경영을 외치며 경영혁신을 위해 기업의 도덕성을 강조하고 있을 때이기도 했다. 그러기에 사건의 전말을 보고 받은 이건희 회장은 실로 충격을 받지 않을 수 없었다.

이건희 회장은 그 당시의 참담한 심정을 이렇게 토로했다.

"오너인 나도 삼성의 기술력을 훤히 꿰고 있는데 기술자의 체면이 그렇게도 중요한가? 회사에서 돈을 대줄 테니까 선진국의 기술을 사오라고 해도 필요한 기술을 안 사오고 저 혼자 붙들고 몇 년씩 허송하다가 다급해지니까 한 발 앞선 남의 기술을 도둑질할 궁리나 하고… 냉장고 기술이 뭐 그리 대단하다고 그러는지 상식적으로 이해가 안 돼. 앞서가는 남의 것을 엿듣고 보고 배우는 기술, 그건 기술도 아니야. 그런 단순한 기술은 이제 써먹을 수가 없다니까."

이건희 회장은 생산성에 치우친 기술력보다 임직원들의 도덕불감증이 더 큰 문제라고 판단했다. 배타적이고 폐쇄적인 사풍도 문제가 아닐 수 없었다. 어쨌든 그것은 두고두고 씻을 수 없는 삼성전자의 수치로 남아 있다.

그는 선대 이병철 회장이 또 한 차례 풍파를 겪고 있을 무렵인 1980년대 초 명실상부한 삼성의 부총수로 그룹 전체의 경영을 챙기고 있을 때부터 "비싼 로열티를 물더라도 우리보다 앞선 선진기술과 제휴하라. 합작하라"고 누누이 강조해도 관계 임원들이 제대로 듣지 않았다고 했다.

선진기술 제휴와 합작은 창업주가 새로운 사업을 일으킬 때마다 약방감초처럼 적용해 온 경영철학이었고 이맹희 총수 때에도 철칙으로 지켜온 삼성가의 경영이념이었다. 이를 테면 자체기술개발에 3년, 5년이 걸리고 막대한 개발비용도 들지만 선진기술과 제휴하면 물론 로열티를 많이 물어야 하나 1년 만에 양질의 신제품을 개발할 수 있고 투자자본도 뽑을 수 있기 때문이었다.

기술력에서 한국보다 훨씬 앞서간다는 일본의 경우 1980년대 말까지만 해도 로열티를 받는 것보다 기술제휴로 해외에서 사들여 오는 기술비용이 더 많이 들었다는 것이다. 선진국과의 기술제휴는 후발기업의 필수요건이자 철칙이었다.

삼성이 LG와 갈등과 난관을 뚫고 전자산업을 일으킬 때도 그랬다. 공식적으로 경영일선에서 물러난 이병철 회장이 현업에 나설 수는 없었으나 맹희 총수의 배후에서 일본으로 직접 건너가 NEC, 산요와 기술제휴부터 먼저 체결했던 것이다.

그런데도 이 모양이라니… 충격에 빠진 이건희 회장은 원점으로 되돌아가 기술개발부터 서둘렀다. 그 결과 삼성전자의 지펠 냉장고가 LG의 디오스 냉장고에 버금가는 결코 무시할 수 없는 기술력을 확보하게 되었다고 했다. 이건희 회장이 귀에 못이 박히도록 신경영과 신기술을 외치지 않았더라면 아마도 LG전자의 기술력을 이 정도로 따라잡지 못 했을 것이다.

그러나 LG 기술진은 가전부문에서 "에어컨과 냉장고에 관한 한 아직도 LG가 삼성보다 한 발 앞선 노하우로 '명품 에어컨·냉장고' 전략을 고수하고 있다"고 자부한다. 세계적인 명성을 얻고 있는 '디오스 3도어 냉장고'의 경우 꾸준히 신제품을 개발하여 세계적인 명품 냉장고 '월풀'과 '일렉트로룩스'를 완전히 제쳤다는 것이다.

게다가 2011년에 들어 해외시장을 선점하기 위한 3D TV의 기술논쟁이 과열된 나머지 양측의 전문경영인들 사이에 노골적인 욕설까지 오가는 등 감정의 골이 깊어지고 있다. 어쨌든 선대부터 영원한 숙적으로 이어온 삼성과 LG의 끝없는 자존심 경쟁은 국내에서 뿐만 아니라 해외에서 치열하게 벌어지고 있다.

예컨대 LG그룹 임직원들이 해외출장을 갈 때 주로 메리어트호텔 체인을 숙소로 이용하고 해외에서 고객들이 한국에 들어올 때에도 역시 메리어트호텔 한국 체인으로 안내한다는 것이다. 왜냐하면 삼성보다 한 발 앞서 호텔시장을 개척한 결과 세계 메리어트 호텔 체인 객실에 모조리 LG전자 TV를 설치할 수 있었기 때문이다.

국내에서도 여의도 LG그룹 쌍둥이빌딩 주변과 경기도 파주의

LG디스플레이 공장, 경남 창원과 경북 구미 등지의 LG전자공장 인근의 대형식당에는 하나같이 LG전자 TV가 걸려 있다. 이와 반대로 서울 서초동 삼성타운과 수원·아산·구미 등지의 삼성전자 사업장 인근 대형식당에서는 대부분 삼성전자 TV가 걸려 있다. 안마당까지 경쟁사에 내줄 수 없다는 양측의 치열한 영토전쟁이 아닐 수 없다.

현재 해외 TV시장의 경우 북미와 유럽, 아시아·태평양 지역에서는 삼성전자가 시장점유율 1위를 차지하고 있고 중·남미와 중동, 아프리카 지역에서는 LG전자가 단연 1위를 고수하고 있다.

그러나 매출규모나 시설, 생산제품 등 전자산업 전체를 두고 비교해 볼 때 LG가 삼성을 도저히 따라가지 못할 만큼 뒤처져 있다는 것은 이미 널리 알려진 사실이다. 하지만 삼성전자의 도덕불감증은 해외시장에서도 고쳐지지 않고 있다. 그것이 반(反)삼성 정서로 흐르는 국민감정의 요인이기도 하다.

삼성이 탐욕스런 이익창출에만 몰두하기 때문인가?

삼성전자는 해외시장에서 '리니언시(leniency)제도'를 교묘한 수법으로 활용하는 것으로 널리 알려져 있다. '리니시언제도'란 같은 업종끼리 가격담합을 해놓고 가장 먼저 담합 사실을 관계 당사국에 신고하면 과징금을 100% 면제해 주는 제도이다. 따라서 국내 동일(同一)업종 수출업체의 가격담합은 일체 비밀에 부쳐지는 것이 원칙이다.

이 때문에 미국이나 유럽 등 세계 각국의 조사당국도 사실상 수

출업체의 가격담합을 입증하기가 매우 어렵다고 한다. 이에 각국은 가격담합을 적발하기 위해 궁여지책으로 자진신고하는 업체에 한해 과징금을 면제하는 특혜제도를 실시하고 있다는 것이었다. 하지만 그것은 가격담합의 비밀을 끝까지 지키다가 적발돼 엄청난 과징금을 뒤집어쓰는 업체의 입장에서 볼 때 일종의 밀고행위이자 배신행위가 아닐 수 없다.

이 같은 밀고행위는 삼성전자가 해외시장에서 자주 범해 동종(同種) 담합업체들을 골탕 먹이기 일쑤라고 했다. 남을 죽이고 자기 혼자 살아남겠다는 얄팍한 수법으로 상도의(商道義)마저 저버린 부도덕한 케이스로 지적되고 있다.

예컨대 2010년 세계 제2위의 LCD(액정디스플레이) 제조업체인 LG 디스플레이가 EU(유럽연합)로부터 가격담합 혐의로 적발돼 무려 2억 1500만 유로(3260억 원)의 과징금을 물었다. 그런데 1위인 삼성전자는 같은 가격담합 업체인데도 불구하고 EU에 단 한 푼의 과징금도 물지 않았다고 했다. 2008년에도 미국 법무부가 같은 사안에 대해 과징금을 부과할 때 LG는 4억 달러(4600억 원)의 과징금을 물었으나 삼성은 '조사 중'이라는 이유로 아예 과징금 부과 대상에서 제외 되었다고 했다.

왜? LCD 제조업 세계 1위인 삼성전자가 천문학적인 과징금을 그렇게 쉽사리 피해 갈 수 있었던 것은 사전에 같은 업체끼리 가격담합을 해놓고 수출당사국 조사기관에 먼저 자백했기 때문이다. LG가 EU에 걸려든 LCD 가격담합의 경우 2001년~2004년까지 줄곧 있어 왔던 일이라고 했다. 하지만 삼성은 그 기간에도 전혀 적발되지 않았다는 것이다.

그 당시는 LCD 산업이 갓 태동하던 시점이라 한국·일본·대만의 LCD 기업들이 거의 매달 대만의 타이베이에서 이른바 '크리스털 미팅'이란 가격담합 모임을 가졌다고 했다. 물론 삼성전자도 이 모임의 고정 멤버로 참여해 왔다. LCD 기업들은 이 '크리스털 미팅'을 통해 주요 제품의 규격이나 시장 전망 등에 관한 정보를 공유하고 있다. 초기부터 수조 원의 막대한 시설투자를 해야 하는 기업으로서는 정확한 정보가 무엇보다 중요하기 때문이었다.

그러나 삼성은 매번 '크리스털 미팅'의 원칙을 깨기 일쑤였다. 이 때문에 LG 디스플레이는 상대적으로 당하기만 했다. LG 측은 삼성의 '리니언시'에 대해 '경쟁업체끼리 서로 함께 살자며 공모하고 담합해 놓고 자기 혼자 살아남기 위해 같은 한국기업을 밀고하는 것이 과연 초국가적 글로벌기업의 전략이냐?'며 개탄하고 있다.

하지만 이미 버스 지난 뒤 손드는 꼴이 되고 만 게 아닌가. 삼성은 이익이 남는 일이라면 도덕성 따위는 아예 염두에 두지 않았다. 그런 면에서는 이미 도(道)가 트인 기업으로 정평이 나 있다.

이병철 회장이 죽마고우이자 사돈인 LG(럭키·금성)의 구인회 회장과 등을 돌리면서까지 삼성전자를 설립할 당시에도 그랬다.

"이익이 남으니까 할라 카는 거 아이가."

구 회장이 이 말 한마디를 남기고 이 회장과 절연한 것도 부가가치가 높은 기업의 이익 때문이었다.

그런데 해외시장에서 수단과 방법을 가리지 않고 경쟁하다가 삼성의 배반으로 톡톡히 물먹은 LG가 2011년에는 국내에서 보복에 나섰으나 그것은 빙산의 일각에 불과했다. 게다가 LG는 삼성과 함께 싸잡아 부도덕한 기업으로 국민들의 지탄을 받고 말았다. LG가 삼성전자와 서로 짜고 세탁기·평판TV·노트북PC 등의 가격을 터무니없이 비싸게 올려 받다가 공정거래위원회로부터 446억 원의 과징금을 부과 받았기 때문이다.

그러나 LG는 과거 해외시장에서 삼성이 그랬던 것처럼 가격담합 사실을 한 발 앞서 자진신고하는 바람에 과징금의 납부를 전액 면제받았고 삼성은 LG보다 한 발 늦어 과징금의 절반이 부과되었다. 사실상 국내 가전시장을 독점하고 있는 이들 두 기업이 숙적처럼 대립하면서도 뒤에서는 남몰래 손잡고 국민들에게 바가지를 씌운 것이다. 그러니 국민들의 배신감이 오죽하겠는가. 국내에서는 물론 해외시장에서 1,2위를 다투는 재벌기업의 마케팅 전략이 좀스럽기 그지없다는 것이 국민들의 시각이다.

하지만 21세기에 들어 세계 굴지의 글로벌기업으로 우뚝 선 삼성은 현재도 '삼성이란 원래 그런 기업'이라는 불명예스러운 지탄에서 벗어나지 못하고 있다. 이 역시 도덕불감증 탓이라고 했다.

선대 이병철 회장은 1960년대 농촌인구가 절대적인 상황에서 수입비료에 의존하던 농민들에게 싼값으로 비료를 공급해 주겠다는 명분으로 세계 굴지의 비료공장(한국비료)을 건설하게 된다. 그러나 한국비료는 완공단계에서 엉뚱하게도 오티사 밀수사건에 휩쓸려 본격적인 가동에 들어가기 전 국가에 헌납하는 수모를 겪어야 했다.

이후 삼성은 한국비료를 국가에 헌납한 것을 두고두고 애석해 하던 중 30여 년 만에 정부로부터 다시 인수, 회사명을 삼성정밀화학으로 바꿨으나 농민들에게 싼값으로 비료를 공급한다는 당초 목적과는 달리 이윤만 추구하던 나머지 상습적인 가격담합으로 또 다시 구설수에 올랐다.

농협이 발주한 화학비료 입찰에 같은 업종의 비료회사들과 짜고 지난 16년간 체계적인 담합으로 낙찰가격과 물량을 끌어올리는데 주도적인 역할을 해 왔기 때문이다. 따라서 그동안 농민들은 비싼 값에 비료를 사들여야 했고 추가부담액만도 자그마치 1조 6000억 원에 이르는 것으로 추정되고 있다. 공정거래위원회는 2012년 초 이 같은 담합사실을 뒤늦게 적발하고 삼성정밀을 비롯한 13개 비료회사에 시정명령과 함께 모두 828억 원의 과징금을 부과했다.

23

안티(anti) 삼성

삼성그룹은 겉으로 보기에는 화려하게 변신한 세계적인 글로벌기업으로 우뚝 서 있다. 누가 뭐래도 찬란한 미래를 향해 탄탄대로를 거침없이 달리고 있는 초국가기업이다.

그러나 오너일가 경영체제의 최대 걸림돌은 국민정서의 거부감이다. 오너 경영인들이 스스로 앞장서 적극적으로 '노블레스 오블리주'(사회지도층의 도덕적 의무)를 키워드로 삼지 않았기 때문이다.

노블레스 오블리주란 '멸사봉공(滅私奉公)'의 전형을 말한다. 그런데도 삼성은 지금까지 막대한 이윤추구에만 급급하며 '멸공봉사(滅公奉私)'의 길만 고집해 왔다. 그 같은 경영이념으로는 결코 국민들의 안티(anti) 정서를 누그러뜨릴 수 없을 것이다.

평소 자기 재산을 아낌없이 사회에 환원해온 세계 최고의 갑부

빌 게이츠가 빈부격차를 해소하기 위한 '창조적 자본주의'를 제창하면서 억만장자들을 대상으로 '재산의 절반을 사회에 기부하자' 는 기부선언(giving pledge)운동을 펼치고 있다. 투자의 귀재로 알려진 워렌 버핏은 빌 게이츠의 이 같은 기부 선언운동에 적극 호응하여 자신의 재산 99%를 기부하겠다고 선언했고 이에 감명을 받은 미국의 억만장자들이 속속 이 운동으로 노블레스 오블리주를 자리매김하고 있다.

그러나 한국 제일의 재벌인 삼성그룹 이건희 회장은 자신과 가족들의 사재라며 8000억 원을 사회에 기부하고도 좋은 소리를 듣지 못했다. 진정한 노블레스 오블리주가 아닌 불·편법 상속에 따른 국민들의 안티 정서에서 벗어나기 위한 고육지책이었기 때문이다.

거대한 금권을 상징하듯 흔히들 '삼성공화국'으로 불리는 삼성그룹은 그동안 쌓아 온 국가경제에 대한 공헌도에 어울리지 않게 정치권력과 시민단체의 혹독한 감시와 비판을 받아 왔다. 게다가 국민의 사랑을 받지 못하고 되레 배척과 증오의 대상이 되기도 했다. 때문에 상대적으로 삼성을 표적 삼아 분배정의를 외치는 목소리만 높아갈 뿐이었다.

그런 가운데 부도덕한 기업으로 지탄의 대상이 되면서 여러 차례 검찰수사와 특검에 이어 재판과정을 거치는 등 법적인 다툼에 시달려 오기도 했다. 왜 그럴까?

말로만 '사업보국·국민기업'이라며 속내는 글로벌 경영으로 엄청난 이익을 챙기고도 오너인 이건희·이재용 부자의 지배구조를 강화하기 위해 에버랜드의 전환사채(이하 CB) 발행이라는 편법을 동원하는 등 갖가지 물의를 빚어 왔다.

국민적 비판여론이 일어나는 것도 삼성가에 대한 부(富)의 축적보다 나이도 어리고 경영경험도 일천한 아들·딸들에게 불·편법으로 자행한 삼성의 경영권 승계문제가 드러났기 때문이다. 국민기업 삼성의 미래를 걱정하는 이른바 국민정서법이 그렇다.

이미 삼성그룹의 경영에서 멀어진 인물이지만 아직도 살아 있는 적장자 이맹희 큰 회장도 평소 이건희 회장의 이러한 전횡을 우려해 왔다.

그렇다면 대표적인 케이스로 2000년 6월 시민단체 등의 고발로 검찰이 수사에 나서면서 10년 이상 법적 논란을 끌어온 불·편법 상속이란 대체 무엇인가?

한동안 워낙 사회를 떠들썩하게 만들었던 일이라 세상이 다 아는 사실이지만 이건희 회장이 세계적인 테마파크로 도약해 온 삼성에버랜드 주식을 전환사채라는 명목의 헐값으로 발행, 장남 이재용과 세 딸에게 배정한 편법 상속을 말한다. 국민의 시각에서 보면 재벌의 편법상속이나 증여는 피땀 흘려 모은 서민들의 쌈짓돈을 빼먹는 것과 다름이 없다. 그래서 사회적 지탄을 받고 있는지도 모른다.

특히 그 무렵은 국정원 도청사건의 대선자금 관련, X-파일이 공개돼 물의를 빚은데다 금융산업구조법 문제와 삼성자동차 채권단의 손실보전을 위한 법정소송 등에 휘말려 삼성이 제2창업을 선언한 이래 최대의 시련기를 맞고 있던 시점이었다. 그런데도 불구하고 이건희 회장은 삼성그룹의 지주회사격인 에버랜드의 지배권을 장남 재용에게 승계하기 위해 'CB발행 및 증여'라는 무리수를 두게 된다.

하여 1996년 10월 30일, 느닷없이 삼성에버랜드에서 제적이사 17명 중 9명이 모여 긴급이사회를 열고 이건희 회장의 지시에 따라 구체적인 CB 발행규모와 방식 등을 결정한다. 이 자리에서 이사회는 당시 에버랜드 주식을 주당 7700원의 전환가격으로 산정, 총 99억 5459만 원 상당의 CB 발행을 의결했다.

이때 기존 에버랜드의 개인 및 법인주주들에게 우선 배정하는 것을 원칙으로 의결했으나 이들 주주들이 인수를 포기할 경우 제3자에게 배정하는 방식을 선택한 것이다. 누가 봐도 짜고 치는 고스톱 같은 방식이 아닐 수 없다. 굳이 법률적으로 따진다면 업무상 배임행위이다.

그 당시 에버랜드의 법인주주는 제1대 주주인 『중앙일보』와 삼성물산·삼성문화재단·제일제당(CJ)·한솔제지·한솔건설·한솔화학·신세계백화점 등 삼성그룹 계열사 또는 계열분리된 범삼성가의 기업들이었고 개인주주는 대주주인 이건희 회장을 비롯한 삼성그룹의 전·현직 임직원 17명뿐이었다.

예측했던 대로 법인주주는 삼성그룹에서 계열분리해 나간 장손 이재현의 CJ(제일제당)그룹을 제외한 모든 법인주주가 인수를 포기했고 이 회장을 비롯한 개인주주도 모두 인수를 포기함으로써 CB는 자연스럽게 실권주가 되고 만다.

그러나 법인주주 CJ가 끝내 CB 인수를 포기하지 않은 것은 삼성의 후계구도와 상속을 둘러싼 이건희 · 이재현 등 숙질(叔姪) 간의 법통문제와 앙금이 풀리지 않은 채 계속 남아 있기 때문이었다.

그런데도 불구하고 삼성에버랜드 이사회는 즉각 CJ그룹 청약분을 제외한 총 96억 6181만 원 상당의 CB를 제3자인 이재용 등 당시 해외유학 중이던 20대 초중반의 네 자녀(막내인 故 이윤형은 당시 17세)에게 배정하는 것으로 처리해 버렸다. 네 자녀는 이사회 결정이 난지 불과 한 시간 만에 인수대금을 전액 납부하고 실권주를 모두 인수하는 기민함을 보이기도 했다. 실로 파격적이고 전격적으로 이루어진 상속이었다.

이로써 이재용이 삼성에버랜드 주식의 62만 7390주(25.1%)를 보유한 데다 이부진 등 세 자매가 각각 20만 9129주를 보유, 전체 64%의 지분을 확보함으로써 이재용이 사실상 삼성그룹의 지배권을 차지하게 된다. 왜냐하면 삼성에버랜드가 삼성전자 · 삼성생명 · 삼성카드로 이어지는 삼성그룹 주력기업의 지배구조 순환고리에서 가장 핵심적인 지주회사이기 때문이다.

그러나 이사회는 유일하게 CB의 인수의사를 밝힌 법인주주 CJ그룹에 대해 추가 인수 의사를 타진해 보지도 않고 일방적으로 제3자 배정을 결정해 일사천리로 강행 처리하고 말았다. 이를 두고 뒷말이 많았다. CJ그룹 대주주인 장손 이재현의 삼성그룹 경영권 참여를 철저하게 봉쇄하기 위한 조처였기 때문이다. 선대 이병철 회장 사후 삼성의 경영권을 둘러싼 숙질간의 앙금이 그만큼 깊이 쌓여 있었던 것이다.

자금조달 방식에 있어서도 이재용은 에버랜드 CB 인수 전 아버지 이건희 회장으로부터 61억 원을 증여받아 16억 원의 증여세를 납부하고 나머지 45억 원을 종잣돈으로 삼성에스원 주식 12만 1880주와 삼성엔지니어링 주식 69만 4720주를 매입한다. 그리고 불과 1~2년 만에 이들 두 회사의 주식이 상장되자 자신의 보유주식을 매각해 자그마치 539억 원의 시세차익을 남긴다. 바로 이 돈이 에버랜드 CB 구입자금이 된 것이다.

그 무렵 장녀 이부진 등 세 자매도 각각 이건희 회장으로부터 16억 원을 증여 받았다. 하지만 정작 이건희 회장은 자신에게 배당된 13억 원 상당의 CB를 포기했다. 검찰조사 결과 이재용은 이 과정에서 총 969억 원의 시세차익을 남긴 것으로 드러났다.

결과적으로 이재용을 비롯한 이건희가(家)의 4남매가 불과 100억여 원의 종잣돈으로 연매출 139조 원(2004년 기준)의 삼성그룹을 지배하는 에버랜드의 1대 주주에 오른 것이다. 물론 그 배후에는 이건희 회장을 비롯한 이학수 실장 등 삼성그룹 최고경영진의 치밀하고도 조직적인 불·편법 증여가 개입되었던 것이다.

특히 CB 발행 전까지 삼성에버랜드의 최대주주이던『중앙일보』사가 CB 인수권을 포기한 것도 정상적인 실권으로 보기 힘든 정황 중의 하나로 지적되고 있다. 당시『중앙일보』에 배정된 CB는 전체 발행 CB의 48%에 해당하는 48억 원 상당. 여기서 주목해야 할 것은『중앙일보』가 삼성에버랜드의 CB가 발행되기 한 달 전인 1996년 10월 26일 30억 원의 CB를 발행했다는 점이다. 그 당시『중앙일보』의 최대주주는 전체 주식의 26.44%를 보유한 이건희 회장.

그러나 이건희 회장은 과감히 이 CB를 포기하고 그 대신『중앙일보』지분이 0.58%에 불과하던 처남인 홍석현『중앙일보』사장(현 회장)에게 CB를 인수케 함으로써 홍 사장은 하루아침에 지분 21.51%를 보유한『중앙일보』의 1대 주주로 올라선다. 이는 결과적으로 이건희가(家)와 홍석현가(家)의 3세 및 2세 등극을 위해『중앙일보』최대주주와 에버랜드 최대주주를 맞바꾼 모양새가 된 것이다.

여기서 또 한 가지 짚고 넘어가야 할 것은 1968년 삼성에버랜드의 전신인 용인자연농원을 개발할 당시 제1상속권자이자『중앙일보』부사장이던 이맹희 씨가 개발팀을 이끌었고 완공 후 제1대 법인주주를『중앙일보』에 넘겼다는 사실이다. 그럼에도 불구하고 CB를 발행할 때 이맹희 씨에게 말 한마디 없었고 CB의 추가인수 의사를 밝힌 CJ그룹 이재현 회장에게도 인수의사를 타진해 보지도 않은 채 일방적으로 제3자 인수를 결정해 버린 것이다.

이렇듯 적장자인 맏형 이맹희 씨와 적장손 재현의 권리조차 무시한 것이다.

불·편법 상속은 이 뿐만 아니라 이재용이 에버랜드 CB를 편법상속한 이듬해인 1997년 3월 24일에는 삼성전자가 발행한 CB 600억 원어치 중 450억 원어치를 인수하고 나머지 150억 원어치는 삼성물산이 인수한다. 이 당시에도 세금 한 푼 안 내고 450억 원의 시세차익을 남겼다.

또 1999년 2월 26일에는 이재용과 이부진 자매가 삼성SDS의 주식 321만 6738주를 주당 7150원에 '신주인수권부사채(이하 BW)'로 매입했다. 그 무렵 삼성SDS 주식의 장외 거래액은 주당 20~30만 원선. 시가 거래가격을 주당 25만 원으로 산정할 때 적어도 7800억 원의 시세차익을 올릴 수 있다고 했다.

이렇게 해서 삼성그룹의 최대주주로 부상한 이재용과 이부진 자매가 얻은 이익은 총 2조 7420억 원. '삼성 마피아'라는 항간의 비난처럼 가히 기하급수적이라 해도 과언이 아니다.

이러한 불·편법 상속 및 증여 때문에 시민단체와 법정다툼까지 벌어졌으나 10년간이나 질질 끌던 우여곡절 끝에 결국 모든 일이 정치적, 사법적으로 마무리되자 한결 어깨가 가벼워진 이건희 회장은 3세 승계를 서두르게 된다. 하지만 그것이 바로 삼성가 로열패밀리 간에 경영권과 상속권을 둘러싼 새로운 불씨가 되고 만다.

이 불씨가 본격적으로 타오르기 전 가신그룹은 서둘러 이재용의 3세 경영권 승계작업을 마치고 미련 없이 경영일선에서 물러난다. 이 역시 이건희·이재용 부자에게 마지막으로 충성을 바치고 사회 일각의 비판적인 시각에서 벗어나기 위한 고육지책이라고 해도 과언이 아닐 것이다.

특히 제2창업 선언 이후 내내 측근에서 이건희 회장을 보필하며 삼성그룹을 이끌어 온 이학수 고문은 퇴진하는 순간까지도 계열사 사장단 위에 군림해 왔다는 것이 재계의 정평(正評)이다. 그는 원래 삼성 비서실의 재무팀 출신으로 공교롭게도 삼성본가의 숙질간에 갈등이 심한 제일제당과 삼성화재의 이사·상무·전무를 거치면서 누구보다도 그룹경영의 본질을 훤히 꿰고 있었다.

그는 이건희 회장을 최측근에서 보좌하며 비서실장~구조조정본부장~전략기획실장을 번갈아 맡아 장장 14년간 이 회장의 분신처럼 영원한 실장으로 삼성의 최전성기를 이끌며 제2인자 역할을 확고하게 지켜 왔다. 따지고 보면 오늘의 글로벌 삼성을 이룬 1등 공신이라 해도 과언이 아니다.

그러나 2008년 삼성특검으로 전략기획실이 해체되기 전까지 그는 회장~전략기획실~계열사로 이어지는 삼각편대 경영을 통해 오너의 신속한 의사결정을 보좌하고 일사분란하게 전달하는 체제를 구축한다는 이유로 서슬이 시퍼렇게 계열사 위에 군림하며 사사건건 간섭한다는 비판도 받아왔다.

3세 분할 경영체제에 들어간 삼성그룹 이건희 회장의 외아들 이재용의 나이 이제 42세. 그는 2001년 삼성전자에 입사한 이래 꾸준히 경영수업을 받아오다 불과 10년 만에 최고경영자인 사장 승진으로 경영 전반에 나서게 되었다는 것이다. 과연 새파란 나이에 등극한 그가 미래산업을 원만하게 이끌어 나갈 수 있을까?

장손 이재현은 일찍이 제일제당 말단직원으로 입사해 할아버지 이병철 회장의 직·간접적인 경영수업을 받아가며 할아버지 눈 밖에 난 아버지의 고통까지 함께 지며 들풀처럼 성장해 왔다. 그런 사촌 형 재현의 경륜에 비해 재용은 온실에서 호사스럽게 자라왔다는 이미지밖에 없다. 그것이 재용에게는 크나큰 취약점으로 지적되고 있다.

그래서 이건희 회장은 외아들 재용의 경영 전반에 걸친 그런 취약점을 뒷받침하고 친정체제를 구축하기 위해 최고 의결기구인 사장단협의회를 두었다고 한다. 그리고 그 산하에 과거 전략기획실보다 기능이 강화된 미래전략위원회와 신사업추진단, 준법경영실 등을 신설했다.

가히 이재용의 옹립기반을 다지기 위해 이중, 삼중의 완벽한 방호막인 그룹 '컨트롤 타워'를 세운 것이다. 미래전략위원회와 신사업단의 새로운 책임자는 김순택 부회장.

그는 과거 창업주 시절부터 비서실에서 이사·상무·전무·부사장을 지내는 등 18년 동안 비서실에서만 잔뼈가 굵었다. 그러다가 이건희 회장의 후계체제가 출범한 이후 비서실을 떠나 삼성SDI 사장으로 PDP 벽걸이 TV를 개발하고 전기자동차용 배터리를 개발하는 등 SDI를 미래 에너지 중심기업으로 탈바꿈시켰다. 여기에다 삼성그룹 주력기업들에 대한 신사업을 앞장서 주도하기도 했다.

김순택 부회장은 그동안 오너를 대신해 전횡을 일삼아 온 전임 이학수 고문의 부정적인 이미지를 상당히 의식하고 있다고 한다. 그 때문인지 그는 "진정한 초일류 기업은 존경받는 기업, 꿈을 먹고 사는 혁신기업이 되어야 한다"며 "군림하지 말고 계열사를 지원하자"고 산하 임직원들에게 당부하는 것을 잊지 않고 있다. "불황이든 호황이든 우리 제품이 아니면 안 되는 온리 원(only one)제품, 혁신제품을 준비해야 한다"고 강조하기도 했다.

이건희 회장은 이에 앞서 "21세기의 변화가 급박하게 진행되고 있으나 최근 급부상하는 스마트폰 시장 진출에 실기(失期)하는 등 삼성의 미래시장 준비와 변화의 속도에 대한 대비책이 턱없이 부족했다"며 "미래에 대비하기 위해 그룹 전체의 힘을 모으고 사람도 바꿔야 한다"고 언급해 왔다. 따라서 김순택 부회장에게는 그룹조직 복원을 통해 강력한 리더십을 구축하는 한편 '미래준비'라는 새로운 메커니즘이 맡겨진 것이다.

새로운 '컨트롤 타워'란 어쩌면 구조조정본부(비서실)의 부활인지도 모른다. 과거 이학수 고문이 지휘해 온 그룹조직은 삼성 각 계열사에 대한 막강한 통제력을 행사해 왔다.

1959년 창업주 이병철 회장 시절, 오너 경영에 나선 장남 이맹희 씨의 건의에 의해 비서실로 출발한 그룹조직은 IMF 직후인 1998년 구조조정본부로 이름을 바꾸었다가 2006년 다시 전략기획실로 개편되었다. 그러다가 삼성 특검사건을 겪고 난 2008년 7월에는 완전히 해체되는 비운도 겪었다.

이곳에서는 각 계열사에서 선발된 100여 명의 엘리트급 임직원들이 재무·경영진단(감사)·인사·기획·홍보 등을 맡으며 사실상 그룹을 진두지휘해 오고 있다. 가히 정부조직에 필적할 만한 삼성공화국의 핵심조직이 아닐 수 없다.

그들은 한때 이학수 실장의 진두지휘 아래 이재용의 경영권 승계와 관련된 삼성에버랜드 전환사채(CB) 헐값 발행, 2002년 대선자금과 관련된 이른바 국정원의 'X파일 사건, 김용철 변호사의 삼성 비자금 폭로사건 등에 연루되기도 했다. 하여 오너 이건희 회장을 뒷받침하는 '황제경영'과 '밀실경영'의 본산이라는 부정적인 이미지를 자초하기도 했다.

필연적이지만 이건희 회장은 과거 아버지가 부정축재자로 몰렸던 악몽처럼 2008년 4월 삼성특검으로 인해 경영일선에서 퇴진하고 같은 해 7월에는 밀실경영의 본산인 전략기획실을 공식해체하는 고통도 겪었다. 그러나 2년 만인 2010년 3월, 그는 부도옹(不倒翁)처럼 다시 삼성전자 회장으로 화려하게 복귀했다.

국민들은 이건희 회장이 경영일선에 복귀하면서 신설한 '준법경영실'에 주목하고 있다. 준법이란 정직한 기업육성을 위한 실증법을 말하는 것인지, 아니면 사회통념상의 이른바 사회법을 말하는 것인지, 그도 아니면 이른바 '삼성헌법'에 따른 일사분란한 경영체제 구축을 의미하는 것인지 헷갈리기 때문이다.

이 회장이 그토록 바라던 3세 경영체제의 목적을 달성했으니까 이제 그동안의 편법·탈법에서 벗어나 모범적인 국민기업으로 다시 태어나기 위해 준법경영에 나선다는 뜻인지 국민정서상 선뜻 이해가 가지 않는 대목인 것만은 분명해 보인다.

어쨌든 삼성은 2011년에 들어 모든 계열사들로 하여금 준법경영을 위한 체계를 완비하고 준법경영 선포식까지 열어 이를 요란하게 대내외에 알렸다. 하지만 아무리 준법경영을 실천한다고 해도 곳곳에서 부정부패가 불거지고 심지어 장손인 이재현의 사찰 문제까지 드러난 데다 젊은 오너 이재용의 경영역량에도 문제가 지적되고 있다.

왜? 단순히 아버지의 기업에 입사해 대물림으로 경영수업을 받아 자신의 능력을 발휘한다는 것보다 경쟁력 있는 기업에 취업하여 그 기업에서의 성과를 통해 자신의 능력을 보여주는 것과는 질적으로 다르기 때문이다. 사회적으로도 인정받을 수 있는 객관적인 경영능력이 있어야 기업을 위해서나 사회를 위해 바람직한 일이 아닌가.

게다가 그의 경영능력을 뒷받침해야 할 참모진조차 젊은 오너의 경영권을 지키기에만 급급한 나머지 경영 외적인 문제에 지나치게 집착하다가 결국 세상의 조롱거리가 되고 말았다. 그런 면에서 이재용은 아직도 객관적으로 경영능력을 검증받지 못하고 있다.

그가 최고경영자로 좋은 성과를 냈다거나 삼성의 이미지를 제고(提高)했다는 말을 아직 들어본 적이 없다. 오히려 실패만 거듭한 것으로 알려지고 있다. 대표적으로 e-삼성을 맡아 적자만 내고 고전하다가 결국 사업을 접은 경력이 그것을 증명하고 있다.

여기에다 젊은 후계자 이재용의 건강문제도 입방아에 오르내리고 있다. 그는 아버지처럼 승마 실력이 수준급이라는데 만성적인 허리 디스크로 인해 병역면제까지 받았다고 했다. 만약 그것이 사실이라면 한국 최대의 거대기업집단인 삼성의 경영능력에도 문제가 있다는 이야기가 아닌가.

일개 샐러리맨 출신이 삼성그룹 계열사의 사장이 되기 위해서는 평생 동안 회사에 엄청난 기여를 해야 가능하다는 것은 널리 알려진 사실이다. 그러나 호사스럽게 자라 고생과는 아예 거리가 먼 이재용은 허리 디스크로 병역면제까지 받은 데다 아버지를 잘 만난 덕분에 덜컥 삼성그룹 총수가 되었다. 누가 그를 존경할까?

무엇보다 삼성그룹의 경영을 맡은 이재용의 책임감과 사명감은 창업주인 할아버지나 아버지가 쌓아온 거대기업의 경영방식과 다르다는 데에 문제의 핵심이 도사리고 있다.

창업주 이병철 회장은 일제 강점기 식민지 통치 하에서 사업을 일으킬 때만 해도 뚜렷한 국가의식도 없이 비교적 안이한 생활에 젖어 있었다고 했다. 그러나 8·15광복 이후 사업을 통해 본격적으로 국가발전에 기여해야겠다는 신념이 확립되면서 결코 순탄치 않은 기업인의 길을 걸어 왔다.

할아버지 이병철 회장은 자본·기술·경영 노하우 등 어느 것 하나, 넉넉하지 않았던 1950년대 6·25전쟁의 폐허에서 일본의 성공을 모델로 성장의 기틀을 잡았고 1990년대 2세 경영체제에 돌입한 아버지 이건희 회장은 신경영이라는 글로벌 시장에 뛰어들어 미국·일본 등 선진국에서 개발한 제품을 업그레이드하면서 초일류기업의 성공신화를 창조했다.

그렇다면 삼성의 3세 오너 이재용의 시대에도 과연 초일류기업으로 세계 최정상에 오를 수 있을까? 항간에 우려의 목소리가 높아지는 것은 남의 제품을 모방하고 개선하는 일본 기업인 식의 할아버지 시대나 신경영을 주도해온 아버지 시대의 신화로는 결코 초일류의 성공을 이어갈 수 없기 때문이다. 선대의 경영전략을 혁신하지 않으면 중국이나 인도와 같은 후발 경쟁기업들에게 오히려 뒷덜미를 잡히고 만다는 것이 글로벌 시대의 무서운 현실이다.

삼성은 이미 스마트폰 시장에서 앞서가는 선진기술의 따라잡기 전략에도 한계에 부딪쳐 있다고 한다. 애플·구글·MS·소니 등 해외 글로벌 기업들의 주 타깃으로 몰려 이른바 특허 대공습에 휘말려 있는 것도 숨길 수 없는 사실이다. 물론 풍부한 여유자금과 우수한 인재집단을 기반으로 신개념의 원천기술을 개발하면 한동안은 아버지 시대의 성공신화를 그대로 이어갈 수 있을지도 모른다.

아이폰보다 나은 갤럭시폰을 파는데 만족하지 않고 인간사회의 새로운 커뮤니케이션을 개발하고 인류문명에 기여할 신기술을 창출하는 시대를 열어갈 수 있다면 말이다. 그러나 그것이 삼성이 내건 슬로건처럼 손쉽게 이루어질 수 있을까?

삼성은 특히 애플의 특허 대공습과 구글의 안드로이드 의존도에서 벗어나기 위해 '울며 겨자 먹기' 식으로 MS와 손잡고 전략적 파트너 관계를 맺었다. 그리고 MS와 함께 스마트폰 대반격에 나서고 있으나 MS에 물어야 할 로열티만도 연간 1조 원에 달하는 막대한 재정적 부담을 감수할 수밖에 없는 실정이다.

이건희 회장과 이재용 최고 운영책임자(COO)를 보필하고 있는 김순택 부회장은 향후 10년 동안에는 "스마트기기 시대에 발맞춰 소프트웨어, 콘텐츠 역량을 집중 육성해야 한다"고 주장한다. 그러기 위해 스마트폰·3D TV·스마트 TV·태블릿 PC(휴대용 PC) 등 스마트 제품을 중심으로 성장할 계획이라고 했다.

그러나 우선 무엇보다 사회적 동의(同意)의 전제조건이 필요하다. 한국 제일의 재벌이 부(富)를 축적해 높은 지위에 있을 때 자발적으로 법을 지키고 사회적 책임을 다하며 이른바 멸사봉공(滅私奉公)하는 노블레스 오블리주의 키워드를 보여주어야 한다. 그래야만 진정 3세로의 경영권 승계가 순탄해지고 사회·정치적 거부감에서도 자연스럽게 벗어날 수 있을 것이다.

삼성은 그동안 후계체제 구축을 위해 관행처럼 여겨온 탈법과 편법에 너무 많이 의지해 왔다. 원래 대한민국 헌법을 우습게 알고 삼성헌법만 지켜 왔기 때문인가. 그러다가 국민적 저항에 부딪쳐 망신만 당하기 일쑤였다. 형제·숙질·사촌 간에도 소가 닭 보듯 서로 외면하며 소원해지는 것도 어쩌면 실정법과 가문의 법통을 무시한 탐욕 때문인지도 모른다.

선대 할아버지는 생전에 정치권력과 불가근불가원의 관계를 유지해 오면서도 때론 권력에 손을 내밀고 때론 배신도 당하면서 수난도 많이 겪었다. 하지만 아버지는 막대한 비자금을 수단으로 덥석 권력의 손을 잡았다가 측근들과 함께 검찰·특검·법원의 소환에 끌려 다니는 시대를 자초했다.

이 때문에 이건희 회장 일가의 개인재산을 조건 없이 사회에 환원해도 국민들은 그 순수성을 액면 그대로 받아들이지 않았다. 오히려 "불·편법 상속에 대한 국면전환용으로 국민들에게 로비 자금을 뿌렸다"며 개운찮은 비판을 쏟아냈다.

젊은 총수 이재용은 앞으로 그것을 분명히 기억하고 불명예스런 선대의 관행을 마감하지 않으면 더 큰 우환을 자초할지도 모른다.

24
천하치국(天下治國)의 탐욕

　이건희 회장은 부정적인 국민정서에도 아랑곳 하지 않고 2010년 말, 삼성전자 부사장이던 외아들 재용을 일약 사장으로 승진시키고 명실상부한 최고 운영책임자(COO)로 앉혔다. 삼성그룹의 '포스트 이건희 시대'를 이끌 3세 후계 경영체제로 본격 돌입한 것이다.
　이 회장이 1987년 창업주 이병철 회장의 경영대권을 이어받은 지 23년 만에 한국 최대·최강의 기업집단 삼성의 3세 경영권 이양작업은 이렇게 공개적으로 신호탄을 쏘아 올렸다. 하지만 그 속을 들여다보면 창업주 이래 삼성은 어느 특정인의 기업이 아닌 사회적 기업, 즉 국민기업이라고 주장해온 경영이념과 동떨어진 대재벌의 재산분할과 무엇이 다른가.
　이건희 회장은 외아들 재용을 삼성전자 사장으로 승진시키면서 호텔신라·삼성에버랜드 전무이던 장녀 이부진을 동시에 사장으로 승진시켰다. 이재용 사장은 삼성전자 최고 운영책임자 역할을 맡으며 그룹의 핵심인 전자를 중심으로 금융계열사 경영까지 관장한다고 했다. 삼성의 돈주머니를 몽땅 물려준 셈이다.

또 이부진 사장은 호텔신라 대표이사 사장 겸 삼성에버랜드 경영전략담당 사장과 삼성물산 고문까지 맡는다. 새파란 나이에 경영경험도 없는 삼성물산 고문까지 맡은 것은 호텔신라의 면세점 비중이 커짐에 따라 삼성물산 상사부문에서 글로벌 유통부문과 시너지 효과를 내기 위한 조치라고 했다.

이밖에 차녀인 이서현 제일모직·제일기획 부사장은 남편 김재열 제일모직 사장과 함께 패션 및 전자 소재산업·브랜드 관리 등을 맡고 있어 그룹 계열사들이 사실상 이건희 회장의 3세들에 의한 상속으로 분할되는 양상을 보이고 있다.

미국이나 일본, 유럽 등 선진국 글로벌 기업들의 경우 대부분 전문경영인들에게 경영을 맡기고 있다. 그러나 삼성은 이와 달리 아들·딸·사위 등 가족 총동원체제로 경영 전면에 나서는 바람에 전문경영인들이 설 자리를 잃어가고 있다. 가장 한국적인 후진성을 보는 것 같아 씁쓸한 감정을 지울 수 없는 것 또한 국민정서가 아닐 수 없다.

한국의 대표적 기업이 대물려 70여 년간 지켜온 오너의 경영권을 이렇듯 아무 거리낌 없이 아들·딸·사위에게 통째로, 그것도 기습적으로 물려준다는 것은 도덕적인 측면에서도 황당하게 받아들이지 않을 수 없는 것이 작금의 국민정서이다.

이건희 회장은 평소 국민의 목소리와 감시의 눈이 그 어느 때보다 예리해지고 있다는 사실을 의식하면서 기업과 기업인의 사회성·도덕성·윤리성을 유달리 강조해 왔다.

그런데 2세 오너가 3세들에게 경영권 이양을 기습적으로 단행한 것은 '겉 다르고 속 다른' 이율배반적인 부도덕한 논리를 정당화 하고 있는 게 아닌가. 묵묵히 일해 온 삼성의 30만 임직원들과 이를 지켜보는 국민들의 심정은 과연 어떨까?

'평소 백성을 하늘로 삼는다던 임금이 백성을 생각지도 않고 혼자 이익을 추구하면 신하도 따라서 이익을 추구하게 되고 백성은 백성대로 이익 추구에 눈이 멀어 나라가 혼란에 빠진다'고 했다. 맹자(孟子)에 나오는 말이다. 최근에 드러난 삼성의 부정·부패가 그렇다.

이건희 회장은 2011년 들어 삼성테크윈의 감사 결과를 계기로 "삼성그룹 전체에 퍼진 부정을 뿌리 뽑겠다"며 부패척결을 선언하고 나섰다고 한다. 아이러니하게도 이런 행태 역시 이율배반적인 논리가 아닌가.

전장에서 지휘관이 일선 전투병들이 탈환한 고지를 혼자 독차지하고 앉아 후방의 심복들에게 영토 따먹기 식으로 나눠 주면서 일선 전투병들에 대해서만 시시콜콜 따지며 공격 일변도의 명령만 내린다면 결코 승리할 수 없는 것이 전쟁이다.

'윗물이 맑아야 아랫물이 맑다'고 했다. 품위와 권위와 특권의식을 과감히 벗어던지고 솔선수범하여 일선에 나가 직접 전투를 지휘하는 것이 지휘관의 덕목(德目)이 아닌가. 제2차 세계대전 당시 나치 독일의 전쟁영웅이던 에르빈 롬멜 원수의 전략이다. 롬멜은 언제나 열악한 전장에서 부하들과 침식을 똑같이 하는 것에 만족했고 오직 승리를 위해 부하들보다 먼저 피를 흘리고 손을 더럽힐 줄 아는 야전지휘관이었다.

삼성이라는 초국가적 거대기업을 거느린 이건희 회장의 카리스마가 선대로부터 경영권을 이어 받으면서 유달리 사회성·도덕성·윤리성을 강조할 때엔 국민들은 적어도 롬멜의 흉내라도 낼 줄 알았다. 그래서 삼성은 그동안 혹독한 감시와 비판의 국민정서를 피해갈 수 있었던 것이다.

그런 그가 어쩌면 애초부터 기업의 사회성이나 도덕성, 윤리성을 기만하고 국민정서를 우습게 봐 왔는지도 모른다. 그런 오만한 이건희의 오너체제를 우려하는 목소리가 높아진 것도 그의 이율배반적인 경영행태 탓이 아닌가. 불과 10% 미만의 소수지분을 가진 창업주 일가의 경영복귀나 전면배치가 기업을 개인이나 가문의 소유로 여기는 전근대적 관행의 결과물이라는 지적이 나온 것도 그런 이유 때문이다.

경험도 일천한 3세들에게 경영권을 통째로 물려 줘 자칫 그룹이 위기에 빠질 경우 오너 경영체제가 걷잡을 수 없이 무너질 위험이 따르게 마련이라는 지적도 결코 외면할 수 없다. 그 사실을 왜 모르는가?

삼성은 창업 이래 그런 위기를 여러 차례 겪어 왔다. 물론 정치적인 소용돌이와 국민정서 때문에 억울하게 당한 일도 있었지만 경영권이 뿌리째 흔들릴 때엔 그것이 삼성만의 몫이 아니라 국민경제의 몫이었다는 사실을 상기해야 할 것이다.

특히 오너 경영인이 그동안 후계자들에게 경영권을 상속하기 위해 수단과 방법을 가리지 않고 무리수를 써 왔다는 지적도 눈여겨 봐야할 대목이다. 정상적인 경영 룰을 무시한 편법·불법경영은 기업에 오히려 독(毒)이 돼 글로벌 시대의 경쟁력을 약화시킬 요인이 될 수 있기 때문이다.

어쨌든 대한민국에서 출범한 일개 영리(營利)기업이 창업 70여 년 만에 세계의 국가 경제력과 어깨를 겨룰 만큼 성장한 사례는 삼성이 처음이다. 선대의 후광을 입긴 했으나 이건희 회장이 만들어낸 삼성의 신화라고 해도 과언이 아닐 것이다.

애초 이건희 회장이 삼성의 총수로 취임했을 때 재계의 가장 큰 관심사는 그가 과연 선대의 대를 이어 삼성을 세계적인 거대기업으로 성장시킬 수 있을 것인가에 집약되어 있었다. 왜냐하면 그가 1979년 이래 10년 가까이 삼성그룹 부회장으로서 후계자의 위치를 지속적으로 지켜 왔다고는 하지만 계열기업의 실무적인 CEO 경험도 전혀 없었다.

이 때문에 애초 이건희 회장에 대해 "과연 선대의 카리스마를 재현할 수 있겠느냐?"에 대한 회의적인 시각이 지배적이었다. 솔직히 말해 기대보다 우려의 목소리가 높았다. 게다가 도덕적 기반도 약했다. 삼성의 경영권 승계과정에서 선대 이병철 회장과 장남 맹희, 차남 창희 형제간의 갈등으로 인한 각종 악성 루머가 반(反)삼성 정서로 흐르고 있는 데다 어부지리로 총수자리에 올랐다는 취약점이 클로즈업되기도 했다.

더욱이 삼성의 오너 경영에서 완전히 손을 떼고 낭인으로 떠돌던 장남 맹희 씨의 사이코 패스설이 난무하던 시기에 건희 회장은 상대적으로 마약중독설과 교통사고로 인한 식물인간설, 엘리베이터 걸과의 스캔들설 등 악성 루머가 끊이질 않았다. 게다가 그는 공교롭게도 큰형 맹희 씨처럼 정신질환을 앓아 병역면제까지 받았다는 소문도 무성했다.

하여 그는 '반삼성 정서'라는 세간의 혹독한 감시와 비판을 여과 없이 받아들여야 했다. 이 같은 비판여론에 편승한 정치권과 시민단체는 물론 재계나 경쟁기업에서도 그에게 결코 곱지 않은 의혹의 눈길을 보내며 2세 승계과정이 순조롭지 않을 것으로 전망했다.

그러나 이건희 회장은 그런 우려와 전망을 뒤엎고 신경영 10여 년 만에 삼성을 세계 초일류기업으로 우뚝 세워 놓았다. 물론 운도 따랐지만 그의 특출한 기업경영은 누구나 인정하고 있다. 게다가 세계적인 경제공황이 닥치고 있는 현시점에서 비록 흠집이 많다고는 하나 초일류 기업군의 성취를 이룬 이런 기업인이 국가적 차원에서도 반드시 필요하다는 것이 중론이다.

삼성그룹은 연간 매출규모가 270조 원(2011년 기준)으로 한국경제 총생산액(GDP)의 23~25% 수준을 차지하고 있으며 주식시장에 상장된 계열사들의 시가총액만도 전체의 24%인 260조 원에 달하고 있다. 세계 10위권인 한국경제의 현실에서 비춰 보더라도 삼성의 존재감은 가히 국가권력에 버금가는 초국가기업이다. 그런 면에서 이건희 회장의 탁월한 경영능력을 높이 평가할 만하다.

그러나 그는 글로벌 경영으로 천문학적인 이익을 챙기고도 삼성의 미래 비전을 외면한 채 자신의 가족 중심으로 지배구조를 강화하기 위해 부도덕한 탈·편법을 동원하다가 다시 지탄의 대상에 올랐다. 게다가 뒤늦게 형제·자매간에도 법정소송으로 번지는 사태까지 자초했다.

이제 그의 나이도 황혼기에 접어든 칠순. 언제까지 혼자 세계 곳곳을 누비며 경영일선에 나서야 할 것인가? 외아들 재용이 삼성의 미래를 책임지는 오너 경영인으로 등극하긴 했으나 아버지가 쌓아놓은 경영업적을 그대로 지켜나가기조차 벅차고 힘든 일이 아닐 수 없다. 그런 의미에서 삼성의 앞길을 걱정하는 소리가 높아가고 있는 것이다.

무엇보다 삼성가의 장손이자 재용의 사촌형인 CJ그룹 이재현 회장과의 삼성그룹 경영권 및 상속권을 둘러싼 관계 설정이 가장 큰 미래의 숙제로 남아 있다. 이미 법통문제가 다시 불붙고 있지만 만약 원점으로 비화할 경우 그동안 가신들에 의해 일사분란하게 진행되어온 3세 승계가 걷잡을 수 없이 흔들릴지도 모른다.

게다가 '돈이면 안 되는 것이 없다'는 '삼성공화국' 또는 '삼성제국'이라는 불명예스런 이미지 청산도 시급히 해결해야 할 문제이다. 그런가 하면 창업주 할아버지와 제2창업주 아버지가 입버릇처럼 외쳐오던 '사업보국'과 '국민기업'의 진정성을 보이는 일도 시급한 과제로 남아 있다.

국민기업의 진정한 모습을 보이기 위해서라도 금력과 권력을 앞세워 한국 사회의 모든 영역을 삼성의 영향력 아래 두려는 이른바 '천하치국(天下治國)'의 탐욕을 스스로 버려야 할 것이다.

오직 멸사봉공의 노블레스 오블리주를 키워드로 자리매김하는 것만이 국민들의 안티 정서와 저주에서 벗어날 수 있는 길인지도 모른다. 대한민국 국민은 초국가 글로벌기업 삼성을 향해 언제나 감시의 눈초리를 번득이며 깨어 있기 때문이다.

지나친 부(富)의 축적은 국민정서에 어긋난다고 했던가. '가진 자'의 대표격인 한국 제일의 재벌 이건희 회장이 선대에 이어 국민들로부터 선망과 경멸을 동시에 받아 온 것도 이 같은 삼성의 미래에 대한 우려에 한 몫을 하고 있다.

이 때문에 그가 거느린 거대기업집단 삼성도 이른바 '삼성공화국' 또는 '삼성제국'으로 비판의 대상에 오르고 사회분열의 에너지에 휩쓸리면서 '반삼성 정서'를 확산시켜 왔고 앞으로도 그럴 것이다.

창업주 故 이병철 회장은 생전에 막내아들 건희를 후계자로 선정하면서 이렇게 강조한 일이 있다.

"내가 삼성을 창업하고 발전시켜 온 것은 사실이다. 그러나 삼성이 나 개인의 것이라고는 결코 생각지 않는다. 주주가 누구이든 회장과 사장이 누구이든 삼성은 사회적 존재이다. 그 성쇠는 국가사회의 성쇠와 직결된다. 이 계승이 삼성의 확고부동한 새로운 발전의 계기가 되고 기틀이 되기를 간절히 바란다."

경영대권을 물려받은 이건희 회장 역시 거대기업집단으로 성장한 '삼성'을 일컬어 "한 개인이나 가족의 차원을 넘어 국가적 존재인 국민기업"이라고 했다. 하여 선대에는 '사업보국'을 외쳤고 이건희 시대에는 '국민과 함께'라는 슬로건을 경영철학으로 삼았다.

그는 평소 "기업을 경영하면서 단 하루도 국가와 국민을 잊어본 적이 없다"고도 했다. 그러면서 그는 "삼성이 국민과 사회에 대한 헌신적인 봉사와 분배를 위해 도덕적 기반을 강화해야 국민들로부터 신뢰를 받고 국민기업으로 성장할 수 있다"고 강조해 왔다.

그러나 지금까지 언행일치(言行一致)가 제대로 이루어지지 않았다. 오히려 역행하고 있다. 그가 틈만 나면 외쳐 온 동반성장도 역시 빈말로 그치고 있다. 입만 열면 국민기업을 외치면서도 국민정서와 비판여론에 전혀 귀를 기울이지 않고 있는 것이다.

누가 뭐라든 일방통행만 고집하고 있다. 본색이 그렇다는 얘기다. 이건희 회장의 경영철학에 국민들과 공감대를 형성할 진정성이 없기 때문이다.

25
끝나지 않은 상속분쟁

'인명재천(人命在天)'이라 했다.

사람은 누구나 주어진 명(命)대로 살다가 이승을 뜨게 마련이다. 한때 삼성의 경영권 승계문제로 부자간의 갈등을 빚었던 창업주 故 이병철 회장의 세 아들 중 팔순에 든 장남 맹희 씨는 진작에 모든 것을 다 잃고 비록 초야에 묻혀 은둔생활을 하고 있지만 아직도 정정하다. 차남 창희 씨는 이미 비극적인 생을 마감하고 그가 일으킨 새한미디어는 몰락했다.

장손 재현은 삼성에서 계열분리된 CJ그룹을 독자적으로 경영하면서 자신의 기업을 착실히 성장시키고 있다. 이맹희 큰 회장은 아들 재현이 총수로 있는 CJ그룹의 경영에도 일체 관여하지 않았다. 가문의 버팀목인 그 아들 역시 선대 할아버지처럼 가히 경영의 귀재(鬼才)라 해도 과언이 아닐 만큼 탁월한 경영능력이 있기 때문이었다. 그는 그런 아들 재현을 지극히 신뢰하고 있다. 재현은 선대 조부모님의 봉제사를 받드는 삼성가 적통임을 한시도 잊은 적이 없다고 한다. 할아버지가 별세한 이후 명색이 적장자인 아버지를 제쳐두고 삼성가 로열패밀리들 사이에 상속권 문제로 내분이 일어났을 때 맺힌 응어리를 아직도 풀지 못하고 있기 때문이다. 그것은 재산권이나 경영권보다 가통(家統)에 따른 정신적인 문제라고 했다.

그래서 그는 가문에 영(令)을 세울 만한 어른이 없다는 사실을 가장 안타까워했다. 왕할머니가 살아계셨을 때만 해도 그나마 집안에 영이 섰으나 할머니 별세 이후 그런 가통이 바람처럼 사라지고 말았기 때문이다.

집안의 어른으로 따진다면 당연히 적장자인 아버지 이맹희 씨가 나서서 영을 세워야 하지만 전혀 먹혀들지 않았다. 거의 반생을 온갖 비난과 조롱의 대상으로 쫓기면서 형제·자매들 간에도 배척을 당해 왔기 때문이다. 하여 기제사는커녕 명절제사에도 직계가족들이 모이지 않았다.

하다못해 일 년에 한두 차례씩이라도 제삿날에 만나 피를 나눈 혈친끼리 집안 대소사를 의논하고 아기자기하게 얘기를 나누다 보면 서로 얽혔던 오해도 풀 수 있고 새삼 우애도 다질 수 있으련만 그런 기회조차 없었다. 그러니 자연 갈등만 쌓여가고 남보다 못한 사이로 변질되는 것 아닌가.

비록 구차하게 살아가는 여염집에서도 대물려 받은 적장자와 장손을 중심으로 가통을 지키고 영을 세워 나간다는데 하물며 시문

(詩文)과 유학(儒學)을 숭상하고 정신적 지주로 삼아 명문대가의 전통을 이어 왔다는 삼성가에 어른이 없다는 것이 말이 되는가. '삼성그룹은 있어도 삼성가는 없다'는 말이 그래서 나온다고 했다.

이맹희 씨는 평소 말이 없는 편이지만 가끔씩 무너진 가통에 대한 책임을 통감하며 회한에 젖곤 했다. 부모님이 별세한 이후 아내 손복남 여사도 마찬가지다. 명색이 삼성가의 맏며느리지만 남편의 신산(辛酸)을 함께 지고 시부모님과 시누이, 시동생, 동서의 눈치를 보느라고 숨을 죽이며 살아 왔다. 그러니 맏며느리 노릇도 제대로 못해 보고 시부모님 별세 후에도 집안에 영을 세우는 규방(閨房)의 어른 행세는커녕 맏며느리 대접조차 받지 못한 채 한을 삼키며 노경을 보내고 있다.

이맹희 씨는 이 모든 상황을 자신이 못난 탓으로 돌리고 있지만 선친이 살아 계셨을 때 하다못해 가통을 이을 집안의 적장자로서 기(氣)라도 살려줬더라면 이런 결과가 오지 않았을 것이라고 아쉬워했다. 하지만 아버지는 평소 그런 가통이나 가풍을 의식의 언저리에 두지 않고 삼성의 경영권을 지키기에만 급급했고 남의 말만 곧이곧대로 받아들여 자식을 그토록 미워하고 증오해 왔던 것이다.

그 결과 속된 말로 자식 하나 병신 만든 것밖에 뭐가 있느냐고? 가통도 무너지고 형제·자매간에 등만 돌리고 심지어 줄줄이 법정소송까지 벌이는 등 선친이 평생 이룩해 놓은 삼성의 위업은 자칫 공중분해할 위기로 몰리고 있는 게 아닌가. 이제 와서 누구를 탓하겠는가?

장손으로 선대 이병철 회장의 임종을 지켰던 재현은 1992년 말 삼촌 이건희 회장에 의해 삼성전자 이사로 발탁되었을 때만 해도 3세 후계반열에 오르는 줄로 착각하고 순순히 따랐다.

그래서 그는 이 회장이 신경영을 선포하던 93년 7월, 삼성이 경영혁신을 위해 일본 도쿄에서 전체 임원들을 대상으로 해외 인프라 교육을 실시할 때에도 적극 참여했다. 삼촌 건희 회장이 자신의 외아들인 "재용이와 함께 반드시 참석하라"는 영을 내렸기 때문이다.

그러나 알고 보니 그게 아니었다. 일종의 기만행위와 다름이 없었다. 그래서 그는 지금까지도 삼촌 건희 회장을 바로 보지 않고 있다. 왜냐하면 그 이듬해인 1994년 10월, 삼촌 건희 회장이 삼성 사장단 인사를 단행하면서 이학수 비서실 차장을 전격적으로 발탁해 제일제당 대표이사 부사장으로 보냈기 때문이다.

그 당시 제일제당은 재현의 외삼촌 손경식(현 대한상공회의소 회장)이 대표이사 회장으로, 어머니 손복남 여사와 자신이 상무이사로 경영권을 지배하고 있었다. 그런데도 이건희 회장이 대표이사를 발령하면서 사전에 아무런 협의가 없었다. 게다가 이학수 대표는 부임하자마자 마치 점령군처럼 손 회장과 손복남·이재현 상무 등 오너일가를 이사회에서 배제시키려 했다.

왜? 그 무렵 제일제당은 창업지인 부산 전포동에서 사상공단으로 확장, 이전을 추진하고 있었다. 제일제당 부산공장이 이전하게 되면 부도심권인 창업지는 금싸라기 땅으로 변할 수밖에 없었다. 삼성의 뉴타운으로 개발할 여지가 충분했다. 비서실에서는 이건희 회장이 제2대 총수로 취임할 때부터 진작에 창업지 전포동 땅에 눈독을 들이고 제일제당 부산공장의 사상공단 이전을 서둘러 왔던 것이다.

여기에다 완고한 삼성의 가신그룹과 이맹희 씨의 거부세력들은 애초 모기업인 제일제당이 그룹계열에서 떨어져 나간 것을 두고 "삼성의 상징성이 사라졌다"며 개탄해 왔다는 것이다. 하지만 그것도 따지고 보면 터무니없는 그들만의 억측이었다.

법적으로 최대주주이던 이맹희 일가의 삼성화재 경영권을 양도하고 그 대신 제일제당 경영권을 되돌려 받았을 뿐이었다. 한마디로 삼성화재와 제일제당의 최대 주주를 맞바꾸었다는 이야기다. 따라서 재현은 선대의 봉제사를 받드는 장손이면서도 실질적으로 '삼성의 경영권에 대해 상속받은 것이 아무것도 없다'는 것이다.

삼성화재의 전신이던 안국화재는 원래 재현의 외할아버지인 故 손영기 회장이 창업한 국내 최대의 손해보험회사라는 것은 이미 널리 알려진 사실. 손영기 회장이 이병철 회장과 사돈관계의 인연이 맺어지면서 삼성그룹 계열사로 흡수시켰으나 줄곧 손씨네가 대주주로 대물려 경영권을 행사해 왔다. 그런 점에서 삼성의 반(反)이맹희 세력들이 삼성화재의 경영권을 차지한 데 대해서는 일언반구(一言半句) 말 한마디 없이 제일제당의 경영권을 장손에게 넘겨준 것만 가지고 애석해 하며 시시비비를 따진다는 것은 어불성설(語不成說)도 이만저만한 어불성설이 아닐 수 없다.

이 때문에 제일제당의 오너들이 느닷없이 이건희 회장의 가신인 이학수 대표가 부임하자 "제일제당을 점령하러 왔다"며 크게 반발한 것은 어쩌면 당연한 일인지도 몰랐다. 이런 와중에 삼성의 가신그룹과 제일제당 경영진 사이에 경영지배권과 창업지 금싸라기 땅의 뒤처리를 두고 사사건건 충돌하며 법정문제로까지 비화하게 된다.

이후 우여곡절을 겪은 끝에 이재현이 제일제당의 법통을 이어 받으면서 1997년에는 삼성과 완전히 계열분리되었으나 이건희·이재현의 숙질간에는 결국 남남처럼 돌이킬 수 없는 응어리가 지고 만다.

삼성에서는 이 문제를 두고 아직도 "당시 이학수 대표를 보낸 것은 제일제당의 경영을 도와주려 했던 것"이라고 구차하게 말하고 있으나 이맹희 일가는 "제일제당의 경영 노하우는 우리만이 가지고 있다. 그런데 경영을 도와주려 했다니 말도 안 된다. 애초부터 삼성이 모기업인 제일제당의 경영권을 빼앗으려는 의도적인 포석이었다"는 주장을 굽히지 않고 있다.

어쨌든 이건희 일가의 3세 경영권 승계와 재산 분할로 자칫 삼성그룹 전체가 공중분해할 위기에 처하자 그대로 지켜보고만 있을 수 없었던 삼성가의 적장자 이맹희 씨가 마침내 칼을 빼들고 나선 것이다.

동생 건희 회장을 상대로 아버지 故 이병철 회장이 남긴 액면가 1조 원대의 차명주식을 돌려 달라는 소송을 제기한 것이 그 서막이다.

"나는 처음부터 아버지의 유산을 단 한 푼도 상속받지 않았고 진작에 모든 것을 포기했다. 그러나 한때 내가 아버지를 대신해 피땀 흘려 이루어 놓은 삼성그룹의 지주회사 에버랜드와 삼성전자가 건희 일가의 재산분할로 공중분해하는 것을 지켜보고만 있을 수 없다. 내 눈에 흙이 들어가기 전에 이러한 전횡을 막고 삼성의 법통과 우리 가문의 가통을 바로 세워 그야말로 건전한 국민기업으로 살려야겠다는 사명감을 뼈저리게 느끼고 있을 뿐이다."

이맹희 씨는 소송을 준비하는 과정에서 독백처럼 이렇게 되뇌곤 했다.

한 맺힌 얘기가 아닐 수 없다. 이제 그의 여생도 얼마 남지 않았다. 그동안 반생을 통해 겪어온 수모와 한때 생명의 위협까지 받았던 과거를 생각한다면 치가 떨리기까지 했다.

그래서 그는 이 소송이 형제간의 단순한 재산싸움이 아니라 국민기업 삼성의 법통을 바로 세우고 영원히 살리기 위한 고육지책이라고 항변한다.

그는 무엇보다 선대 이병철 회장이 평생을 통해 수집해온 가야금관·고려청자·조선백자·금동불상 등 국보와 보물급 골동품 50여 점을 비롯 모두 2000여 점에 이르는 주요 문화재가 공익재단에 환원되어 국민의 사랑을 받지 못하고 있는 것을 안타까워하고 있다. 개인의 소장품으로는 너무 많고 관리도 벅찬 데다 도저히 값으로 따질 수 없는 민족의 문화유산이기 때문이다.

특히 국보로 지정된 고려청자 진사연표형주자(辰砂蓮瓢形注子·진홍색의 연꽃과 박꽃 무늬를 입힌 주전자)는 故 이창희 씨가 청와대에 투서한 외화 불법유출과 관련된 문화재로 선대 이병철 회장이 이 청자를 사들이기 위해 삼성물산 도쿄지사에서 100만 달러를 전용한 것이다. 현재의 컬렉션 가격으로 환산한다면 수천만 달러를 호가한다는 것이 문화재 전문가들의 견해다.

왜냐하면 이 청자는 동자(童子)와 연꽃잎의 정교함이 진홍색 채유(彩釉)의 넘치는 기품과 어우러져 기형(器形)의 조화미를 이루는 완벽한 세계 유일품이기 때문이다. 하지만 이 청자도 왕을 네 번이나 갈아치운 고려시대의 권신(權臣) 최충헌의 손자인 최항의 강화도 무덤에서 도굴돼 일본으로 밀반출한 것으로 밝혀져 한동안 곱지 않은 시선으로 평가되기도 했다.

역시 국보급 문화재인 고려청자 상감운학모란국문매병(象嵌雲鶴牧丹菊紋梅瓶)도 구름과 학, 모란과 국화 무늬를 정교하게 새긴 항아리로 비취색을 띤 유약의 빛이 비길 데 없이 밝고 부드러워 우아한 기품과 안정감을 자아내는 일품(逸品)으로 평가받고 있다.

또 하나의 국보인 순금제(純金製) 가야금관(伽倻金冠)은 신라금관보다 1000년이나 앞선 걸작품으로 역시 국내 유일의 순금제품이지만 이 가야금관은 우여곡절을 겪은 끝에 이병철 회장의 손에 들어 왔다. 애초 이 금관을 수집한 사람은 바로 이 회장의 친형 故 이병각 씨.

그는 1960년대 초반 인사동 골동품상을 드나들다 알게 된 도굴범 최모 씨를 통해 신라시대 금동불상을 한 점 사들인 데 이어 가야시대의 순금제 금관까지도 사들였다. 그러나 금동불상은 경주 불국사 석가탑 속에 매장돼 있던 도굴품으로 드러났고 금관은 대가야국 도읍지인 고령 지산고분군에서 도굴된 것으로 드러나 검찰이 본격수사에 나서 도굴범 최 씨가 구속된다.

이어 이병각 씨도 문화재보호법 위반 및 장물취득혐의로 구속 기소되는 바람에 이들 가야금관과 신라금동불상이 한동안 장물로 검찰에 압수돼 있었으나 사건종결과 함께 동산문화재로 등록, 이병철 회장이 건립한 호암미술관에 소장하게 된 것이다. 이들 가야금관·신라금동불상·고려청자 외에도 조선백자·용두보당(龍頭寶幢)·청동검(靑銅劍)·단원(檀園)의 군선도(群仙圖)를 비롯한 고미술품 등은 결코 개인의 재산으로 평가할 수 없는 국가적 문화유산이다.

그러나 이들 국보·보물급 문화재와 고미술품은 고스란히 이건희 회장의 개인재산 목록에 올라 있고 당초 경기도 용인의 호암미술관에 소장돼 있던 것을 선대 이병철 회장 사후 신축한 삼성미술관(리움)으로 옮겨 관리·운영되고 있다. 하지만 호암미술관의 설립취지와는 달리 리움이 마치 홍라희 여사(이건희 회장 부인)의 개인미술관처럼 변질되고 있다는 지적도 결코 외면할 수 없다는 것이 이맹희 씨 측의 얘기다.

이건희 회장 측에서는 이들 문화재 역시 상속재산으로 물려받은 것이라고 주장하고 있으나 사실은 선대 이병철 회장이 진작에 공익재단으로 설립한 삼성문화재단에 기증한 사회적 문화유산이라는 것이 일반적인 견해다.

이건희 회장은 1993년 삼성의 도쿄 인프라 연수 당시 『중앙일보』 편집간부들과의 간담회에서 부(富)의 척도에 대해 이렇게 말한 적이 있다.

"요즘 현대그룹 정주영 회장의 개인재산이 4조 원 이상이라는 애기가 나오고 있고 나보고도 도대체 개인재산이 얼마나 되는지 모두들 궁금하게 생각하고 있습니다만 부의 척도를 돈으로만 평가해서는 곤란하지 않겠느냐는 것입니다."

그는 이 자리에서 즉흥적으로 계산한 자신의 재산에 대해 "이것저것 다 모아볼 경우 아마도 정주영 회장보다 내 재산이 훨씬 더 많지 않겠느냐"며 "감히 값을 따질 수 없는 국보급·보물급 문화재와 고미술품·골동품만 하더라도 엄청난 재산적 가치가 있기 때문"이라고 했다.

20년이 지난 현재 이들 문화재의 가치를 돈으로 환산한다면 "아마도 수십 조 원이 될 것"이라는 게 고미술품 애호가들이 전하는 애기다. 그러나 삼성가 형제들은 선대가 남긴 국가적 문화유산을 이건희 회장 개인재산 목록에 올린 것을 두고 "아버지가 건희한테 개인적으로 상속한 일이 없다"며 단호히 부정적인 시각을 나타내고 있다.

이런 일련의 사태로 미루어 볼 때 언젠가 이맹희·이건희 사후(死後)에도 삼성이 과연 이재용 중심의 3세 경영체제로 순탄하게 이어갈지, 아니면 그동안 내연상태이던 장손 이재현의 법통문제가 다시 제기돼 경영권이 새로운 변수로 떠오르게 될지 항간에 흥미로운 관심사로 떠오르고 있다.

장손 이재현은 마치 그런 미래를 예고라도 하듯 CJ그룹 제일제당센터 1층 로비에 삼성의 창업주인 故 이병철 회장의 흉상을 입체 홀로그램 방식으로 구현해 허공에 떠있는 것처럼 보이도록 설치해 두고 있다. 여기에다 역사관까지 마련, 선대 이병철 회장 생전의 경영 활동과 CJ그룹의 역사를 다큐멘터리로 제작한 영상물을 마치 열매가 달린 나뭇가지 형태의 LCD 모니터를 통해 방영하고 있다.

이는 무엇을 뜻하는가? 삼성그룹의 모태인 제일제당이 1953년 창업 이래 지금까지 CJ그룹으로 크게 성장해온 과정을 나뭇가지에 열린 열매로 표현하며 창업주의 장손인 이재현이야말로 삼성 본가의 적통(嫡統)이자 법통(法統)이란 사실을 은연중에 나타내려는 것이리라.

이건희 회장은 진작에 이런 우려 때문에 무리수를 써가면서 외아들 이재용의 3세 승계작업을 불·편법으로 진행시켜 왔는지도 모른다. 그것은 삼성가에서 순조롭게 이루어진 것이 아니라 가신그룹에 의해 무리수까지 써가며 조직적으로 추진돼 왔기 때문이다.

그러나 적장자인 이맹희의 개인사적(個人史的) 입장에서 본다면 그동안 겪어온 정신적 육체적 고통과 명예훼손은 그 무엇으로도 보상받을 수 없을 만큼 치명상을 입었다. 단순한 재산상속 문제가 아닌 자신과 선대 이병철 회장 및 가신그룹 간에 수십 년간 얽히고설킨 원한관계가 아직도 풀리지 않은 채 도사리고 있기 때문이다.

따라서 이 문제는 법 이전에 결자해지(結者解之)의 원칙에 따라 먼저 이건희 회장이 나서서 실종된 혈친(血親)간의 우애를 복원시키고 해원(解寃)의 실마리를 찾지 않는 한 풀 길이 없다.

그래서 나온 해법이 적장자 이맹희 씨에게 초창기 지주회사인 에버랜드와 삼성전자의 토대를 마련한 데 대한 공헌도를 인정, 공로주를 분배해 줘야 한다는 것이다. 그리고 장손 재현에겐 CJ그룹의 상속권을 기정사실로 인정하고 삼싱화재는 원래 창업주가 故 손영기 회장인 만큼 재현의 외갓집 재산으로 되돌려 주면 해결의 실마리가 풀릴 것이라는 얘기다.

그러나 이 같은 해법을 외면하고 자칫 그대로 방치할 경우 삼성가의 법통과 가통문제로 확산되어 이건희·이재용 부자간의 오너 경영체제가 걷잡을 수 없이 무너질 위험이 따를지도 모른다는 우려가 제기되고 있는 것이다.

삼성家의 사도세자 이맹희

1판 1쇄 인쇄일 2012년 5월 1일
1판 1쇄 발행일 2012년 5월 5일

지 은 이   이용우
펴 낸 이   이정옥
펴 낸 곳   평민사

주   소   서울시 서대문구 남가좌2동 370-40
전   화   02·375-8571(代) 02·597-4671/2
팩   스   02·375-8573
          평민사(이메일) 모든 자료를 한눈에 —
          http://blog.naver.com/pyung1976

등록번호   제10-328호

ISBN   978-89-7115-583-7   03800

값   12,000원

* 이 책은 저작권법 제97조의 5(권리의 침해죄)에 따라 보호받는 저작물로
  저자의 서면동의가 없이 그 내용을 전체 또는 부분적으로 어떤 수단·방법으로나
  복제 및 전산 장치에 입력, 유포할 경우 민·형사상 피해를 입을 수 있음을 밝힙니다.